れは
が
たことなのか

行為の哲学入門

古田徹也

新曜社

はじめに

　あなたが車を運転していたとしよう。ずっと非の打ち所のない安全運転を続けていたのだが、急に道に飛び出してきた子どもと衝突してしまったとする。あなたには子どもが飛び出してくるのを予測することはできなかったし、衝突を回避することもできなかった。衝突の後、あなたは慌てて車を降り、子どもに駆け寄り、救急車を呼ぶ。しかし、運び込まれた病院で子どもは数時間後に亡くなってしまう。あなたは「なんてことをしてしまったんだ」とひどく落ち込み、「あの時間にあの道を通らなければ、子どもを轢くこともなかったのに……」と回顧する。

　このとき、たとえばあなたの友人であれば、あなたにどう接し、どういう言葉をかけるだろうか。おそらく、「君のせいではない、自分を責める必要はない」と慰めてくれることだろう。しかし、次のような事態を想像してみてほしい。その慰めによって、あなたがすぐに納得し、「そうだよね、不幸な出来事が起こっただけだよね」とケロリと立ち直ってしまうのである。もしあなたが実際にそのように態度を豹変させたら、友人たちはあなたに対して不信を抱くだろう。自分を責めないようにと勧め、あなたがちゃんとそれに従ったのにもかかわらず、である。

　なぜ、友人たちはそう思うのだろうか。それは、彼らが単に一貫していないとか、混乱しているといった話なのだろうか。いや、そうではない。ここには、人が何ごとかを行うということ、すなわち「行為」

というものをめぐる重要な問題が隠されている。

「行為」というのは一般的に、「自分の自由な意志で何らかの目的を達成しようと試みること」として理解されている。そして、そのように自分の意志で行為したことに関して人は責任を負うのだ、と言われている。しかし、いまの例にこうした「行為」の理解は全く当てはまらない。つまり、我々が普段「そういうものだ」と割りきって理解しているオーソドックスな行為の概念──「行為」という言葉の意味として、我々が普段何となく捉えているもの──からはみ出す何かを、しかも重要な何かを、この例は物語っているのである。

本書は、「そもそも行為とは何か」という問題を哲学的に探究する試みである。より具体的に言えば、「何かが自然に起こることと、人が意図的に行うこととの違いは、一体どこにあるのか」という問題や、あるいは、「人はどのような場合に、『それは私がしたことだ』と認めるのか」といった問いの答えを導き出すことを試みる。そして同時に、以上の探究が、「倫理学」と呼ばれる哲学の一分野──「自由」や「責任」、「道徳」、「生き方」などにまつわる哲学的探究──の根源に触れるものであることを確認する。

本書の第2章までは、いま「オーソドックスな『行為』の概念」と呼んだもの、すなわち、「自分の自由な意志で何らかの目的を達成しようと試みる」というのが具体的にどういうことであるのかを掘り下げていく。まず、その「自由な意志」とはそもそも何かということが大きな謎であることを確認した上で、避けては通れない問題として、「人間にそもそも自由な意志は存在するのか、それとも、人間が何をするかは自然法則によってあらかじめ決定されているのか」という、自由意志と決定論をめぐる論争を扱う（第1章）。そして、「自由な意志の働きとは脳の働きに他ならない」という現代の「科学的主張」を批判的に検討しながら、第1章の問いに対する解答を提示する（第2章）。

以上の探究によってオーソドックスな行為の概念の中身を整理できたところで、本書の議論は先の「車と子どもの衝突」の例へと徐々に接近していくことになる。その中で、なぜこの例がオーソドックスな行為の理解と折り合わないように見えるのか——なぜこの例が、いま我々に「謎」として立ち現れているのか——を明らかにすることができるだろう。また、この例をまさに行為の例として適切に位置づけ、そこからオーソドックスな行為の概念をもう一度照らし返すことで、行為の全体像を見渡す展望を開くことができるはずである（第3章）。

そして、行為という概念をめぐって本書が辿るこうした哲学的探究は、次第に、「倫理学」の領域へと深く接続していくことになる。その過程で、行為者の個別性ないしは置き換えのきかなさというものを切り捨ててきた既存の倫理学の枠組みの問題点と、倫理学という営みの本来の「故郷」とも呼ぶべきものが浮かびあがってくるだろう。これを踏まえて、本書は最終的に、一般的な理論体系の構築というものとは異なる倫理学の方向性を提言することへと向かう（エピローグ）。

＊　＊　＊

本書は、様々な種類の哲学的問題の概要を網羅的に紹介するタイプの入門書ではなく、扱うのは行為をめぐる問題に限られている。また、単に問題のあらましを整理して済ますだけでなく、核心部にまで入り込んで実際に解答を模索するという意味でも、本書の内容は文字通りの「入門」とは異なり、いわば門をくぐった中にある道場で実戦を行うことを含むものだと言えるだろう。

しかし、哲学とは何よりも真理の追求であり、ひとつの問題を徹底的に考え抜き、答えを見つけ出そうとする営みに他ならない。それゆえ、哲学という思考の試合をひと通り、最初から最後まで実践することが、「哲学への入門」の本当の近道だと考える。本書は、読者にとって、そうした真剣勝負の相手となることを目指して編まれた。

そのため、本書の本文は、学問としての哲学に関する予備的な知識が全くなくとも読み進められるように、また、最終的には現在の哲学の議論の先端にまで自然に至ることができるように、工夫したつもりである。その代わり、哲学史や専門的・周辺的な話題の多くは省かざるをえなかった。それらの一部は本文から切り離すかたちで、いくつかの長い傍注と、各章末尾の三つのコラムにまとめている。本書の読み方は各々の読者に任せるべきだろうが、できれば、まずはそうした傍注やコラムについては気にせずに、本文のみを読み進んでほしい。その後で、興味に合わせてコラムや長い傍注へと進み、本文の議論が哲学のどのような専門領域に接続して拡がっていくかを確認してほしい。その方が、本書の挑発的で「非常識」な議論――本書の主張には、「心は頭の中にはない」とか、「現在我々が使っている『過失』という概念には不具合がある」といったものが含まれる――と対話（試合）をしながら、共に額に汗して考えていく実践（実戦）ができるだろう。

繰り返すように、本書は行為をめぐる話題に集中している。

行為とはどういうものか、「自分がした」とはどういうことなのかを、我々は日常の生活においては何となく理解しているはずである。しかし、ふと足を止め、振り返って考えてみると、そこには深い謎が広がっている。当たり前のこととして通り過ぎていた事柄を一度きちんと捉え直し、多様な角度から考え抜くというのは、なかなか骨が折れる作業ではあるが、しかし、大事な作業である。特に「行為」という概念は、これから見ていくように、意志、自由、責任、道徳、倫理、人格の個別性、生き方など、人間の生活にとって極めて重要な概念にそのまま直結している。それゆえ、行為という概念の捉え直しは、これらの関連する諸概念の輪郭を明確に描き直すことでもあるし、それはひいては、我々と我々が住まう世界の真相に迫ることに繋がるはずである。

哲学することのそうした大事さを、自分自身で実感してもらうことができれば——そして、哲学することの楽しさ、面白さも、幾ばくかでも感じてもらえれば——本書にとってこれ以上の成功はない。

それでは、始めよう。

それは私がしたことなのか　目次

装幀――気流舎図案室

第1章

行為の意図をめぐる謎

1-1 「手をあげる」－「手があがる」＝？

我々は普段、歩いたり、走ったり、電車に乗ったり、遅刻をしたり、謝ったりして生活している。つまり、いつも何かをする動物——行為する動物——である。しかし、たとえば地球が太陽の周りを回ることは「行為」とは呼ばれない。落ち葉が風に舞うことも、台風が進路を変えることも、原子が核分裂することも、「行為」ではない。また、我々人間であっても、たとえば欠伸《あくび》やしゃっくりは普通は「出てしまうもの」（起きてしまうもの、生じてしまうもの）であり、「行為」とは呼ばれない。

世界の中では無数のものが運動しているが、その運動の中には行為であるものとそうでないものがある。では、両者の違いはどこにあるのだろうか。言い換えれば、「行為」という概念をそれとして特徴づけるものは何なのだろうか。こうして、「行為」という概念の意味を明確にしようとする哲学の一分野、すなわち**行為の哲学**ないしは**行為論**と呼ばれる分野が立ちあがることになる。

現代の行為論（行為の哲学）の始まりを告げるのは、二〇世紀を代表する哲学者ルートウィヒ・ウィトゲンシュタインが提示した次の問いである。

私が手をあげるという事実から、私の手があがるという事実を差し引いたとき、後に残るのは何か？[1]

実際に考えてみよう。手をあげることから手があがることを引いたら何が残るのだろうか。

様々な答えがありうるだろう。とはいえ、基本的に多数派を形成する答えは、手をあげようという気持ち、手をあげたいという思い、意志、意欲、意図、主体性、自発性、積極性、能動性といったものである。たとえば、自分の手が他の誰かによって持ちあげられるということはあるだろう。また、膝をハンマーで叩くとぴょこんと足があがるように、電気刺激などの何かの刺激を受けた拍子に手が勝手にあがってしまうこともあるかもしれない。それゆえ、「手があがる」ことそれ自体は行為であるとは限らず、それこそ、落ち葉が風に舞うことや台風が進路を変えることと同様の、単なる運動であるかもしれない。言い換えるなら、「手があがる」というのは確かに世の中に生じたこと――すなわち、**出来事**（event）――ではあるのだが、行為であるとは限らない（単なる運動かもしれない）、ということである。

これに対して「手をあげる」ことは、そのように我が身に勝手に生じることではなく、まさに自分の意志で行うことである、というのは、多くの人が思い浮かべる標準的な答えだと言えるだろう。とすると、「手があがる」という出来事が自分の意志（あるいはそれに類する心の働き）によって引き起こされることが、「手をあげる」という行為の中身なのだろうか。しかし、そう結論づける前に、明確にしておくべき点がある。それは、いま言った**意志**（will）とは実際のところ何なのか、ということである。

［1］ Wittgenstein, L., *Philosophical Investigations*, Basil Blackwell, 1953, §621.（ウィトゲンシュタイン『哲学探究』〈ウィトゲンシュタイン全集八〉、藤本隆志訳、大修館書店、一九七六年、第六二一節。）

1-2 出来事を引き起こす心の働きとは何か

1-2-1 「…しよう」と「…したい」の違い――意図と欲求

ここで意志と呼んでいるものは、「…しよう」という思いであるとか、あるいは、「…したい」という思いであるとか、漠然と区別されることなく言われる場合が多い。しかし、「…しよう」と「…したい」という二つの心の働きの間には大きな違いがある。

たとえば我々は、「手をあげたい」と思うと同時に、「手をあげたくない」と思うことができる。学校のホームルームで、学級委員に立候補する人が全く出て来ず、気まずい空気が流れているとしよう。生徒の中に本当は学級委員になりたい人がいて、手をあげて立候補したいと思っている。しかし同時に、手をあげることで注目されたり、でしゃばりだと見られたりしたくないとも考えている。このとき、この生徒は矛盾した思いの中で葛藤しているのである。

もうひとつ例をあげてみよう。ある人がいま、カツ丼も食べたいしカレーも食べたいと思っているとしよう。その人は持病のために厳しいカロリー制限があり、どちらかしか食べることができない。それでも、両方を食べたくて仕方がない。こうしたことは普通にありうるだろう。つまり、我々は複数の矛盾した「…したい」という思いをもつことができる。

それに対して、「…しよう」という思いの場合には、そうした矛盾した思いをもつことは基本的に不可能である。たとえば私が、「今日のお昼はカツ丼を食べようと思っているし、それからカレーも食べようと思っている。どちらかしか食べることはできないんだけどね」と言ったとしよう。これを聞いた人は、私が何を言っているのか意味が分からないだろう。どちらかしか食べられないのにどちらも食べようなんて、一体どういうことなんだ、と。「どちらかしか食べられないだろうけど、どちらも食べよう」だったら理解できる。私はわずかな可能性に賭けて、カツ丼もカレーも食べようとしているのだろう。しかし、どちらかしか食べられないと私が心から信じている場合には、それでも私が「どちらも食べよう」と思うというのは理解不能である。私は疲れて頭が混乱しているのだろうし、そうでなければ、冗談を言おうとしているか、人を煙に巻いてからかおうとしているのだろう。

それに対して、「どちらかしか食べられないけど、どちらも食べたい」という思いであれば、容易に理解できる。こう言い換えてもいい。「…したい」という思いの場合には本心からでない場合がありうる、ということである。どちらも食べたいのだけれど、本当に食べられるとは信じていない、本当に食べようとは考えていない――そうしたことはありうるのである。ここに、食べたいという思いと、食べようという思いの違いがある。行為論においてはこのポイントを一言で簡単に表すために、食べようと思っている人は食べることにコミットしている（本当に食べようとしている、専念している、肩入れしている）、あるいは、食べることに対してコミットメント（commitment）をもっている、という言い方が為される。

ともあれ、「…しよう」という心の働きと、「…したい」という心の働きには確かにこうした違いがある。それゆえ、両者は日常的には「意志」という言葉で一緒くたにされることが多いものの、ここでは、「…しよう」という心の働きの方は**意図**（intention）と呼び、他方、「…したい」という心の働きの方は**欲求**（desire）と呼ぶことによって、両者を便宜的に区別しておくことにしよう。たとえば、手をあげようという意図をもっている人は、手をあげることにコミットしているのであり、それと矛盾する他の意図（手をあげずにじっとしていようという意図など）をもつことはない。他方、手をあげたいという欲求をもっ

本書における、意志／意図／欲求の区別

意志	意図 （…しようという思い）	矛盾した意図をもつことは基本的に不可能である →Aしようと意図している人は、Aすることに コミットしている
	欲求 （…したいという思い）	矛盾した欲求をもつことは普通に可能である →Aしたいと欲していても、Aすることに コミットしているとは限らない

ている人は、必ずしも手をあげることにコミットしているとは限らない。すなわち、恥ずかしいからあげたくないという欲求を同時にもっているといったこともありうるのである。したがって、こうした意図と欲求の特徴づけにおいては、行為の成立に直接深く結びつく心の働きは意図の方だと言えるだろう。

ただし、ここで一点、非常に重要なポイントを指摘しておきたい。それは、欲求よりも意図の方が行為に深く結びついているからといって、意図すれば必ず行為することになるとは限らない、ということである。当たり前の話だが、カレーを食べようと思うことは、実際にカレーを食べることと同じではない。どれほど固くカレーを食べようと決意していても、食堂で頼む直前にカレーが売り切れになってしまうかもしれない。また、そうした外在的な障害が発生しなくても、頼む直前に気が変わり、結局食べずに済ますかもしれない。言い換えれば、ある意図がある行為を実際に成立させるかどうかは、まさにその行為が成立しない限りは分からない、ということである。行為とは実際に為されたものであり、為されるまでは行為は存在しないのである。この、行為とは基本的に「為されたもの」として回顧されるものであるというポイントは、第2章以降に主題的に扱うことになるが、ここでもひとまず留意しておいてほしい。

（意図することと行為することの間にあるこうした断絶は、「意志の弱さ」という、哲学史上でも最も伝統的な議論のひとつに接続する。[2] また、以上のように「欲求」と「意図」というかたちで区別せず、「欲求」という概念だけで済ますことができるかもしれない。たとえば、行為に直結する心の働きを「意図」とは呼ばず、近代イギリスの哲学者ホッブズ（一五八八～一六七九年）やロック（一六三二～一七〇四年）らのように、「最終的な欲求」や「決定的な欲求」、「最強の欲求」などとして特徴づける、といった方法である。[3] この方法は実際、現代に至る伝統的な行為論の主たる方向性と合致するものだと言えるだろう。）

1‐2‐2 「…と信じている」という思い――信念の必要性

さて、これで、手をあげることなどの出来事を引き起こす心の働きの中身がすべて明らかになったと言えるだろうか。

実は、意図とも欲求とも異なる心の働きが、ここまでの説明の中にすでに登場している。先に、カレーを食べられる可能性が絶対にないと信じている場合には、我々はそもそもカレーを食べようとはしない、と言った。逆に言えば、食べるという行為を我々が行うためには、食べられる可能性が（たとえわずかでも）あると信じている必要がある、ということである。同様に、少なくとも「手の自由が利く」とか「手はちゃんとある」などと信じているのでなければ――つまり、自分は手をあげられると

[2] 伝統的議論においては、人間の意志の弱さは「アクラシア（抑制のなさ）」というギリシア語によって術語化され、道徳的な弱さと同一視されてきた。すなわち、万引きなど絶対にしてはならないと分かっているのに、快楽や誘惑に屈して、自分を抑える力を失い、つい万引きをしてしまう、といった弱さである。それに対して現代では、意志の弱さという現象を道徳的次元から切り離し、人間の不合理性というものをどのように特徴づけるか、という文脈で議論されることが多くなっている。（この新たな議論の流れの代表的論文として、以下のものがある。――ドナルド・デイヴィドソン「意志の弱さはいかにして可能か」『行為と出来事』服部裕幸・柴田正良訳、勁草書房、一九九〇年、二一九～六三頁。）

[3] ホッブズ『リヴァイアサン』第一部第六章、ロック『人間知性論』第二巻第二一章。

信じているのでなければ――我々は手をあげようとはしない。何であれ行為をするには、それに関連して何ごとかを信じている必要があるのである。冷蔵庫の中にビールがあると信じていなければ、冷蔵庫を開けてビールをとろうとはしないだろう。水が出ると信じていなければ、蛇口をひねって水を出そうとはしないだろう。この、「…と信じている」という思いは、哲学では**信念**（belief）と呼ばれるのが普通である。

ここで言う「信念」という言葉の意味が、日常で使われる意味とは少しずれていることに注意してほしい。普通この言葉は、「彼女は医療は万人のためにあるべきだという信念をもっている」とか、「彼は揺るがない信念をもった人間である」といった仕方で使われている。つまり、この言葉は日常では、固い決意や思想、信仰といったものを表すことが多い。これに対して、いま哲学上の概念として出した「信念」は、『…と信じている』という思い」を省略して言っているだけだと思ってほしい。たとえば私が蛇口をひねったときには、蛇口をひねれば水が出ると信じていた。それは揺るがない固い思想でも何でもなく、ただ何となく、水が出ることを疑っていなかったというだけのことなのである。

それから、ここで言う「信念」が、多くのケースで**知識**（knowledge）と言い換えられることも重要である。たとえば、「蛇口をひねれば水が出る」というのは、単に私一人が信じていることではなく、皆が知っていることであろう。しかし、たとえば今日の午前中、水道工事で断水があるというお知らせに私だけが気づかず、蛇口をひねっても水が出ないことにびっくりしたとしよう。この場合には、私だけが蛇口をひねれば水が出ると信じていたが、その信念は誤りだったということである。他方、近所の人々は皆、断水のお知らせを読んでいたという確かな根拠によって、今日の午前中だけは蛇口をひねっても水は出ないと信じていて、そしてその信念は正しかったことになる。つまりこの場合、彼らは蛇口をひねっても水は出ないと知っていた――彼らは、蛇口をひねっても水は出ないという知識をもっていた――のである。

信念	Pと信じている
たまたま正しい信念	Pと信じていて、かつ、Pがたまたま事実と合致している
知識	Pと信じていて、かつ、Pは事実と合致しているが、それはたまたまではなく、正当な根拠がある（適切な仕方でPと信じている）

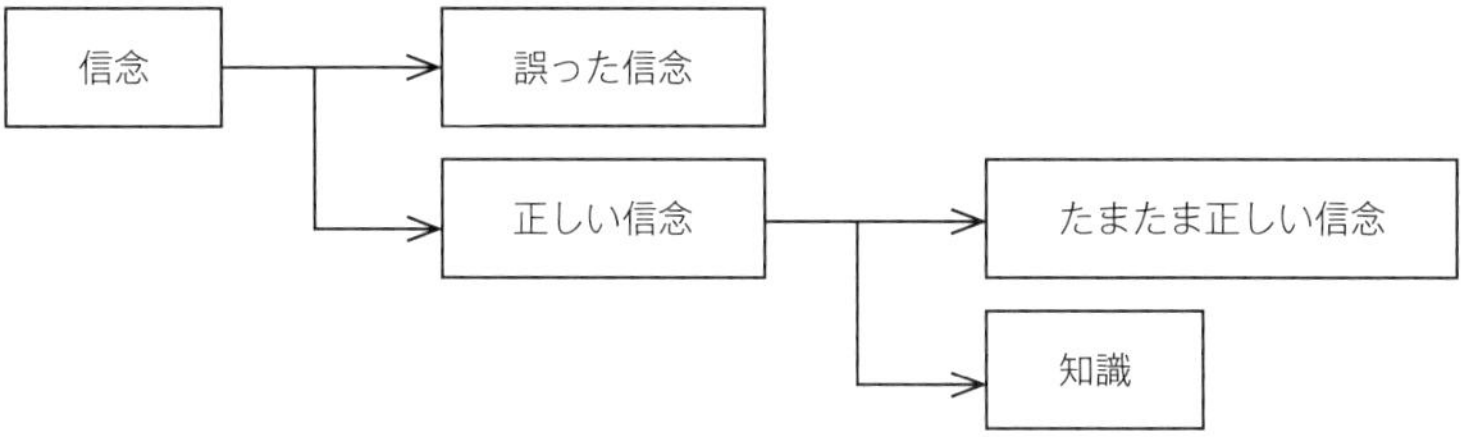

（逆に、もしも彼らが何ら正当な根拠もなく、何となく「蛇口をひねっても水は出ない」と信じ込んでおり、それがたまたま正しかったのだとしたら、彼らは「知識をもっていた」とは言えない。まさに当てずっぽうが運よく事実と合致したにすぎないのである。）

「信念」と「知識」をめぐるこうした関係は、簡単に次のようにまとめられるだろう。正しい事柄を適切な仕方で信じていることが「知っている」ということだ、と。

1−2−3　意図・欲求・信念の関係性

以上で、行為がそれとして成立することに関連すると思われる心の働きが一応出揃ったように思われる。すなわち、「意図」と「欲求」、それから「信念（知識）」である。

ここで、この三つの概念同士の関係について簡単に確認しておきたい。たとえば、蛇口をひねって水を出そうという意図をもっているときには必ず、蛇口をひねれば水が出るという信念や、自分は蛇口をひねることができるという信念などをもっている。また、手をあげようという意図をもっているときには必ず、自分は手をあげられるという信念や、手をあげたら学級委員に立候補できるなどの信念をもっている。このように、個々の意図は、それと関連する信念――個々の意図をもつことを可能にする信念――を必ず伴うのである。他方、その逆は言えない。たとえば、自分は手をあげられるという信念をもっているとしても、必ずしも手をあげようという意図が伴われるとは限らないということである。自分は両手を縛られているわけでもないし、あげようと思ったらあげることができると信じている。しかし、学級委員になりたくないから、いまはあげようとはしない。こうしたケースは普通にあるだろう。

それでは、意図と欲求の関係はどうなっているのだろうか。手をあげようという意図をもっているときには、必ず手をあげたいという欲求ももっているのだろうか。そうとは言いがたい。なぜなら、全然手をあげたくはないけれどプレッシャーに耐えきれずに嫌々手をあげようとする、といったことは当然考えられるからである。[4] 他方、手をあげたいという欲求をもっていても、先述のように、必ずしも手をあげようという意図をもっているとは限らない。それは、他の欲求――たとえば、手をあげたくないという欲求――の方が強いからかもしれないし、手をあげられるという信念をもっていないからかもしれない。

最後に、欲求と信念の関係について見ておこう。手をあげたいという欲求をもっているが、手をあげられるという信念はもっていないということはありうる（全く身動きできない場合など）。また、逆に、手をあげられるという信念をもっているが、手をあげたいという欲求をもっていないということもありうる（学級委員になりたくない場合など）。そして当然、そうした信念と欲求の両方をもっている場合もありうる。その場合には、手をあげようという意図をもつことが多くなるだろうが、しかし繰り返すように、手をあげたくないといった他の欲求の方が強い場合や、手をあげたいという欲求がそもそも弱い場合などには、それでも手をあげようとしない場合もあるだろう。

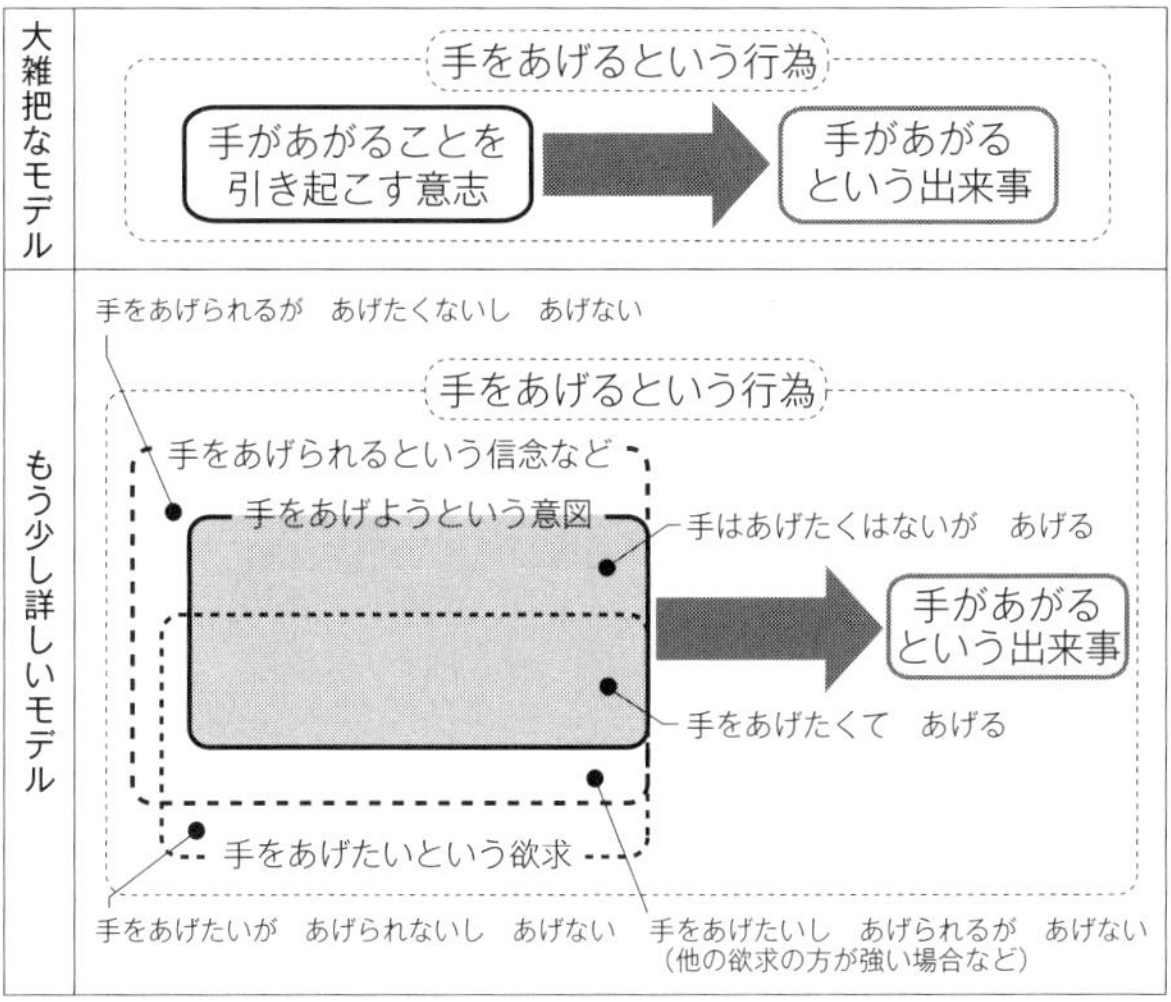

少し細々とした話になったが、行為をそれとして成立させると思われる心の働きについてここまで確認してきたことを、手をあげる行為を例にして図にまとめておこう。

すでに確認したように、冒頭のウィトゲンシュタインの問いに対して提出されがちなのは、「人の意志によって『手があがる』という出来事が引き起こされること」＝「『手をあげる』という行為」という、素朴で大雑把な行為のモデルである。これに対して、「意志」というものの中身をもう少し詳しく見てみると、「意図（…しよう）」と「欲求（…したい）」という、二種類の心の働きに分割され、さらにこれらの心の働きの背景には、「信念（…と信じている）」という心の働きがあることが見出された。この三種の心の働きの関係性をベースにして、ウィトゲンシュタインの問い

［4］　しかし、他の種類の欲求をもっているとは言えるかもしれない。たとえば、プレッシャーから逃れたいという欲求などである。また、「最終的に手をあげた以上は、手をあげたいという欲求をもっていたのだ」という風に、行為を最終的に導いた心の働きとして欲求という概念を特徴づけることもできるかもしれない。実際、現代に至る行為論の主流や、あるいは、経済学におけるいわゆる「顕示選好理論」などは、そうした特徴づけと親和的なものだと言えるだろう。

に対する答えを与え直したものが、いまの図で言う「もう少し詳しいモデル」である。
この後者の方のモデルに従うなら、「手をあげよう」という意図——および、それと関連する信念や欲求——によって「手があがる」という出来事が引き起こされることが、手をあげる行為の中身ということになる。しかし、はたしてこのモデルは正しいのだろうか。

というのも、この点に関して疑問を抱かせる大きな問題が存在するからである。そしてそれこそ、行為というものを哲学的な難問にし、我々を思考の迷宮に誘う最初の入り口に他ならない。

1-3 意図をめぐる問題——そもそも意図とは何か？

1-3-1 意図にあたる現象として何を提示しても無限後退に陥る

「手をあげよう」という意図が「手があがる」という出来事を引き起こすのだとしたら、その意図と出来事は、時間的に前後する二つの異なる何かでなければならない。しかし、「手があがる前に手をあげようという意図をもつ」とは、一体どういうことだろうか。想像してみよう。実際に手をあげる前に、手をあげようと思うだけというのは、どういうことを指すのだろうか。

私はいま手の自由が利かないわけではないから、手をあげようとすればいつでもあげることができる。手をあげることを妨げるものは何もない。さて、実際に手をあげる前に、手をあげようと思うことだけをしてみよう。……何をすればよいのだろうか。

たとえば、実際には口に出さずに「手をあげよう、手をあげよう、……」とつぶやくこと——これは**内語**（inner speech）と呼ばれる——が、手をあげずに手をあげようと思うということなのだろうか。しかし、どれだけ内語をしても、それによって手があがるというわけではない。その理由を明確にするためには、「手をあげよう」と実際に口に出してみればよい。私が「手をあげよう」と言う。それを聞いた知人が私をずっと見ているが、その後私は一向に手をあげることがない。私はただ「手をあげよう」と言っただけなのである。私がまた「手をあげよう」と言う。知人は「今度は本気なんだな」と確認する。私は「本気だ」と答える。しかし、やっぱり手をあげない。私は嘘をついているのである。つまり、口に出すのであれ出さないのであれ、「手をあげよう」と言うことは、手をあげようと思うことと同じではない。

それでは、たとえば自分が手をあげる様子をイメージするといったことが、手をあげようと思うことなのだろうか。しかし、そのように考えても問題は進展しない。そうした様子をイメージしても、やはりそれによって手があがるというわけではないからである。この点を明確にするために、単にイメージするだけでなく、実際に自分の手をあげる様子を絵に描いたとしてみよう。絵が完成した後、私は必ず手をあげることになるだろうか。当たり前だが、そんなことはない。イメージすることであれ、絵を描くことであれ、それは手をあげようと思うことと同じではない。

なぜ、内語することもイメージすることも、行為の意図になりえないのだろうか。ポイントは、「手をあげよう」と内語すること（口に出さずにつぶやくこと）も、それから、手をあげる様子をイメージすることも、自分の意志とは関係なく勝手に生じてくるものではなく、それ自体がひとつの行為だということである。それらは手をあげるという行為を成立させる意図ではないのである。そして、それらは行為

である以上、それを成立させる意図が別に必要になる。すなわち、「手をあげよう」と内語しようという意図や、手をあげる様子をイメージしようという意図である。では、たとえば「手をあげよう」と内語しようという意図とは何だろうか。それは、「『手をあげよう』と内語しよう」と内語することだろうか。では、そう内語しようとする意図とは何だろうか。「『《手をあげよう》と内語しよう』と内語しよう」と内語することだろうか。以下、きりがない。つまり、意図をもつことを行為することと同一視してしまえば、いつまでも意図をもつことそのものに辿りつくことができない。「『《手をあげよう》と内語しよう』と内語しよう」と内語するとか、手をあげる様子をイメージする様子をイメージするといった、どうしようもない無限後退に陥ってしまうのである。

それでは、手をあげようと思うことは、内語したりイメージしたりといった行為ではなく、それとは別の、行為を実際に引き起こす力をもった出来事が頭の中に生じるということなのだろうか。しかし、そのように想定することはもっと始末が悪い。というのも、次のような疑問がすぐに出てくるからである。すなわち、内語でもイメージでもなく、我々にはどういうものか想像できないような、そうした何らかの神秘的な出来事が「意図」と呼ばれるものの中身であるとして、その謎の出来事自体はどのようにして心の中に生じたのか、という疑問である。文字通り単に勝手に生じただけであるなら、そこには「行為」なるものはどこにも見当たらない。正体不明の謎の出来事が私の頭の中に勝手に生じ、その後に手があがるという出来事が続く、という出来事の継起があるだけである。つまり、「意図」＝「謎の出来事」とした上で、「私が手をあげようと意図し、その後に手があがる」ということを「謎の出来事が私の頭の中に生じ、その後に手があがる」ということに言い換えても、「手をあげる」という行為の説明には全くならないのである。それゆえ、その謎の出来事は勝手に発生したものであっては困る。言い換えれば、その出来事は何か別の意図によって引き起こされたものである必要がある。しかし、いまの想定の下ではその別の意図も謎の出来事であることになってしまうのだから、それを引き起こすまた別の意図が必要になる。以下、またもやきりがないのである。

こうして、意図を内語などの行為だとしてみても、また、行為ではなく何らかの神秘的な出来事だとしてみても、無限後退に陥ってしまう。それゆえ、意図をこれらのものとして特徴づけることはできない。それでは、意図とは結局何なのだろうか。

1-3-2 意図は自覚的な意識の作用ではない

「意図する」とはどういう働きなのかという問いに対して、おそらく多くの人が、それは何らかの自覚的な意識の作用であるという漠然とした考えをもっているだろう。すなわち、「ああしよう、こうしよう」と、いわば頭の中で意識的に言葉やイメージをめぐらす作用として、「意図する」という働きを捉える考え方である。しかし、この考え方は間違っている。それがなぜかを、ここでまず明確にしておこう。

いま、「意図するという心の働きは、内語するという行為やイメージするという行為ではない（まして、神秘的な謎の出来事でもない）」ということを確認した。ただし、意図を形成する過程に内語やイメージが伴われる場合もある。カレーを食べようかカツ丼を食べようか迷っている場面を想像してみよう。そのとき、たとえば我々は、美味しいカレーやカツ丼をイメージしたり、「カツ丼の方が空腹は満たされるだろう」と内語したり、「カレーの方が安いから財布には優しい」とか、「昨日もカレーを食べたから今日は控えた方がいいんじゃないか」とか、「ダイエットしているからカロリーの高いカツ丼はやめた方がいいかな」などと内語する。そして最後に、「よし、カレーを食べよう」と内語し、その通りにカレーを食べる。――我々は、「熟慮の末に何をしようか選択し、行為する」ということで、しばしばこうした過程を思い浮かべるのではないだろうか。そして、こうした過程を、「意図を形成し、行為する」という過程と同一視する場合が多いのではないだろうか。

内語やイメージの重要な特徴は、必ず自覚的な意識が伴われるということである。たとえば、「カレーの方が安い」と内語してみてほしい。その声を自分が意識していない（聞いていることを自覚していない）ということはありえない。また、美味しいカツ丼をイメージしてみてほしい。その像を見ていることを自分が自覚していないということはありえない。おそらくこのことが、「意図するというのは自覚的な意識の作用のことである」という考えが生まれてくる素地となっていると思われる。

しかし、この考えは間違っている。理由は二つある。一つは、特に自覚的な意識を伴わない意図的行為が数多く存在するということである。たとえば、通い慣れた学校への通学路を歩くとき、「次は右に曲がろう」とか「青信号だからそのまま進もう」とか、「右足を出そう」、「次は左足を出そう」、「手を振ろう」等々、自覚的に意識を集中していることは少ないだろう。また、車の運転に熟達した人なら、「ここでこれくらいアクセルを踏もう」とか、「ハンドルをこれくらい切ろう」とか意識することは少ない。かといって、そのように特に意識せずに行為しているとき、身体が勝手に動いていたり、身体がコントロールを失っていたりするわけでは全くない。まさに自分の意志で、意図的に歩いたり、意図的に車を運転し

○ 意図が形成される際には、様々な内語やイメージが伴われる場合がある。

▼

○ 内語やイメージには必ず、それに対する自覚的な意識が伴われる。

▼

× 一連の様々な内語やイメージの末に、結論にあたる言葉を内語することが「熟慮の末に選択する」ということであり、その一連の過程こそが「意図を形成する」ということである。それゆえ、意図するというのは自覚的な意識の作用のことである。

理由① 自覚的な意識が伴われない意図的行為が数多く存在する。
理由② 内語することやイメージすることはそれ自体がひとつの行為であり、行為の意図ではない。

たりしているのである。したがって、「意図とは自覚的な意識の作用のことである」とするならば、事前に自覚的に意識を向けなかった行為（たとえば、「次は右に曲がろう」などといった内語を伴わずに歩いたことなど）はすべて意図的な行為ではない、ということになってしまう。これはナンセンスである。（こうした、行為の「非意識性」とも呼べる側面については、後の1‐6‐3以下において主題的に取り扱うことになる。）

もう一つの理由は、先の論点の繰り返しである。すなわち、内語すること（およびイメージすること）はそれ自体がひとつの行為であり、行為の意図ではないということである。内語することを「行為」と呼ぶことに抵抗がある人は、再び、内語することを実際に口に出して発話することに置き換えてみてほしい。もちろん、内語と発話の間には、発話は他人も聞くことができるが内語は他人には聞こえないという違いがある。では、誰もいない部屋の中で、「カレーの方が安い」とか「カレーを食べよう」などと実際に発話してみよう。この発話を自分以外の誰も聞いていないという意味では、内語することと何ら変わりはない。では、「カレーを食べよう」と言うことは、「カレーを食べよう」と思うことと同じだろうか。全く違う。「カレーを食べよう」と言っているからといって、本心からカレーを食べようと思っているとは限らないのである。

ただし、実際にカレーを食べる前にあれこれ内語して、最後に「カレ

行為			非行為（運動、反射）
意図的行為		意図せざる行為	
自覚的な意識を伴い、意図的である	自覚的な意識を伴わないが、意図的である		
・学級委員に立候補するかどうか葛藤の末に、恐る恐る手をあげて立候補する ・はじめて学校に行くため、どの道で曲がるべきかひとつひとつ注意しながら歩く ・まだ車の運転に慣れておらず、ひとつひとつの操作に意識を集中する 等々	・家から学校まで慣れた道を歩く間、特に意識せず自然に足を交互に出し、角を曲がったりする ・車の運転に慣れており、特に意識せず自然にハンドルを切ったりギヤを変えたり、アクセルやブレーキを踏んだりする　等々	・注意を怠ったドライバーが、横断歩道上を歩いていた子どもを轢いてしまう ・完璧な安全運転をしていたドライバーが、道に飛び出してきた子どもを轢いてしまう 等々 ※この種の行為については第３章で扱う	・寝返りを打つ ・寝言を言う ・気絶して倒れる ・膝をハンマーで叩かれ、足が飛びあがる ・しゃっくりをする ・思わずくしゃみをする ・熱湯の入ったやかんに触れ、反射的に手を引っ込める 等々

ーを食べよう」と内語するという一連の行為は、実際にカレーを食べるという行為と関連性をもちうるとは言えるだろう。とりわけ、そのように内語しつつ、カレーを食べようと心から思うようになるのだとしたら、「カレーを食べよう」と内語する行為は、実際にカレーを食べるための準備ないしは手段となる行為と呼ぶこともできるだろう。しかし、あくまで行為は行為であって、行為の意図ではない。また、カレーを食べようと心から思うとはどういうことか、目下のところ何ら明らかになっていない。言い換えれば、意図とは結局何なのか、まだ謎のままなのである。

　ここで、今後の議論のために、行為とそれ以外の運動や反射行動などとの違いを、「自覚的な意識を伴うか否か」、「意図的であるか否か」といった項目によってさらに細分化しつつ、表にまとめておこう。なお、行為のうち、本書冒頭の「はじめに」で触れたような、図らずも車で子どもを轢いてしまうなどの「意図せざる行為」については、当面は扱わず、第3章に至ってようやく主題化することになる。

1‐3 「出来事を引き起こす心の働き」など本当にあるのだろうか？

こうして、目下のところ我々は、意図そのものとは何であるのか――たとえば、実際に手をあげることなく手をあげようと思うだけとはどういうことであるのか――を掴むことができていない。

以上の「意図」をめぐる問題は、「欲求」や「信念」という他の心の働きにも当てはまる。たとえば、「手をあげたい」という欲求をもつこととは何だろうか。それは、「手をあげたい」と内語することだろうか。それとも、手をうずうずさせ体をそわそわさせるといったことだろうか。しかしそれらはそれ自体がひとつの行為であり、欲求そのものではない。また、「手をあげられる」と信じることとは何だろうか。「手をあげられる」と内語することだろうか。そうでないとするなら、「手をあげられると信じている」とはどういう事態を指すのかを、我々は説明することができるだろうか。

これまで、出来事を引き起こす心の働きとして「意図」や「欲求」や「信念」というものを想定してきた。しかし、以上のような問題を前にして、ここである別の見方が顔を出すようになる。それは、「心の働きが出来事を引き起こす」というモデル自体に問題があるのではないか、という見方である。そしてこの見方は、出来事を引き起こす心の働きなどそもそも存在しないのではないか、という疑念に繋がっていく。「意図」や「欲求」や「信念」なるものの具体的な中身を、我々は（目下のところ）それとして取り出すことができない。とすればそれらは、単に存在すると想定されているだけの幻にすぎないのではないか、と。

1－4　機械の中の幽霊――ライルによる物心二元論批判

ここまで、「手をあげる」という行為とは何かを説明するためのモデルとして、「手をあげよう」とか「手をあげたい」といった心の働きが「手があがる」という出来事を引き起こす、というモデルを検討してきた。しかし、このモデルには根本的な問題が含まれていた。それは煎じ詰めて言えば、目下のところその「心の働き（意志、意図、欲求、等）」とは何かが全くの謎だという問題である。「手をあげよう」という意図が「手があがる」という出来事を引き起こすのだとしたら、その意図と出来事は時間的に前後する二つの異なる何かでなければならない。しかし、実際に手をあげることとは区別される「手をあげようと思うだけのこと」とは何であるのかを、我々は具体的なかたちで取り出すことができないように思われるのである。

ここから、ひとつの見方が生じてくる。それは、「心の働きが出来事を引き起こす」というモデル自体が間違っているのではないか、という見方である。現代においてこれを鮮明な仕方で打ち出し、後代に大きな影響を及ぼしたイギリスの哲学者ギルバート・ライルの議論を、ここからしばらく追っていくことにしよう。

1－4－1　ライルの標的――デカルト以来の「公式の教義」

ライルは、「心の働きが出来事を引き起こす」というモデルの起源を、近代哲学の祖であり稀代の数学者・自然科学者でもあったデカルト（一五九六〜一六五〇年）らの議論に求めている。

ライルによれば、主としてデカルトに由来する議論が、いわば「公式の教義」として、近代以降の人々の考え方に——学者のみならず、一般の人々の考え方にも——極めて強い影響を及ぼしてきたのだという。それは、「人間は身体と心という別々の実体から成り立っている」あるいは「人間は身体であると同時に心でもある」という教義である。そしてこの教義の下では、「身体」は客観的な物質として特徴づけられ、他方、「心」は、個々人のいわば内側に秘められ、他人からは見たり聞いたりできない非物質的な何ものかとして特徴づけられることになる。この特徴づけを、もう少し詳しく見てみよう。

この教義に従うなら、「手があがる」といった身体的な動きは、その身体の所有者以外の人も観察することができる公的《パブリック》（客観的）な事柄であり、一個の身体としての人間の生涯は、動物や昆虫の生涯や、あるいは植物の生長や惑星の運行が辿る経歴とも変わるところがない。それゆえ、昆虫の動きや惑星の運行などが機械的な法則性に従っている——一定の機械仕掛け《メカニズム》で動いている——と推定されるように、人間の身体的な動きも機械的な法則性に従っていると推定される。人間の身体は、皮膚や骨や臓器などの物質によって構成されている極めて複雑な機械と言えるものであり、たとえば「手があがる」という動きは、身体という機械の動きの一例に他ならない。そして科学、とりわけ物理学は、そうした機械仕掛け《メカニズム》を支配する法則性を「自然法則（物理法則）」として取り出そうとする。究極的には、人間の身体も含めて宇宙のあらゆる物質の動きは、地球が太陽や他の惑星の引力によって一定の仕方で運行しているのと同様、自然法則に従った物質間の果てしない因果連鎖の一部にすぎない。言い換えれば、身体の動きはすべて自然法則によってあらかじめ決定されている、というわけである。

他方、心は、これとは対照的なものとして特徴づけられる。「公式の教義」によれば、身体とは異なり、他人は私の心の働きを覗き見ることはできない。心は本質的に私的《プライベート》（主観的）なものであり、私自身の心の働きを直接に認知できるのは唯一私だけである。その意味で、心は外から隠されている何らかの内的なもの――私の内面にある何か――として位置づけられる。とはいえ、心は骨や臓器といった物質ではなく、その働きは自然法則に支配されてはいない。私はまさに自分の自由な意志で何をすべきか決定し、その選択に基づいて行為するというのである。

こうした身体と心の対比は、確かに我々の日々の直観的な理解とも通じるところがある。我々は他人の身体の動きや声なら見たり聞いたりすることができるが、他人が頭の中で本当は何を考えているのか、何をしようと思っているのかを確実に知ることはできない。他人の心は、顔の表情の動きや微妙な声色の変化などを観察することによって間接的に推測するしかない――そう言われることもある。また、テレパシーなるものを使える超能力者でもない限り、我々は自分の気持ちを他人に直接伝えることはできず、必ず身振りや発声といった観察可能な振る舞いを媒介させなければならないとも言われる。我々の心は、それだけではどうあっても他人と通じ合うことができず、あたかも無人島に閉じ込められたロビンソン・クルーソーのように、個々人の内面に閉じ込められているのだ、と。

実際、身体と峻別され、物質的なものと切り離された心というものは、霊や魂として表現されることもある。それは目に見えず、かたちを成さず、科学によって解明される物質的世界とは異なる世界に存在している実体として説明される。ライルは、このようにして特徴づけられる心を、「機械の中の幽霊《ゴースト・イン・ザ・マシーン》」と名づけている。身体という機械の中に閉じ込められた非物質的な実体、という意味である。

デカルト以来の「公式の教義」に基づく身体と心の対比

身体	心
公的（客観的）	私的（主観的）
物質的（機械的）	非物質的（霊魂的）
外的	内的
観察によって間接的に状態を知る	意識によって直接的に状態を知る（ただし、自分の心に限る）
法則的	非法則的

1－4－2 カテゴリー・ミステイク

以上のような仕方で身体と心を区別し、心を「機械の中の幽霊」として特徴づける立場は、身心二元論あるいは**物心二元論**と一般に呼ばれている。この立場によれば、世界は物質的なものと非物質的なもの（心、精神、霊魂）という二つの異なる種類の実体によって成り立っていることになる。

この立場が根本的な問題を抱えていることは、デカルトが生きていた時代からすでに指摘されていた。それは、身体と心が全く異なる種類の実体であるのなら、心はどうやって身体に作用することができるのか、という問題である。物心二元論に従うなら、身体は椅子やコップや惑星や素粒子と同様の物質である。そして人は、「動かそう」と思うだけでは、椅子やコップを動かすことはできない。ではなぜ、身体であれば動かすことができるのだろうか。また、身体が物質であるということは、その動きも他の物質と同様、自然法則によって決定されている因果連鎖の一環にすぎないことを意味する。そうであるなら、心が身体の動きを引き起こすというのは、心が物質間の因果連鎖に介入し、自然法則をねじ曲げて身体の動きを自由に変えてしまえるということである。そのようなことは可能なのだろうか。心はどうやって、身体を動かすことができるというのだろうか。そしてそれ以前に、心が非物質的なもの――幽霊や霊魂などと呼ばれるもの

――だとするなら、それはそもそも何なのだろうか。それは煙や気体のようなものなのか。しかし煙や気体も、自然法則に従う物質に他ならない。先に1－3でも確認したように、我々は心の働きそのものとは何であるかを具体的に「これ」や「あれ」として取り出すことができないのである。

デカルトはこの疑問に対して生理学的な説明も試みているが、彼自身の最終的な答えは、心が身体を動かすというのはいわば端的な事実であり、なぜそうなっているのかを問うことは原理的にできない、というものである。しかし、この説明に納得する者は少なかった。後代の哲学者も様々な説明を試みたが（たとえば、「神によって心の働きと身体の働きは媒介されている」という説明など）、結局この問題は解決されないまま、二〇世紀まで至ることになった。（心と身体の関係をめぐる哲学的な議論の流れについては、後の「**コラム① 心身問題の行方**」で紹介する。）

こうした流れを踏まえつつライルが下した結論は、「機械の中の幽霊」など存在しない、というものである。心はそもそも「心が身体を動かす」というモデルによって語られるような概念ではないというのである。たとえば、かつて世界には「動物精気」や「フロギストン」なるものが存在すると言われていた。「動物精気」とは、古代ローマ以降、動物の身体を動かす源として仮定されてきたものであるが、動物の身体のメカニズムが詳しく解明されるにつれて、そのようなものは存在しないとされるようになった。また、「フロギストン」とは、物質が燃えるメカニズムを説明するために、特に近代以降に仮定されてきたものである。たとえば、化学者・医師のシュタール（一六五九～一七三四年）は、「物質はフロギストンと灰からなり、燃えると物質からフロギストンが放出され、後に灰が残る」と説明した。この説は世界で広く受け入れられたが、一九世紀以降に「燃焼は酸素の働きによるものである」という酸素説が有力になると、次第に「フロギストン」なるものは無用の存在となっていった。これと全く同じように、「機械の中の幽霊」としての「心」もデカルト以来の間違った学説によって仮定されたものにすぎず、実はそのようなものなど存在しないとライルは主張するのである。

以上の主張を彼は、「カテゴリー・ミステイク」という観点から説き起こしている。カテゴリー・ミステイクとは、似たような仕方で同列に語ってはいけないもの（カテゴリーが異なるもの）を混同してしまうという間違いを指す。ライル自身がカテゴリー・ミステイクの分かりやすい例を示している文章を以下に紹介しよう。

ある外国人がオックスフォード大学やケンブリッジ大学をはじめて訪れ、まず多くのカレッジ、図書館、運動場、各学部、事務局などに案内されるとする。そこでその外国人は次のように尋ねる。「しかし、大学は一体どこにあるのですか。私はカレッジの構成員がどこに住み、事務職員がどこで仕事をし、科学者がどこで実験をしているのかなどについては見せていただきました。しかし、あなたの大学の構成員が居住し、仕事をしている大学そのものはまだ見せていただいておりません」。この訪問者に対しては、この場合、大学とは彼が見てきたカレッジや実験室や部局などと同列の別個の建物なのではないということを説明する必要がある。まさに彼がすでに見てきたものを組織立てる仕方が大学に他ならないのだ。すなわち、それらのものを見て、さらにそれら相互の間の有機的結合が理解されたときにはじめて、彼は大学を見たということになるのである。彼の誤りは、クライスト・チャーチ、ボードリアン図書館、アシュモレー博物館、そして大学というように並列的に語ることができる、と考えた点にある。……すなわち、彼は大学というものを他の諸々の建物が属しているカテゴリーと同じカテゴリーの中に組み入れるという誤りを犯したのである。[5]

カテゴリー・ミステイク	
大学は、教室や図書館などと同じく、建物である。	心は、身体などの物質的なモノ（thing）と同じく、「状態」や「運動」、「変化」、「原因」、「結果」などの力学的な枠組みの下で説明される、非物質的なモノである。

大学とは、教室や実験室や図書館などの建物によって成り立っている場のことである。言い換えれば、大学とはそもそも一個の建物として存在するようなものではなく、学生が授業を受け、実験を行い、本を借りたりする様々な種類の建物の組織的な結びつき（ライルが先の引用で言うところの「有機的結合」）全体を指すのである。しかし、この外国人は大学を、教室や図書館などの建物と同列に語られるもの――同じカテゴリーに入るもの――として理解している。教室も図書館も見たが、大学は一体どこにあるのだろうか、と。これがカテゴリー・ミステイクである。

ライルが強調するのは、人を身体と心に分け、相互に影響を及ぼし合うものとして両者を捉えるのも、まさしくカテゴリー・ミステイクだということである。「身体」という機械（物質的な実体）の中に住まい、その機械を動かす幽霊として特徴づけられる場合の「心」とは、非物質的な何らかの実体であるという点では身体とは異なるが、しかし、それと似たような仕方で語られている。身体が動いたり、止まったり、他の実体を持ちあげたり押したりするのと同じようにして、心も様々に変化し、他の実体――自分の身体――を動かすのだ、と。つまり、心は身体の内側に隠されており、誰もそれを観察することはできないが、何らかの状態にあり、何らかの原因によって動き、他の何かを動かすという結果をもたらすとされる。その点で心は、身体と同様に、「状態」や「運動」、「過程」、「変化」、「原因」、「結果」といった力学的な枠組みの下で説明される**モノ**（thing）――皮膚や臓器などの物質とは異なるが、「これ」や「あれ」、「その辺」などとして指し示すことのできる「幽霊」や「霊魂」などの対象（実体）――として特徴づけられているのである。しかし、この特徴づけは誤りであるとライルは言う。心は、身体と並んで存在するようなモノではない。他のモノによって動かされ、また別のモノを動かすような、因果連鎖の系列の中に位置づけられる実体ではないというのである。

このライルの主張のポイントを、もう少し分かりやすく言い表してみよう。まず、形や重さをもつモノ――すなわち、物質的なモノ――同士であれば、一方が他方を動かす因果関係を結びうるのは当然と言える。たとえば、より大きく重いモノがより小さく軽いモノにぶつかれば、後者が動く、といった具合である。しかし、形も重さもないモノ――すなわち、非物質的なモノ――が形や重さをもつモノを動かす、というのは理解しがたい。もしもそうした因果連鎖がありうるとしたら、それこそ魔術（魔法）や超能力、神による奇跡といった超自然的な何かを持ち出す以外にないだろう。それゆえライルは、「公式の教義」は根本的に間違っていると主張する。すなわち、心を非物質的なモノとして特徴づけた上で、心と身体の関係を「相互に因果的な影響を及ぼし合うモノ同士」として捉える教義は、「カテゴリー・ミステイク」に基づく誤った見方だというのである。

以上のライルの主張が正しいとするなら、我々が「意図」と呼んでいるものは何なのだろうか。それが身体を動かす隠れた心の働きでないのであれば、どのようなものとして特徴づけられるのだろうか。

［5］ Ryle, G., *The Concept of Mind*, Hutchinson & Co., 1949, p.16.（ライル『心の概念』坂本百大・井上治子・服部裕幸訳、みすず書房、一九八七年、一二～一三頁。）

1-4-3 傾向性とその発現としての行為

ライルによれば、行為は「心の働き」と「身体の働き」という二段階の過程から成るものではない。たとえば、「承知しました」と発話する行為は、「承知しました」と発話しようという心の働きによって声帯や舌や唇などの動きが引き起こされることによって成立するのではない。そうではなく、これこれこういう状況の下では「承知しました」と言いがちだという傾向性が発現するということを意味するのだという。

傾向性とその発現とは何か、詳しく見てみよう。何らかの命令や依頼をされたときに「承知しました」と発話する傾向性をもつためには、その大前提として、日本語をある程度理解して使いこなすための訓練を受けている必要があるし、その上で、適切な状況においてこの言葉を発することができるのでなければならない。たとえば、仲の良い友達に「ご飯食べに行こう」と言われて「承知しました」と答えるというのは、冗談で言っているのでなければ奇妙な言い方であろう。つまり、雇い主や顧客などから命令されたり依頼されたりしたといった適切な状況において、この言葉を言う必要があるということである。ただし、そうした適切な状況においても、「承知しました」以外の言葉を発することは可能である。たとえば、「了解しました」「分かりました」「心得ました」「かしこまりました」といった言葉である。そうした様々な可能性の中で特に「承知しました」と言いがちな人が、雇い主から依頼や命令を受けたときに「承知しました」と言うのである。

つまり、日本語をある程度使用する能力をもち、命令や依頼に応じる際に敬語を使うべき適切な状況を理解する能力をもち、さらに、数ある敬語の中から「承知しました」と言いがちである人が、まさにその適切な状況において実際に「承知しました」と言うこと、それが「傾向性とその発現」という事柄の中身である。そして、ここで重要なのは、「傾向性」はそれだけでは――つまり、発現することがなければ――見たり聞いたりすることができない、ということである。ある人が「承知しました」と言いがちであることが分かるのは、実際に様々な場面でその人が数多く「承知しました」と言うことが観察されることによってであるが、しかし、「承知しました」と言いがちであることとそれ自体は、実際にその言葉を言うこととは区別される事柄なのである。

このことは、能力とその発揮というものと類比的に考えればもっと明確になるだろう。ある人が百メートルを十秒で走る能力をもっていることは、その人に実際に走ってもらわなければ分からない。しかし、確かに百メートルを十秒で走れるのであれば、実際に走っていないときでも、その人がその能力をもっていることには間違いない。これと同様に、ある人が確かに様々な場面で「承知しました」と言っているのであれば、実際に「承知しました」と言っていないときでも、その人はこの言葉を言いがちな人（この言葉を言う傾向性をもっている人）なのである。

「行為とは傾向性が発現することである」と言うことでライルが主張したいのは、この「傾向性」と「発現」との区別が、従来の物心二元論において「観察不可能な心の働き」と「心の働きによって引き起こされた身体の動き」との区別として誤って解釈されてきた、ということである。ライルによれば、「承知しました」と発話するとか手をあげるといった行為を準備するものは、観察不可能な心の働き――「機械の中の幽霊」――ではなく、その行為をしがちであるという傾向性のことに他ならない。そして傾向性とは、繰り返すように、それ自体として観察されるようなものでない。言い換えれば、観察可能な身体の動きと同列に語られるものではない。身体とはまさにカテゴリーが異なるのである。たとえば「承知しました」と言いがちであるという傾向性は、上司に命じられたときや顧客に頼まれたときなどに実際にそう

		「公式の教義」（物心二元論）	ライルの説
行為	観察不可能	心の働き	傾向性
	観察可能	身体の動き	傾向性の発現

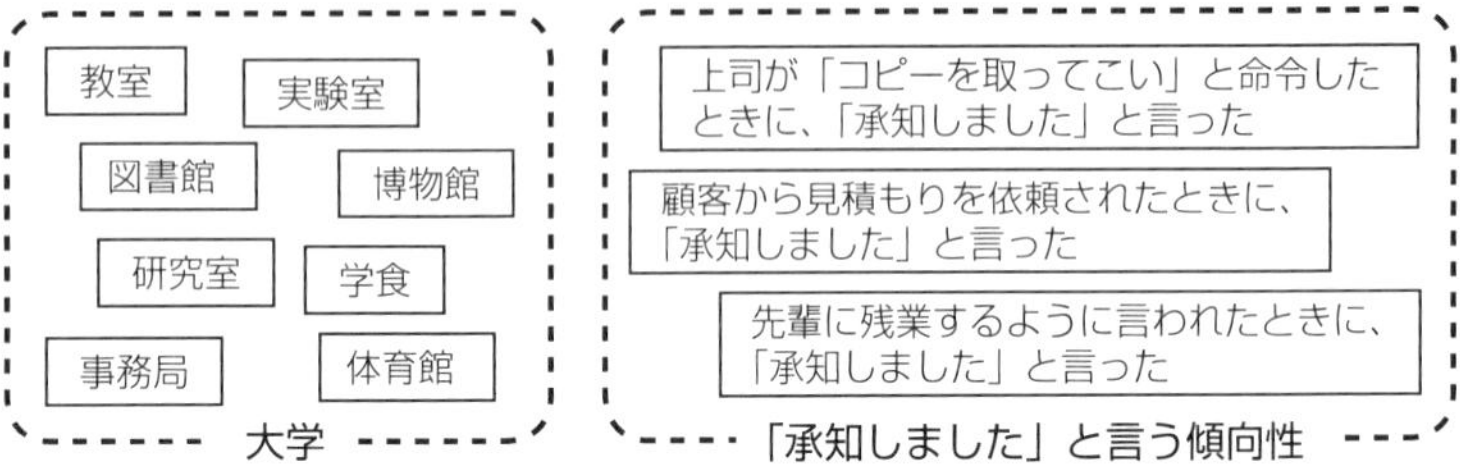
教室
実験室
図書館
博物館
研究室
学食
事務局
体育館
大学
上司が「コピーを取ってこい」と命令したときに、「承知しました」と言った
顧客から見積もりを依頼されたときに、「承知しました」と言った
先輩に残業するように言われたときに、「承知しました」と言った
「承知しました」と言う傾向性

言ってきたという数々の事実をまとめあげることによって立ちあがってくるものである。あたかも、大学が、教室や実験室や図書館などの建物の結びつき全体を指すものであるように、個々の行為を準備する個々の傾向性も、我々が実際に行ってきた様々な言動の結びつき全体を指すものだとライルは言うのである。

1-4-4 行動主義への接近

以上の議論によってライルは、「機械の中の幽霊」を退治しようとした。彼によれば行為とは、身体を動かす神秘的な心の働きによるものなどではなく、傾向性が発現することに他ならない。それこそ「ガラスは割れやすいという傾向性をもっているので、実際に石が当たったときに割れた」と説明するように、「あの人は頼まれると『承知しました』と言う傾向性をもっているので、実際に頼まれたときに『承知しました』と言った」と説明することが、まさに行為とは何かの説明となる――そうライルは主張したのである。

デカルト以来の「公式の教義」は、人間は機械としての「身体」と、機械を動かす幽霊としての「心」からなる、と説明する。では、後者の「心」の存在を否定したライルは、人間は機械である――非常に複雑な物質の塊である――と言っていることになるのだろうか。

ガラスであれば、それが単なる物質であり、心をもたないということに反対する者はいないだろう。たとえば誰も、「ガラスが割れたのはガラスの内なる心の働きによるものである」とは言わないだろう。割れやすいというガラスの傾向性が、石が当たることによって発現したにすぎないのである。そしてその「傾向性」とは、これまでガラスが様々な場面で実際に割れてきたという観察可能な事実全体の有り様を表すものであって、ガラスの中に隠れているわけでもガラスと並列的に存在しているわけでもない。これと全く同様に、ある人が「承知しました」と言ったのは、その人の内なる心の働きによるものなどではないとライルは言う。それは、その人が「承知しました」と言いがちであるという傾向性が他人からの命令や依頼によって発現したということ以外の何ものでもないのだ、と。そしてその「傾向性」とは、その人がこれまで実際に様々な場面で「承知しました」という言葉を発してきたという、観察可能な事実全体の有り様を表すのである。

ライルは言う。古来、小説家や劇作家、伝記作家などは、人々の発言、表情、身振り、口調などを記述することによって、その人の気持ちや意志を示すことに満足してきた（本当にそうかどうかは極めて疑わしいが、ここでは措いておこう）。そうした、外にあらわれた観察可能な振る舞いや変化は「心の働きに相当する秘密の過程を不完全に反映したものではなく、まさに心の働く有り様そのものである」（強調は原著者）[6]と彼は言うのである。

［6］ Ryle, G., *The Concept of Mind*, p.58.（ライル『心の概念』、七三頁。）

ここでライルは、いささか微妙な立場にいる。彼は「心など存在しない」と主張しているのではない。あくまで、「身体を動かす幽霊のようなモノの働きなど存在しない」と主張しているにすぎない。しかし、心とは何かと言えば、それは客観的に観察可能な様々な振る舞いや変化に他ならないというのである。この立場は、一般に**行動主義**（behaviorism）と呼ばれる[7]。「行動」とはここでは、心の働きを前提にしない、客観的に観察可能な振る舞いや変化のことを言う。つまり行動主義とは、そうした振る舞いや変化こそが心の働きそのものなのだ、と主張する立場のことである。実際にライル自身も、自分の主張は行動主義の烙印を押されるに違いないと認めている。

問題は、行動する――客観的に観察可能な振る舞いや変化をする――という点では、哺乳類や爬虫類や昆虫や機械なども同じだということである。豚やネズミに心があるか否かについてはもしかしたら意見が分かれるかもしれないが、アリや自動機械に心があると主張する人は極めて少ないだろう。しかし、行動＝心の働きなのだとしたら、「人間には心があり、機械には心がない」と言える根拠はないのではないだろうか。

ライルは、心が機械の中に住む幽霊ではないことが確認されたとしても、人間が機械に身を落とすことになると結論する必要は全くない、と強調している。ただしそれは、主に一九世紀以降、生物学が「科学」としての資格を確立してきたからだという。彼はこう結論づけている。「結局、人間とは一種の動物、すなわち高等哺乳動物にすぎないのかもしれない。しかしなおそこで『おそらく彼は人間である』という仮説に向かって勇敢な飛躍を試みなければならないのである」[8]。

しかし彼は、その「勇敢な飛躍」がどのようなものであるかを具体的に説明することはなかった。だとすれば、彼は実質的に、「人間は高等哺乳動物の一種である」という主張をしたことになる。それでは、高等哺乳動物と機械との違いは何だろうか。たとえばデカルトは、高等哺乳動物は（身体としての人間と同様に）極めて複雑な構造をもつ機械だと考えた。俗に言う「動物機械論」である。もし、動物と機械との間に「構造の複雑さ」以外の本質的な違いがないとするなら、ライルは、人間の身体を動かす心の働きを否定し、人間は動物にすぎないという見方と親和的な議論を行うことによって、むしろ「人間機械論」へと接近したと言えるだろう。言い換えれば彼は、幽霊が中にいない機械のみを残したのだと言えるだろう。「人間は機械ではない」と明言しているライルはこのレッテル貼りに抗議するだろうが、しかし、少なくとも彼の議論が、「人間機械論」がかつてない勢いをもつ二〇世紀後半の流れを予告するものとなったことも、また確かなのである。

1-5 機械の中の機械——「心→脳」という見方の席巻

二〇世紀後半の科学の発展、とりわけ脳神経生理学や認知科学の発展は、人間は一種の機械であるという見方にかつてないリアリティを与えることになった。ライルは機械の中の幽霊を退治しただけであったが、その後の人々によって、幽霊のいなくなった場所に脳が置かれるようになったのである。つまり、心とは幽霊（魂）ではなく脳である、という見方である。

［7］「行動主義」と呼ばれるものの中には、行動の観察をベースにした心理学的研究の方法論（いわゆる方法論的行動主義）を指す場合と、「心とは何か」という問いに対して行動という観点から解答を与えようとする立場（いわゆる論理的行動主義）を指す場合とがある。本文で「行動主義」と呼んでいるのは後者の方である。

［8］ Ibid. p. 328.（前掲書、四八二頁。）

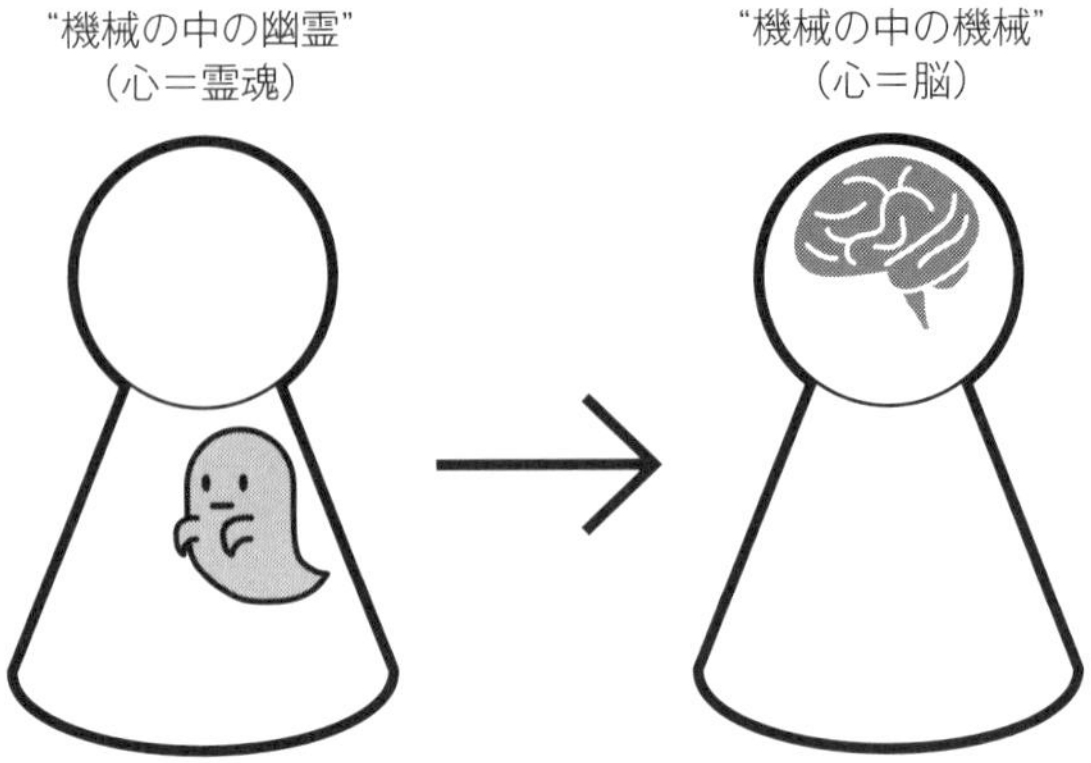

脳は、人間の他の身体器官と同様、物質（神経細胞等）によって構成される極めて複雑な機械として理解される。それゆえ、心を脳に置き換えることができるなら、物心二元論（物質と心の二元論）は崩れ、世の中に存在するのは物質のみということになる。こうした立場は、**物的一元論**や唯物論（世界には唯一物質のみが存在するという立場）などと呼ばれる[9]。

我々の生きる現代は、まさに物的一元論全盛の時代である。つまり、「機械の中の幽霊」ではなく、いわば「機械の中の機械」として心を捉える立場が、現在大きな力をもっているのである。

物的一元論を主張する人々によれば、我々がたとえば手をあげたいと欲したり、手をあげられると信じたり、手をあげようと意図したりといった心の働きは、実は脳内の無数の神経細胞の働きに他ならない。つまり、「欲求」や「信念」や「意図」なるものは実は存在しない。我々は日常において、欲求や信念や意図などを用いて人間の行動の原因を記述したり次の行動を予測したりしているが、この説明体系はひとつの理論にすぎず、しかも間違った理論だという。真の理論は、行動が引き起こされるに至る脳のメカニズムを記述するものだというのである。

こうした物的一元論が行動主義と違うのは、観察可能な振る舞いや変化は身体的な行動だけではないとする点である。今日では、科学技術の進展により、脳の血流量の変化を測定するｆＭＲＩや、脳に生じている電流を測定するＥＥＧ（脳波計）といった器具が開発され、外からは窺い知れない脳の働きをある程度観察することができるようになってきた。つまり、「観察可能な振る舞いや変化」は、身体の外側だけでなく内側にも拡がってきているということである。行動主義に対して向けられる最も一般的な批判は、「行動は同じでも考えていることが違うことがよくあるではないか」というものである。たとえば、笑顔で握手している二人でも、片方は心から嬉しくて、もう片方は嫌で嫌でしょうがない、といった具合である。しかし、物的一元論者であれば、こう言うことができる。確かに行動を観察するだけでは両者の違いは見えてこないが、脳の血流や電流を観察すれば分かるのだ、と。

　我々は日常生活においては、「…しようと思ったから、〜した」とか、「…したいと思ったから、〜した」という風にして、自他の行動を説明する。すなわち、「意図」や「欲求」という概念を用いて説明する。こうした、人間が遙か昔から行ってきた日常的な行動の説明体系は、しばしば「民間心理学《フォークサイコロジー》」と呼ばれている。特に、物的一元論の立場を採用する論者たちはこの呼び名を好む。そして彼らは、「民間心理学」はそれこそ「民間療法」のように、長年にわたり広く用いられているものの、もう薹《とう》が立った科学的には正しくない理論だと主張するのである。

［9］　本書で「物的一元論」という名で呼ぶものは、物的一元論の中でも最も極端な立場である「消去主義（意図や欲求や信念なるものは実は存在しない、とする立場）」であり、実際には他にも、「心脳同一説」や「機能主義」など、様々な立場がありうる。大雑把に言えば、心を主題とする物的一元論の最も素朴な形態が心脳同一説であり、その難点を克服しようとする立場（かつ、物的一元論の中でおそらく最も一般的な立場）が機能主義であり、さらに、機能主義の不徹底性ないし曖昧性を批判する極端な立場が消去主義だと言える。それらの立場の間の具体的な違いについては、金杉武司『心の哲学入門』（勁草書房、二〇〇七年）に分かりやすくまとめられている。

「民間心理学」が古くさい間違った理論だと彼らが言う根拠は、たとえば次のようなものである。
①数千年の間、特に進歩せずに停滞している。すなわち、我々は数千年間ずっと欲求や信念や意図などを用いて同じ仕方で人間の行動を説明しているが、特に行動の原因の記述が深まったり行動予測の精度が高まったりはしていない。他方、脳神経生理学などの科学は進歩を続けている。
②適用される範囲が減少し続けている。すなわち、昔は草木や自然現象などにも欲求や他の感情などを帰属させていたが（たとえば、「大地が怒っている」、「木が水を欲しがっている」など）、時代が下るにしたがってそうしたアニミズム的な傾向は衰退していき、現在ではせいぜい高等動物に対して「民間心理学」が適用されるにすぎない。
③脳神経生理学や物理学、生物学などの科学理論と整合しない。すなわち、科学理論は基本的に世界を自然法則に従った物質間の因果連鎖として捉えるものであるが、もし我々が自由に欲したり信じたり意図したりできるのであれば、世界には自然法則に縛られない働きが存在することになってしまう。
以上のことから物的一元論者は、将来的に「民間心理学」は科学理論によって取って代わられるべきであり、したがって「欲求」や「信念」や「意図」といった概念は消去されるべき非本質的な存在だと主張する。なぜなら、脳神経生理学をはじめとする科学理論によって人間の脳や行動のメカニズムが完全に解明されたあかつきには、「民間心理学」よりも人間の行動の説明や予測はより詳細で確実なものとなるだろうから、というわけである。彼らは、ライルが「機械の中の幽霊」を退治しようとした際のレトリックを踏襲し、「動物精気」や「フロギストン」などを引き合いに出す。つまり、かつては存在すると言われていた「動物精気」や「フロギストン」が、その後の科学理論の発展を経て実は存在しないと見なされるようになったのと同様に、「欲求」や「信念」や「意図」なるものも、いずれは実在しないものとして消

去されることになるというのである。

しかし、こうした主張が、少なくとも我々の日常的な実感とかけ離れていることは確かである。我々は、自分が自由に欲したり信じたり意図したりできると思っている。スーパーで秋刀魚を買おうか鯵を買おうか迷い、最終的に秋刀魚を買うことを自分で決めたと思っている。この考えは一般に、我々は**自由意志**(free will)をもつ、という言い方で表現される。しかし、物的一元論が正しいとするなら、脳を含めた人間の身体の働きは自然法則に従った物質間の因果連鎖として説明できるものであり、つまり、どう働くかは先行する世界の状態と自然法則によってあらかじめ決定されていることになる。この主張は**決定論**(因果的決定論、唯物論的決定論)と呼ばれ、「我々は自由意志をもつ」という主張と真っ向から対立するのである。[10]

はたして、物的一元論者の言う通り、決定論が正しく、我々は実は自由意志をもたないのだろうか。しかし、もしそうなら、たとえば台風が家を破壊することと、人間が斧を使って家を破壊することの違いはどこにあるのだろうか。それとも、本当は違いなどないのだろうか。我々が何をするかは、台風の進路のように、すべてあらかじめ決まっているのだろうか。

1-6 決定論を支持するかに見える科学的な知見の検討

物的一元論を支持する根拠として先に挙げた三つの事柄、すなわち、「民間心理学」が①数千年の間特に進歩せずに停滞していること、②適用される範囲が減少し続けていること、それから、③科学理論と整合しないことは、すべて脆弱な状況証拠にすぎない。進歩していないからといって間違っているとは限らないし、適用される範囲が減っているからといって、なくなるとは限らない。科学理論と整合しないからといって、科学理論の方が間違っている場合もありうるのである。

しかし、もっと具体的で強力な証拠があると言われることもある。それをいくつか、これから見ていくことにしよう。

1-6-1 環境的要因・身体的要因

統計的分析手法の洗練や、人間の脳や遺伝子にまつわる研究の進展によって、我々がどういう状況でどのように行為するかは、環境や脳の障害、遺伝子、摂取する食物などの影響を思いのほか大きく受けることが判明している。そして、このことはときに、決定論を支持する証拠として取りあげられている。

たとえば、幼い頃に虐待を受けた人は自分の子どもにも虐待を行いやすいということがしばしば指摘されている。この因果関係が本当に正しいかどうか、またその因果関係が具体的にどういうものなのかに関しては様々な説があるが、少なくとも、虐待や家族関係の崩壊や貧困といった劣悪な成育環境が、後年の虐待という行為に深く結びついていることは、統計的に繰り返し確かめられている。

また、食生活に関しても、「カルシウムが不足することによって短気になりやすくなる」のような俗説が正しいかどうかはともかく、食生活と性格の特性との関係に有意差が認められるという実証的研究は数多く存在する。つまり、何を継続的に食べるかは性格形成に因果的な影響を及ぼすと思われるのである。

それから、脳の損傷や遺伝子といった身体的要因と行為の因果関係については、たとえばドーパミンなどの脳内の神経伝達物質に関連する部分の遺伝子によって、怒りっぽさや興奮のしやすさ、攻撃性、依存のしやすさ、特定の物事への執着のしやすさなどが左右されるという複数の研究がある。

さて、それではこうした研究は、「自由意志など存在せず、我々が何をするかは物質間の因果連鎖によってあらかじめ決まっている」という説を裏づけるものになるのだろうか。

そうはならない。確かに、環境的要因や身体的要因が我々の行為の仕方に大きな影響を及ぼしていることは、おそらく間違いない。しかし、「大きな影響を及ぼしていること」と「決定していること」は同じではない。幼い頃に虐待を受けていたとしても、自分の子どもに暴力を振るわない人はいくらでもいる。

---

〔10〕 本書で言う「自由」とは、「手で羽ばたいて空を飛べる」といった無条件の自由ではなく、いわゆる「人間的自由」に限定された意味での自由である。（自由という概念の諸相と、それから、神による決定論や非決定論的因果説などの、決定論をめぐって本書で扱っていない立場については、美濃正「決定論と自由」『岩波講座 哲学〈2〉形而上学の現在』（中畑正志編、岩波書店、二〇〇八年、一六一〜一八六頁）において整理されているので、参照してほしい。）

また、自由意志が存在するという主張と決定論は両立する、という立場――すなわち、両立論――も存在する。伝統的にはこの立場は、「自由」という言葉の意味を変更することによって両立性を主張するものである。すなわち、水が流れることや落ち葉が風に舞うことなども「自由であること」に含めたり（ホッブズ）、あるいは、行動を中止できることだけに自由の中身を制限したり（ロック、ベンジャミン・リベット）、あるいはまた、自由から選択可能性を引き剥がしたり（G・E・ムーア）という風に、「自由」という言葉の意味を変えることによって、自由意志の存在と決定論を両立させようとするのである。しかし本書では、文字通りみずからの意志で行動を起こせる――たとえば、カレーを食べるかカツ丼を食べるかを実際に選択できる――という、ごく普通に理解される「自由」の意味を保持することにしたい。

さらに、現代では、H・G・フランクファートが新たなタイプの両立論を提示しているが、その両立論は「意図すること（心から欲すること）」と「脳の働き」とを同一視するものであるため、この同一視はそもそも誤りであるという本書の立場（第2章参照）からは受け入れられない主張である。（フランクファート自身の議論は、「選択可能性と道徳的責任」三ツ野陽介訳、『自由と行為の哲学』（門脇俊介・野矢茂樹編、春秋社、二〇一〇年）の特に九一頁以降で確認することができる。また、それ以降に出てきた改良型の事例については、成田和信『責任と自由』（勁草書房、二〇〇四年）の特に一〇二頁以降に詳しく紹介されている。）

劣悪な環境に育っても、怒りを誘発するような食べ物をたくさん摂取していても、さらに、怒りっぽい遺伝子を受け継いでいても、その怒りを必死に抑えられる場合もある。環境的要因や身体的要因が決定している（かもしれない）のは、せいぜいのところ「怒りっぽい」や「おとなしい」といった性格であって、それは、行為の大まかな傾向性を示すものにすぎない。このことをもって、我々が具体的に何をするかがあらかじめ決定されていることになるわけではないのである。

1-6-2　社会心理実験が示すもの

ただし、ある種の社会心理実験は、先行する因果的要因がそうした大まかな傾向性ないし性格に影響を及ぼすだけではなく、人が具体的にどう行動するかを実際に決定していることを示している、と言われることもある。中でも有名な二つの実験を簡単に紹介しよう。

一つ目は、社会心理学者スタンレー・ミルグラムが一九六三年に行った実験である。新聞広告で集めた一般市民四〇名に、一定の条件下で他人に対して電気ショックを弱い電圧から死に至るほど強い電圧まで順々に与えていくよう促すと、結果として全体の六五％にあたる二六人もの被験者が、最高電圧の四五〇ボルトの電気ショックを与えた。（この実験にはその後、最終的に約千人の被験者が参加したが、結果に大きな違いは見られなかったし、性別や社会階層による違いもほとんど見られなかった。）また、三〇〇ボルトに達する前に電気ショックを与えるのを中止した者は一人もいなかった。すでにその半分の一五〇ボルトの時点で相手は「痛い！」「やめてくれ！」といった悲痛な叫び声をあげているのに、である。

また、もう一つ有名な実験として、一九七一年に心理学者フィリップ・ジンバルドを中心に行われた通称「監獄実験」がある。これは、精巧な監獄のセットをつくって模擬的な監獄シミュレーションを行うという実験である。中産階級出身で心身共に健康な被験者二四人を集め、無作為に囚人と看守とに分けて、実際の監獄とほぼ同じ環境の中で二週間を過ごすことが当初予定されたのだが、特に二日目以降、問題が続発した。看守役の被験者たちは次第に加虐的な傾向を強め、頻繁に点呼を行い、態度に問題のある囚人に腕立てをさせたり、入浴を禁止したり、果ては素手でトイレ掃除を行わせたり、監房内のバケツに排泄をさせるといった嫌がらせも行われた。囚人側も暴動やハンガーストライキ（絶食などによる抗議行動）などを相次いで起こし、早くも六日目で実験は中止された。その際、実験の中止を進言したのはジンバルドら実験担当者ではなく、実験を見に来た部外者であった。後にジンバルドは会見において、自分自身がその状況に飲まれてしまい、危険な状態であると認識できなかったと弁明した。（両実験の詳細については、スタンレー・ミルグラム『服従の心理』（山形浩生訳、河出書房新社、二〇〇八年）およびhttp://www.prisonexp.org/を参照してほしい。）

さて、以上の実験は、我々に何を示しているのだろうか。

ミルグラムの実験に参加するまでは被験者は誰も、自分が致死量の電気ショックを相手に与えるなどという行為をするはずがない、と信じきっていた。しかし、実際には六五％の人が四五〇ボルトの電気ショックを与え、全員が三〇〇ボルトの電気ショックを与えてしまっていた。ジンバルドの実験において囚人に信じがたい虐待行為を行った看守役の被験者たちは、普段は真っ当な社会生活を営む市民であり、自分も他人も、そんなことをする人間ではないと思っていた。そのように、後から振り返れば考えられないようなこと、自分がしたとは到底思えないようなことすら、空気や誘導に流されて行ってしまう傾向性を、我々は確かに強くもっているのである。

しかし、この苦い事実は、「人間は実は自由意志をもたない」ということを証明するものではない。三五％の人が四五〇ボルトの電気ショックを与えなかったことは確かであるし、看守役になっても虐待をしない人もいるだろう。二つの社会心理実験が示したのは、人間は、自分たちが思っているよりも遥かに周囲の状況や条件に支配されやすい存在だということであり、完全に支配されるということが示されたわけではないのである。

とはいえ、これらの実験が我々に対して極めて重大な教訓を与えるものであるのは確かである。社会秩序の維持や犯罪の抑止などを効果的なものとするためには、個々人が自分で自分を律するセルフコントロールというものに過度な期待を寄せるのは現実的ではないということを、社会心理実験の結果は証し立てている。もしも、いまある法律や法解釈、社会制度などが、「個々人はそれぞれ完全に自由な意志で行為する」という想定を偏重しすぎているならば、我々が非常に権威に服従しやすく、流されやすいことをもっと考慮に入れて見直していくことが必要だろう。また、我々自身も、個々の具体的な場面で、自分が置かれている状況がミルグラムやジンバルドの実験における被験者のようなものになっていないかどうか、自分が過信している以上に注意深くあらねばならないと言えるだろう。しかし、繰り返すようにこのことは、自由意志が存在しないということを示すものではないのである。

1-6-3　リベットの実験とその意味

ここまで紹介してきた科学的知見が示しているのは、人間の行為は環境や遺伝子等の影響も受ける――しかも、自分たちが思っているよりも遥かに強く受ける――ということであって、これによって決定論が正しいことが証明されたわけではない。しかし、もうひとつ、自由意志が存在しないことを明らかにしたと言われる脳神経生理学上の実験が存在する。それが、ベンジャミン・リベットが一九八〇年代に行った次のような実験である。

リベットは、被験者に自分の好きなタイミングで手首を曲げてもらい、その際の脳の働きを観察するという実験を行った。人間が行為する際には、脳の運動野に電位変化が起こる（これは「運動準備電位」と呼ばれている）。この電位変化を観察した結果、被験者が手首を曲げるおよそ〇・五秒前に電位変化が起こることが分かった。つまり、人間が行為する〇・五秒前に脳は関連する活動を開始するということである。それでは、手首を曲げようという意図はどのタイミングで生じるのだろうか。リベットは、一周約二秒半で廻る時計の針を被験者に観察させ、どの位置に針が来たときに手首を曲げようとしたのかを被験者に尋ねた。その結果、被験者が回答したタイミングは、脳の電位変化が起こるよりも〇・三五〜〇・四秒程度遅かった。つまり、人間が手首を曲げようという意図を意識する前に、脳の関連する活動がすでに始まっていることが分かった――リベットは実験の結果をそうまとめる。（リベットの実験の詳細については、『マインド・タイム』（下條信輔訳、岩波書店、二〇〇五年）の特に第4章を参照してほしい。）

以上の実験によって、「自由で自発的な意志決定といえども、それに先立つ脳神経活動があること[11]」が明らかになったという主張が多く為されている。また、この実験以降、「意志決定があってから行為が遂行されるという構図は脳神経生理学によって否定されている[12]」と言われることもある。

しかし、自由な意志決定よりも脳の働きの方が先立つというのは本当だろうか。この実験によって、自由意志は存在しないということが証明されたのだろうか。

注意すべきなのは、「脳の働きから約〇・四秒遅れて生じている」とここで言われているのは、手首を曲

[11]　下條信輔「訳者あとがき」『マインド・タイム』（ベンジャミン・リベット著）、岩波書店、二〇〇五年、二六六頁。
[12]　小坂井敏晶『責任という虚構』東京大学出版会、二〇〇八年、二二頁。

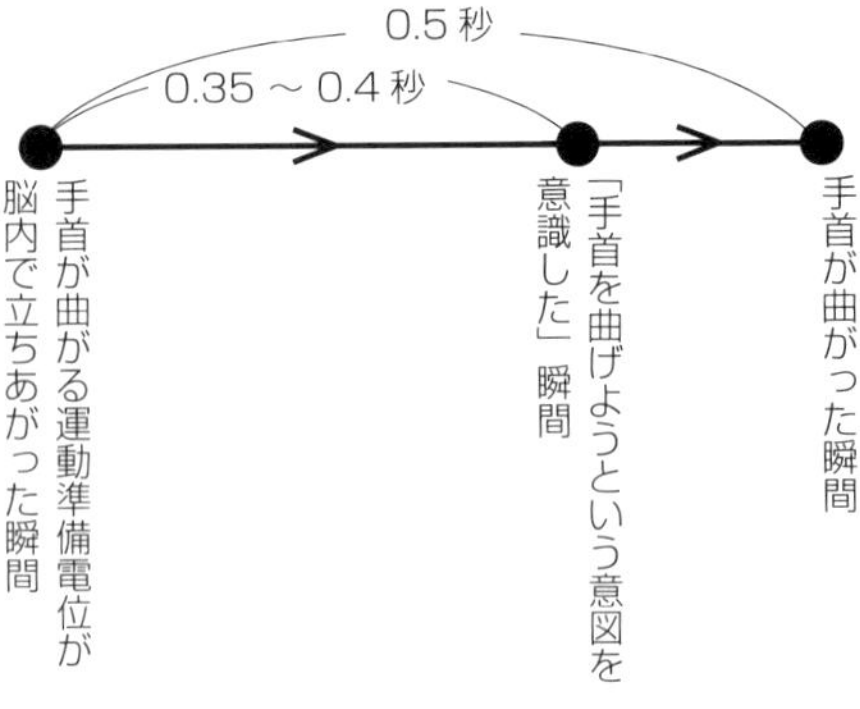

げようという意図を意識した瞬間だということである。（後述するが、この時間をそのように「意図を意識した瞬間」と呼ぶこと自体にも実は問題がある。）1－3－2でもすでに触れたように、何かをしようと意図することと、それを自覚的に意識することは、少なくとも異なる事柄である。たとえば、私が夜中に喉が乾いて目が覚め、ベッドから起きあがり、台所の蛇口をひねり、コップに水を注いで飲んだとしよう。この一連の行為の間、私は、ベッドから起きあがることや、蛇口をひねること、コップに水を注ぐことなどを自覚的に意識していたわけではない。こう言ってよければ、私はいわば「自動的」に行為したのである。では、私はあたかも夢遊病者のように、文字通り無意識の状態でベッドから起きあがったり蛇口をひねったりしていたのだろうか。自分の意志とは関係なく、身体が勝手に動いていたのだろうか。

そんなことはない。私ははっきりと覚醒していた。すべては私の意図的行為であった。私は確かに、自分の意志で、意図的に蛇口をひねったのである。また、私は普段、手をあげるときにそのことを意識することはないし、学校に向かって歩いているときに、次の角を左に曲がることや、右足の次には左足をあげることなどを意識することもないが、身体が勝手に動いていたわけではない。私は自分の意志で、手をあげたり足をあげたりしていたのである。他にも、たとえば熟達したドライバーは、自動車を運転する際、ハンドルをどのように回すかや、アクセルやブレーキをどのタイミングでどの程度踏み込むか、どこでクラッチを切るかなどを意識していない場合が多い。上手にバタフライを泳げる人も、足をどうやって動かすか、手首をどこでどうやって返すか、どのタイミングで息継ぎをするか等々を意識していることは少ない。むしろ、次に何をするということをいちいち意識していては、自動車を運転することやバタフライを泳ぐこと自体が困難になってしまうだろう。

重要なのは、そのように意識せずに――いわば無意識的に――意図的行為を行うことは、夢遊病で歩き回ることや寝言を言うこと、寝返りを打つことといった、文字通り無意識の状態で身体が勝手に動くこととは区別すべきだということである。たとえば、熟練ドライバーが自然にアクセルやブレーキを踏む際には、その行為に対する意識は伴わないものの自分の身体をしっかりコントロールしている。他方、寝言を言う際や寝返りを打つ際などには、そうした身体のコントロールがまさに失われているのである。

「意図すること」と「意図することを意識すること」との混同は、リベットの実験を「自由意志が存在しないことの証明」として解釈する論者だけでなく、広く一般的に見られる傾向と言えるだろう。たとえば、現代日本における行為論の牽引者の一人であり続けた黒田亘の叙述を引いてみよう。

> ……行為と行為でないものの区別の基準を意志の作用という内面的な過程の有無に求める考えが広く行われてきた。選択、決断、内的な努力、といった意志の働きを伴う行動、あるいは先行する意志の働きによって惹《ひ》き起こされた行動、それが行為であり、そうでない行動は、外見はどうあろうと行為ではない、と考えるひとが多かった。しかし明らかな事実として、行為者自身がいわゆる意志の働きを少しも意識しないで行う行為はいくらでもある。……「行為」の定義的基準とされる意志過程なるものは、あらかじめ常識の了解によって行為ならぬ現象から区別されている人間の営みの背後に、ことさら仮定された内的過程であり、たいていは架空の存在なのである。〔強調は引用者〕[13]

この叙述においては、「意志の働き」がいつの間にか「意志の働きに対する意識」に置き換えられている。そして、我々が普段自分の意志の働き——すなわち、意図すること——を少しも意識することなく行為することが多いことをもって、意志ないし意図という心の働きは「ことさら仮定された内的過程であり、たいていは架空の存在」であると結論づけられている。繰り返すように、「意志の働き」は「意志の働きに対する意識」と同じではないし、「意図すること」は「意図することを意識すること」と同じではないのである。

ただし、このポイントを、「我々は普段、自分の意図を意識していないことが多い」という言い方でまとめるのは正確ではない。というのも、目下のところ、意図を意識するというのがそもそもどういう事態を表しているのかが全く明確ではないからである。実際、「意図を意識する」とは何だろうか。それは、「手をあげよう」と内語したり——すなわち、口に出さずにつぶやいたり——、自分が手をあげる様子をイメージしたりすることだろうか。なるほど、内語したりイメージしたりすることには必ず、それに対する自覚が伴う。（試しに、「手をあげよう」と内語してみてほしい。その声を自分が自覚していないということはありえない。）しかし、1-3-1においてすでに確認した通り、内語したりイメージしたりするというのはそれ自体がひとつの行為であり、意図ではない。したがって当然のことながら、意図を意識することでもない。

リベットの実験において、「時計の針がこれこれの位置に来た瞬間に手首を曲げようとした」と報告した被験者は、その瞬間に実際のところ何をしていたのだろうか。「よし！　手首を曲げよう！」と内語したり、手首を曲げるイメージを浮かべたりしたのだろうか。それとも、それよりも短時間の「いまだ！」

「よし！」「ここ！」「！」という、手首を曲げるべきタイミングに対して意識を集中することだろうか。いずれにせよ、リベットの実験において「脳の電位変化の瞬間から約〇・四秒遅れて生じた瞬間」として特徴づけられているものは、被験者が何かを自覚的に意識した瞬間（内語した瞬間、イメージした瞬間、身体を動かすタイミングを意識した瞬間、等々）であって、この瞬間が、被験者が手首を曲げようという意図をもった瞬間と同一であることは何ら示されていないのである。

というより、こう問うべきだろう。そもそも「意図をもつ」ということに関して、零コンマ何秒という瞬間的な単位で開始時点を計測することはできるのだろうか。なるほど、自覚的に意識する（気づく）ということであれば、そうした開始の瞬間があると言うことはできる。たとえば上の図を、はじめはアヒルの頭の絵として見ていたが、これをウサギの頭の絵として見ることもできることに気づく体験のことを考えてみよう。この体験であれば、おそらく零コンマ何秒という単位で「気づき」の瞬間を割り出すことができるだろう。言い換えれば、アヒルの絵からウサギの絵に印象が切り替わる瞬間というものを捉えることができるだろう。

しかし、たとえば私が何気なく台所に行き、蛇口をひねってコップに水を注いで部屋に戻った後に、誰かから「君はいつ、どの瞬間に蛇口をひねろうと意図したのか」と聞かれても、それに答えることは困難だろう。私は確かに、蛇口をひねろうとして、実際にひねった。しかし、ひねる零コ

［13］　黒田亘『行為と規範』勁草書房、一九九二年、九～一〇頁。

ンマ何秒前に、何十秒前に、何分前に、蛇口をひねろうという意図をもち始めたかは定かではない。定かではないというよりも、「意図をもつ」という契機が、「気づく」ということと同様の瞬間的な体験であるのかどうか自体を問い直す必要がある。そしてそのためには、意図とは何か、自分の意志で行為することとは何かを、まずもって明らかにしなければならない。つまり、我々はまだ最初の問いから一歩も前に進んでいないのである。

議論を整理しておこう。リベットの実験は、手首を曲げようという意図を意識する瞬間よりも、手首が曲がることを引き起こす脳の働きの方が先立つことを示した、と言われる。そしてそこから、「我々は、自分の自由な意志によって行為していると思っているが、実はその前に脳によって行為はすでに準備されている」という結論がしばしば導かれ、行為の原因としての自由意志など存在しない、という主張に結びつくことになる。しかし、この一連の論証には以下の点で問題がある。（1）まず、「意図すること」と「意図を意識すること」は同じではない。（2）というより、「意図を意識する」とは何かが全く明確にされていない。（3）そして、「意図する」ことに「意識する」ことと同様の始まりの瞬間があるかどうか自体が疑わしい。

リベットの実験やその解釈をめぐる問題は、そもそも「意図」とは何かを明確にできていないにもかかわらず、行為の前に行為者が何かを自覚的に意識した瞬間（内語した瞬間、イメージした瞬間、等々）を「意図した瞬間」として捉え、その瞬間を「意図すること」と同一視しているという点にある。実際のところ、この実験が示したのは、被験者の手首が曲がる〇・五秒前にその人の脳の変化が観察され、その変化の約〇・四秒後（手首が曲がる約〇・一秒前）にその人が何かを自覚的に意識した（気づいた）という並行的な二つの事実があるということであり、それ以上でも以下でもない。そして、何かを自覚的に意識し

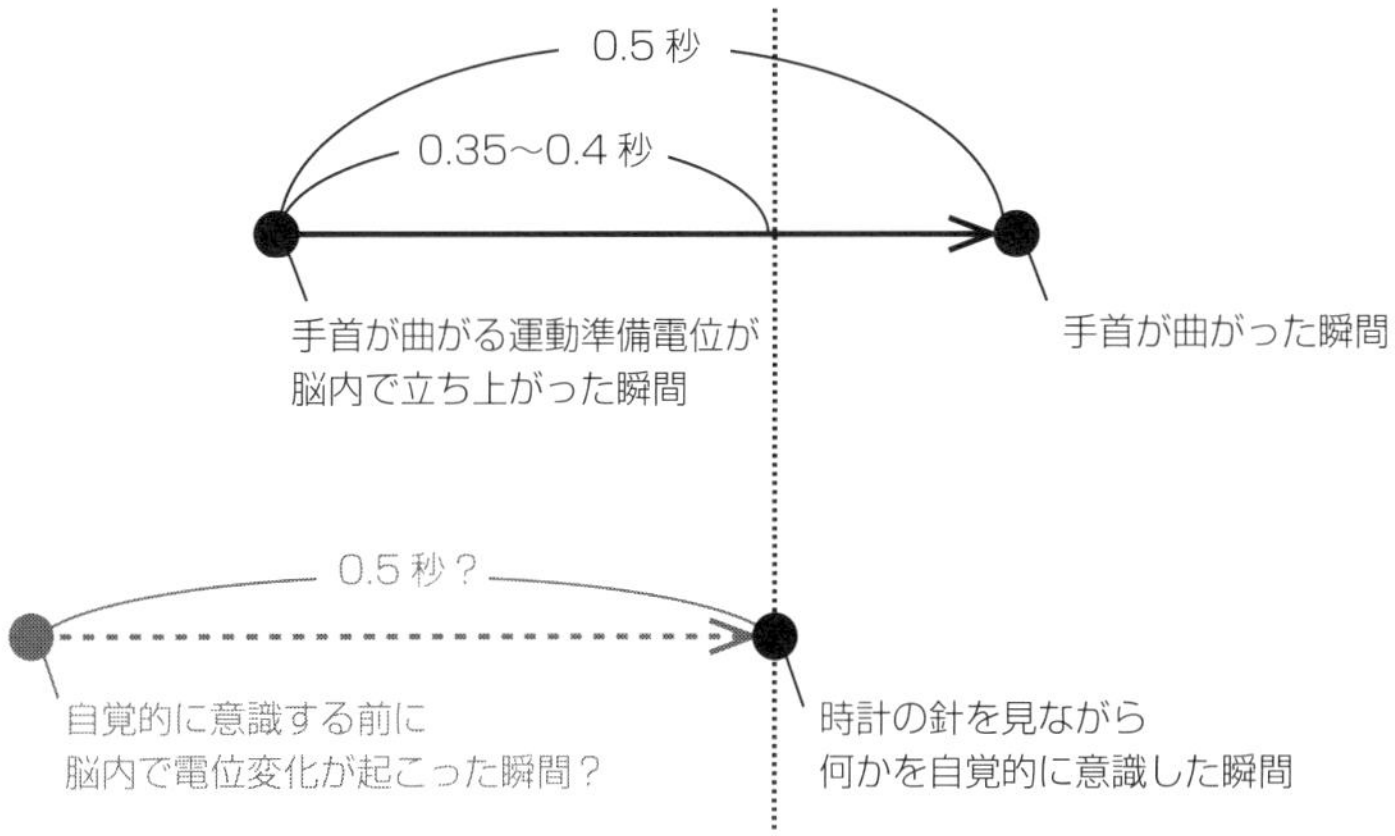

た瞬間の前に、そのこと自体を準備する脳内の特定部位の電位変化が起こっているということも、十分にありうることだろう。それゆえ、先に示した図は上のように書き換えるべきかもしれない。

身体が動く前、あるいは何かに意識的に注意を向ける直前に、そうした動作や機能と深く結びつく脳の特定部位が活動を始めるというのは当然考えられることであり、何の不思議もない。意図することと自覚的に意識することとを混同した場合にのみ、リベットの実験は我々の常識に反する不思議な結果を示していると解釈されることになるのである。

我々は、この混同に簡単に誘われてしまいがちである。とりわけ、「自分の好きなタイミングで手首を曲げてください」などと促されることによって。――まず我々は、「自分の手首に注意を向け、そのように注意している自分を意識する」という自覚的な意識が持続している状況に身を置く。そして我々は、自分の好きなタイミングで手首を曲げる。実際、我々はいくらでも自由に手首を曲げることができる。言い換えれば、手首を曲げようと意図した後に、手首はいつも曲がってくれる。そして、この特殊な状況下では、同時に我々は、手首を曲げる直前の自分を意識している。それは、「よし！　手首を曲げよう！」と内語することであったり、もっと短く「よし！」と内語することであったり、あるいは、言葉にもならない「！」というタイミングに対する意識なのかもしれない。いずれにせよ、そうした意識が行為に先立つことから、我々は、行為を「意図すること」と「意識すること」とを混同してしまう。そして、意識する瞬間よりも身体動作に関わる脳の活動が始まる瞬間の方が早いと聞いて、「意図することが身体動作を引き起こしているわけではない」という主張に引っ張られていってしまうのである。

しかし、繰り返すように、行為に自覚的な意識（自己意識）が伴われている必要はない。「自分の好きなタイミングで手首を曲げてください」とでも言われない限り、我々は普段、たとえばボールを投げるときには、特に意識せずに手首を曲げている。歩いているときも、泳いでいるときも、自分のひとつひとつの身体動作に自覚的な意識を向けることはないのである。むしろ、「右足をあげるときには左手を振り、その後は左足をあげて、今度は同時に右手を振って、……」という風に、常に自分の身体動作をモニタリングし、そのつど意識的に身体を動かすタイミングを図ったりなどしていては、ぎくしゃくしてそもそも歩くことさえ難しくなってしまうだろう。そのように、行為すること自体に自覚的な意識は不必要であるにもかかわらず、「自分の好きなタイミングで手首を曲げてください」と言われて手首を曲げるような特殊な状況下では、意図的行為に持続的な自覚的意識がいわば重ね合わされ、「意図＝意識」という錯覚に陥ってしまうのである。

結局のところ、リベットの実験は、「意図」とは何かを解明するものではないし、まして、意図と行為の関係性を説明するものではない。少なくともここで言えるのは、この実験によって自由意志が存在しないことが示されたわけではないということである。

1-6-4 科学的探究と「科学的」主張とを混同してはならない

ここまで、自由意志の存在を否定するものと言われがちな様々な科学的知見を検討してきた。まず、環境や遺伝子、権威、役割といったファクターによって我々が何をするかは非常に強い影響を受けるものの、自由意志の存在自体を否定するものではないことを確認した。それから、脳の働きを観察するリベットの実験によっても、自由意志の非存在が裏づけられるわけではないと結論づけた。

しかし、もしかしたらここで、この結論は脳神経生理学や認知科学などの成果を否定するものではないか、という疑問が出されるかもしれない。たとえば脳神経生理学は、まだ知られていない脳のメカニズム、特に脳神経細胞（ニューロン）のネットワークのメカニズムを探究する学問であるが、この学問は、「人間の行為を成立させる要因は、脳内のメカニズムを調べることによって完全に解明されうる」と仮定し、その仮定の下に研究を進めることによって、実際に実り豊かな成果を実際に出してきた。そうであるなら、やはりこの仮定は正しいと言えるのではないか、と。

以上の疑問は、二つの点で的を外している。まず一点目は、仮定はあくまで仮定だということである。「人間の行為を成立させる要因は、脳内のメカニズムを調べることによって完全に解明されうる」という仮定を証明することは、脳神経生理学という学問にとってのいわば究極の目標と言えるかもしれない。しかしそれは、文字通り究極の目標――おそらくは到達できないが、そこに向かって進むべき彼方の理想――に他ならない。言い換えれば、脳内のメカニズムを調べることによって本当に人間の行為をすべて説明できるかどうかは、脳神経生理学にとって本質的な事柄ではないということである。たとえばそうした仮定――いわば「作業仮説」――の下に探究を進め、脳が関係する病気の治療や、人工的な感覚器官や運動器官の研究開発などに役に立つような、脳の個別のメカニズムについて具体的な成果を出していくことが、この学問にとって実際には重要な事柄なのである。

そして二点目は、実際に脳神経生理学の研究を行っている科学者たちはそもそも、「人間の行為を成立させる要因は、脳内のメカニズムを調べることによって完全に解明されうる」という壮大な作業仮説を立てていることはまずないだろう、ということである。むしろ、「身体の特定の部位のかくかくの動きが、脳の特定の部位のニューラル・ネットワークの興奮としかじかの仕方で結びついている」といった、もっと地に足のついた到達可能な作業仮説を立て、それに基づいて研究を進めているはずである。

もちろん、脳神経生理学者や物理学者などの中には、自身の研究から離れた場面で、「人間の行為は脳内のメカニズムによってすべて説明できる」とか、「世界のあらゆる現象は物質の運動であり、自然法則に従っている」とか主張する人々もいるだろう。しかし、このときにはそうした人々は、確たる根拠もなく単に仮定が真だと言い張っているにすぎない。現代イギリスの代表的な哲学者・倫理学者の一人であるバーナード・ウィリアムズの表現を借りるなら、一部の科学者がときに行うそうした哲学的な主張は、勤務外（off-duty）の時間に為されるラフでインフォーマルな意見にすぎない[14]。物理学や脳神経生理学の研究自体をやめてしまっているのでもなければ、彼らは、いわば仕事あがりに、しばしのあいだ物的一元論者になっているだけである。彼らにはちゃんと本業が別にあるのである。

勤務外に余技として物的一元論を主張する科学者であれ、まさに本業としてこの立場を主張する物的一元論の哲学者であれ、彼らはこう主張する。「意図」や「信念」や「欲求」といった概念を用いた「民間心理学」は蓋の立った間違った行動説明理論であり、将来的には脳のメカニズムの説明によって取って代わられるであろうから、そもそも人間の行為にとって「意図」や「信念」や「欲求」といった概念は消去されるべき非本質的な存在なのだ、と。しかし、忘れてはならないのは、脳神経生理学やその他の科学理論は人間の行動のメカニズムをまだ解明できていない、という当たり前の事実である。これまで物理学や脳神経生理学などの学問は大きな成果をあげてきた。そして今後も引き続き発展し、様々な発見をしていくかもしれない。しかし、メカニズムの完全な解明がいつ成されるのかということも、いつか成されるということも、何ら保証されていない。ところが物的一元論者は、まるで完全な解明が成されることが既定路線であるかのようにして、あるいは、すでに完全な解明が成されているかのようにして、「意図」や「信念」や「欲求」といった概念は消去されるべきだと語っている。しかし、この主張は混乱している。たとえば現実の問題として、脳や遺伝のメカニズムの解明が進むことによって、個々人の意図ないし自由意志を基にして責任を問える範囲は減少しつつあり、今後もその傾向は続くかもしれない。しかし、責任を問える範囲がなくなるということは、そのことからは帰結しない。今後、個々のケースや個々の人間について責任の有無というものを問うことは繊細な問題となっていくだろうが、そのことは、責任という概念自体が消失することを何ら意味しないのである。

　これと同様に、科学の発展により、欲求や信念や意図といった心の働きが帰属される行動の範囲は減少していくかもしれないが、そのことは、そうした概念が虚構であるということを、直接的には何ら意味するものではない。というのも、繰り返すように、「減少すること」と「消失すること」は根本的に異なる事態だからである。（たとえば、ある物的一元論者は、「民間心理学」の消去がどのような事態を伴うのかに

［14］ Williams, B., "Philosophy as a Humanistic Discipline" in his *Philosophy as a Humanistic Discipline*, edited by A. W. Moore, Princeton University Press, 2006, p.183.

ついて、次のように思い描いている。曰《いわ》く、「真あるいは偽として評価されず相互に含意などの関係が成立しないような複合文字列によって交わされる新しいコミュニケーションシステムが構築される」、「図書館は、本ではなく、神経の典型的活動例を記録したもので一杯になる」、「個々人の脳の遠隔的な交連による、緊密で能率的な情報交換が為される」等々[15]。もし、そうしたSF的な世界の実現が「民間心理学」の消去に伴うのであれば、いかに好意的に言ってもそのことは、現在の科学技術の発展状況が「民間心理学の消去」という理想からまだどれほどかけ離れた位置にあるのかを証拠立てていると言えるし、より率直に言うなら、「民間心理学の消去」というものがどれほど非現実的な要求であるかを示していると言えるだろう。）

近代以降、デカルトが心と身体を明確に切り離し、身体と機械を同一視したことによって、身体を物理学や生理学によって探究する道が拓かれた。そして現代では、脳も物理学や生理学の探究の対象に含まれるようになった。そして、その探究において究極の目標として置かれているにすぎない命題（あるいは、現実には探究の目標として置かれてすらいない命題）、すなわち、「人間の行為は脳内のメカニズムによってすべて説明できる」という命題が実際に正しいと主張するのが、物的一元論に他ならない。しかし、繰り返すようにそれは、根拠のない独りよがりの断定的な主張――すなわち、**独断論**（dogmatism）と呼ばれるもの――にすぎず、その主張自体は科学的でも何でもない。地道に行われている科学的探究と、その仕事の外で為される「科学的」主張とを混同してはならないのである。

1－7　まとめ――問題は振り出しに戻る

この章の後半（1－4以降）で批判的に検討してきた立場は、「心の働きが出来事（身体の動きなど）を引き起こす」というモデルを否定し、最終的に、意図や欲求や信念なるものは実在しないと主張するものであった。言い方を換えればこの立場は、「手をあげることから手があがることを差し引いたとき、後に残るのは何か」という問題に対して、実は「手をあげる」という行為（と、それを引き起こす心の働き）などは存在せず、「手があがる」という行動（と、それを引き起こす脳の働き）のみが存在するのだ、と回答するものに他ならない。つまりこの立場は、「手をあげる－手があがる＝？」という引き算は、実は「手があがる－手があがる＝？」という引き算であり、それゆえ正解は「何も残らない」であると答えるのである。

しかし、意図や欲求や信念という概念を使った行為の説明（いわゆる「民間心理学」）を「古くさい間違った理論」として切り捨てるに足るだけの科学理論はいまのところ存在しないし、今後そのような理論が出てくる保証も全くない。少なくともここで言えることは、我々は現にいま、自由意志が存在することを前提にしているし、それは今後もおそらく変わらないということである。我々は日常生活において、いまも、そしてこれからも、互いに行為の理由を尋ね、「鴨せいろが食べたいから蕎麦屋に入った」とか、「鴨せいろを食べようとしたが、売り切れていた」とか答えるコミュニケーションを続けていくだろう。誰かがわざと（つまり、自由な意志で）肩をぶつけてきたら憤りを感じ、わざと他人を傷つけた人がその責任をとって罰を受けることを求めていくだろう。そうである以上、行為を成立させる心の働きの正体をめぐる問題は、「意図や欲求や信念なるものは実在しなかった」というかたちで解決されるものではないのである。

〔15〕 ポール・チャーチランド「消去的唯物論と命題的態度」関森隆史訳、『シリーズ心の哲学Ⅲ――翻訳篇』信原幸弘編、勁草書房、二〇〇四年、第五節。

問題は振り出しに戻っている。次の章では、意図とは何か、意図と行為の関係とはどういうものかについて、再び、正面から解明の筋道を探ることにする。その中でまず、心の働きとは脳の働きのことではないということを、より鮮明なかたちで明らかにすることができるだろう。それによって少なくとも、心と脳を同一視することに基づく決定論は誤りであることを示すことができるだろう。

コラム① 心身問題の行方

心と身体の峻別――デカルト以前

西洋において、心と身体とを明確に分離する思考が顕在化するのは、古代ギリシアのプラトン（前四二七～前三四七年）からである。プラトンによれば身体とは、魂（個々人の自我を構成する実体）が閉じ込められた牢獄のようなものであり、死後、魂はその牢獄から解き放たれ輪廻転生を繰り返すのだという。つまり、身体は朽ちるものである一方で、魂は不滅であると説くのである。この、魂を不滅性（不死性）という点から特徴づける見方は、後の時代のキリスト教神学にも受け継がれ、「心は非物質的なモノである」という見方と緊密に結び合ってきたと言えるだろう。

プラトン以降、古代・中世を通じて、哲学上でも神学上でも、ヨーロッパでは心と身体の関係をめぐって途切れることなく議論が続けられてきた。それが特に先鋭化し、「心と身体はどのように結びついているのか」、あるいは、「心は、身体とは独立のモノとしてどのように存在するのか」という「心身問題」として論じられるようになったのは、デカルト（一五九六～一六五〇年）の議論によるところが極めて大きい。

デカルトをめぐる論争①――心と身体はいかに相互作用するのか？

本文でも確認したように、デカルトは心と身体を「非物質的なモノ」と「物質的なモノ」というかたちで区別する二元論を鮮明に打ち出した。この立場からは、まず、「身体と心が全く異なる種類の実体であるのなら、両者はどうやって互いに影響を及ぼし合うことができるのか」という問題が生じてくる。この問題はデカルトの愛弟子であったボヘミア王女エリザベト（一六一八～一六八〇年）によって提起され、二人の間で議論が交わされることになった。デカルトは『情念論』においては「脳の中の『松果腺』が心と身体を結びつけている」という説明も行っているが、エリザベトとの対話の中では、「心と身体が相互作用するというのは原初的概念――すなわち、それ以上分析することができず、それとして理解する以外にない事柄――だ」と述べ、「心と身体の区別とその合一とを同時に理解することは、人間にはできない」という結論を提示している。

フランスの哲学者であるコルドモワ（一六二六～八四年）とマルブランシュ（一六三八～一七一五年）は、こうしたデカルトの説明に納得せず、心と身体の相互作用の中身について別の説明を試みている。デカルトが「心と身体は直接に相互作用する」という立場を採ったのに対して、コルドモワとマルブランシュは、因果作用の本当の原因は神に他ならず、神以外は因果的な作用を及ぼす力をもたないと主張する。彼らによれば、神こそが、意志などの人の心の変容を機会（きっかけ）としてその人の身体を動かすのであり、また、人の身体の変容を機会としてその人の心に感覚などを生じさせるのだという。つまり、心と身体が直接に相互作用するというのは実は錯覚であって、実際には神が両者の働きを対応づけているのだと、彼らは主張するのである。この立場は一般に「機会原因論」と呼ばれ、以後、心身問題の解決策としてひとつの潮流を形成することになる。

ただし、近代以降、科学の発展に伴って次第に物的一元論に基づく世界観が支持を拡げていくと、それと反比例して、非物質的な存在者としての心や神の居場所が狭まっていったことは確かである。その傾向の中で、デカルト的な物心二元論であれ、あるいは機会原因論であれ、キリスト教信仰に基づく二元論的な見地は一定以上の説得力をもちえなかった。それどころか、心と身体の二元論自体が妥当なものであるのかという批判が、デカルトの存命中から渦巻いていたのである。

次に、この批判について概観していこう。

デカルトをめぐる論争②――「非物質的な心」なるものは本当に存在するのか？

デカルトの二元論に対しては、「心が非物質的なモノ（＝対象、実体）だとするなら、それはそもそもどのようなモノとして認められるのか」という疑問も多く寄せられていた。たとえば彼と同時代のホッブズ（一五八八〜一六七九年）とガッサンディ（一五九二〜一六五五年）は、物的一元論の立場から二元論を徹底的に批判している。特にガッサンディは、デカルトは何の論証もなしに心の非物質性を独断的に主張しているとして、激しい論争を仕掛けている。（ただしガッサンディは、デカルトとの論争以後、キリスト教の教義との整合性を優先する姿勢の下、心（魂）の非物質性を主張する立場に転換することになる。また、デカルトも、心の「一」性――分割不可能性――という観点から、一応は心の非物質性の論証を行っている。）

こうした物的一元論の見解の勃興と成長の背景には、デカルトと同時代にガリレオ・ガリレイ（一五六四〜一六四二年）が活躍し、その晩年にはニュートン（一六四二〜一七二七年）が生まれるという、大きな時代のうねりがあったことは言うまでもない。デカルト自身、この科学革命の主役の一人であり、ニュートンに影響を与えていたことはしばしば指摘されている。彼らによって目覚ましく発展した科学は、人々の世界観に大きな影響を及ぼすようになっていった。それにつれて、デカルトが無機物からせいぜい動物までに留めようとした物的一元論（機械論）の範囲が拡大を続け、ついには人間自身にまで達するようになる。実際、彼らから少し下った時代のジュリアン・オフレ・ド・ラ・メトリ（一七〇九～一七五一年）は、デカルトの動物機械論を人間にも当てはめる『人間機械論』を著している。ラ・メトリは医師でもあり、豊富な医学的・解剖学的見地から、人間を「自分でねじを巻く機械」として捉える見解を推し進め、心を身体と平行して存在する実体として捉えるデカルトの二元論を強く批判することになる。そして彼は、心の所在を脳髄に求める点で、現代の心脳同一説の走りとも言える主張をも展開するのである。

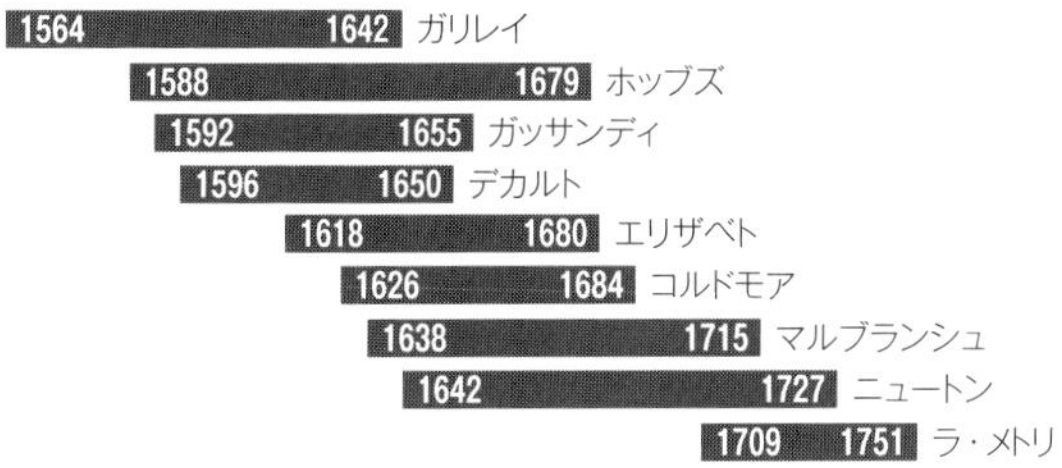

現代の「自然主義」的な心の哲学

現代の、特にアメリカにおける「心の哲学（心にまつわる哲学的探究）」の議論は、科学的な説明と整合するような主張——すなわち、物的一元論に親和的な主張——に傾斜していると言っていい。心の働きはすべて、脳や神経系の物理的・機械的な働きとして記述し直すことができると、「心の哲学」に従事する多くの論者が主張しているのである。こうした立場は、「心的現象や心的性質はすべて、自然法則に従う自然現象として説明できる」と主張するものという意味で、「自然主義（naturalism）」とも呼ばれている。（ただし、このように特徴づけられる現代の「自然主義」は、哲学の伝統的議論の文脈における自然主義と、必ずしも一致しない。伝統的には「自然（nature）」という概念は、もっと広く曖昧な意味で捉えられてきた。）

現代の「自然主義」の議論は、二つの方向性に大別される。一つは「心の働きは、脳や神経系の物理的な働きに他ならない」と主張する方向性であり、これは

現代の心の哲学における「自然主義」の諸相

物理主義		付随説
還元主義	消去主義	
心の働きは、物理的な働きに置き換えられる	心の働きは実在しない	心の働きは、物理的な働きに付随する

「物理主義」とも呼ばれている。この物理主義の方向性はさらに二種類に分化している。一つは「還元主義」である。「還元」とはここでは、「置き換える」ということを意味する。つまり、心の働きは脳や神経系の働きに置き換えられる——還元できる——というのが、還元主義の中身である。もう一つの物理主義の立場は、「心の働きは本当は脳や神経系の働きにすぎず、実在しない」というものである。この立場は、あらゆる心的概念を消去する立場という意味で、「消去主義」とも呼ばれている。

他方、「自然主義」の議論には、以上のような「物理主義」とは異なる方向性の立場として、心の働きは脳や神経系の働きに還元できる（あるいは、心の働きは消去できる）とまでは言わず、「心の働きは、脳や神経系の働きに付随（supervene）する」と主張するものもある。この立場をここでは「付随説」と呼んでおこう。付随説は、「人がかくかくのことを思っているときにはいつも、脳や神経系がしかじかの働きをしている」という依存関係が存在すると主張する立場のことである（詳細は第2章2-5-4参照）。この立場が要請される大きな原因は、還元主義（および消去主義）がいわゆる「クオリア問題」という決定的な難点を抱えていることにある。

「クオリア」とは、音や色の感じ、味、臭い、熱さ、痛さといった、我々が主観的に体験する感覚の質のことである。科学的な世界の描写においては、こうした「音」や「色」や「熱さ」等々は、「空気振動」や「電磁波の波長」や「分子運動」といった、文字通り無色無味無臭の客観的な表現——無視点的・無感覚的な表現——によって置き換えられることになる。つまり、科学的描写がどれほど細密なものになるとしても、クオリアそのものはその描写からどこまでも逃れ出てしまうのである。これが、「クオリア問題」である。

この問題を解決できないがゆえに、「心の働きは脳や神経系の働きによって置き換えることができる」といった立場は諦めて、「心の働きは脳や神経系の働きに付随する」というかたちで心と脳（および神経系）の近似的な同一性を確保しようというのが、付随説の戦略だと言えるだろう。

ちなみに、第2章の特に2－5で詳述するように、本書の立場は、こうした「自然主義」の議論に真っ向から対立するものであり、心の働きは脳や神経系の働きに還元も消去もされなければ、付随もしない、と主張するものである。

デカルト的二分法を超えて

現代的「自然主義」などの物的一元論の見解を退けたとき、心身問題を解決する方途はどのように見出すことができるのだろうか。

ここまで確認してきたように、プラトンが魂（心）を不滅のものとして身体から明確に切り離し、デカルトが心と身体を「非物質的な実体」と「物質的な実体」として区別して以来、身体それ自体は椅子やコップや惑星や素粒子などと同じ物質に他ならないという見方が主流を占めるようになった。この見方にあっては、我々――すなわち、個々人にとっての自我――は、身体という牢獄に閉じ込められた心（魂、あるいは精神）の領域に限られることになる。

しかし、身体とは本当に、自我とは無関係の牢獄にすぎないのだろうか。身体なしに、私は私として成り立つのだろうか。自我の成立にとって、身体はむしろ不可欠なのではないだろうか。たとえばフランスの哲学者メーヌ・ド・ビラン（一七六六～一八二四年）は、みずからの意志で身体を動かすという経験を通してはじめて、自我はそれとして確立されると指摘している。私という主体は、まさに行為の主体であることと不可分だというのである。デカルトは、「我思う、ゆえに我あり」と主張した。しかし、ビランはこれに対し、「我行為する、ゆえに我あり」という見方を提示するのである。

ビランのこうした議論は、意志によって身体を動かすこと、すなわち行為を、我々にとってのまさしく始原の事実、自我が構成される基礎として捉えるものである。言い換えれば、心の働きと身体の働きは、それぞれ独立した実体の個別の働きなのではなく、行為という概念をそれとして構成する――それゆえ、自我という概念をそれとして構成する――相互依存的な要素だということになる。このように、心と身体を「非物質的な実体」と「物質的な実体」という二分法の下で峻別するのではなく、両者を分かちがたい相互依存的な概念として捉えていく方向性は、モーリス・メルロ

＝ポンティなど、主にフランス語圏の現代の哲学者に受け継がれている。また、ドイツ語圏や英語圏においても、たとえばウィトゲンシュタインは、「はじめに行為ありき（Im Anfang war die Tat）」というファウストの言葉を自身の哲学のモットーとし、上記のデカルト的二分法に対峙している点で、この流れに与すると言えるだろう。さらに、こうした思潮の源流として、プラトンの弟子であり最大の批判者でもあったアリストテレスの名を挙げるのもそれほど的外れではないだろうし、仏教などの東洋思想に目を向けてみれば、心と身体をデカルト的二分法とは無縁のかたちで捉えることは、むしろポピュラーな考え方だと言える。

本書の立場については次の第2章の議論を見てほしいが、心と身体を「非物質的な実体」と「物質的な実体」という二分法の下で捉えないという点では、右の流れに棹さしている。心は非物質的な実体でもなければ、物的一元論者の言うような物質的な実体でもなく、それらとは別の仕方で存在するというのが、本書の立場である。

【文献紹介】

■**プラトン『パイドン――魂の不死について』**岩田靖夫訳、岩波文庫、一九九八年。

■**『デカルト＝エリザベト往復書簡』**山田弘明訳、講談社学術文庫、二〇〇一年。

■**『反論と答弁』〈デカルト著作集　第二巻〉**河西章・所雄章・広田昌義・福居純・増永洋三・宮内久光訳、白水社、一九七三年。（ホッブズ、ガッサンディらとの論争を含む。）

■**フェルディナン・アルキエ『マルブランシュ――マルブランシュとキリスト教的合理主義』**藤江泰男訳、理想社、二〇〇六年。

■**ラ・メトリ『人間機械論』**杉捷夫訳、岩波文庫、一九五七年。

■**『シリーズ心の哲学Ⅰ――人間篇』**信原幸弘編、勁草書房、二〇〇四年。（現代の英語圏の心の哲学についての総論と、かなり突っ込んだ各論を一冊に収めている。）

■**金杉武司『心の哲学入門』**勁草書房、二〇〇七年。（同じく、現代の英語圏の心の哲学について非常に分かりやすくまとめている。）

■**アンリ・グイエ『メーヌ・ド・ビラン――生涯と思想』**大崎博・益邑斉・藤江泰男訳、サイエンティスト社、一九九九年。

第2章

意図的行為の解明

「手をあげることから手があがることを引いたら、手をあげようという『意図』や、手をあげたいという『欲求』が残る。そして、それらの思いの背景には、自分は手をあげられるといった『信念』がある。つまり、それらの心の働きによって『手があがる』という出来事が引き起こされることが、『手をあげる』という行為の内実である」――行為とは何かについての直観的なイメージは、一般にこのように整理される。しかし、そうした「意図」等の心の働きとは具体的にどのようなものであり、行為とどのように結びつくのかを考えだすと、我々はそうした心の働きの正体を見失ってしまう。この問題を、前章の前半（1－1～1－3）で確認した。

　そして後半（1－4～1－7）では、「行為を成立させる心の働きなどそもそも存在しない」という仕方でこの問題の解決を図る立場を検討した。この立場によれば、行為とは実は自分の自由な意志で身体を動かす（身体を動かそうと意図して、実際に動かす）ことではなく、脳の働きによって身体が動く一連の機械仕掛け《メカニズム》のプロセスに他ならない。そして、脳も身体も物質であるから、その働きは究極的には自然法則（物理法則）に従った物質間の因果連鎖の一環として位置づけられる。言い換えれば、我々がいつどのように手をあげるかは、先行する条件によってすでに決定されている、というわけである。

　しかし、統計学や生理学などの実際の科学的知見はいずれも、この立場が正しいことを証明するものではないことを確認した。意図や欲求や信念などの概念によって行為を説明する「民間心理学」は、古くさい間違った理論として切り捨てられるようなものではない。そうであるなら、我々はもう一度振り出しに戻って、これらの概念の正体を探る道に向かわなければならない。

　それでは、意図等の心の働きとは結局どういうものなのだろうか。本章ではこの問いに対する答えを正面から探ることを通して、意図的行為とは何かという問題を解明することにしたい。

2-1　意図と信念の諸特徴

我々は、意図や欲求、信念の他にも、恐怖や喜び、快不快、希望、欲望、などなど、様々な概念を用いて行為の成立を説明する。しかし、ここからは、特に意図と信念という二つの概念に絞って、現時点で挙げることのできる両概念の特徴を見ていくことにしたい。というのも、意図と信念こそが行為に直結する心の働きだからである。前章1-2-1で確認した通り、何かをしようと意図することには、実際にそれをすることにコミットしている（本心からそれをしようとしている）ということが含意される。また、1-2-2で確認した通り、意図の背景には必ず何らかの信念がある。それゆえ、行為を成立させる心の働きの正体を探る上で中心的な位置を占めるのは、意図と信念の特徴を見極める作業だと言えるだろう。

2-1-1　自覚的な意識を伴う必要がない

まず、前章でも触れたことだが、たとえば我々が手をあげるときには、事前に「手をあげよう、あげよう、……」と意識することはあまりないし、自分は手をあげられるんだと確認してから手をあげることもない。学校に向かって歩いているとき、次の角を左に曲がろうとか、右足の次には左足をあげようとか、今日も学校はちゃんとあそこにあるだろうなどと自覚的に意識することもない。つまり、意図や信念をもつことに、そのことを自覚することが伴われるとは限らないということである。

もちろん、複数の選択肢の中から何をすべきかについて事前に意識的に比較考量を行うことも多いだろう。しかし、そうした意識や身体を動かすタイミングに対する意識が身体的動作を直接引き起こしているとは言えない。前章で取りあげたリベットの実験を思い出してほしい。手首を曲げるタイミングを意識する約〇・四秒前に脳の活動がすでに始まっていることを、この実験は明らかにした。つまり、手首が曲がるという出来事は、手首を曲げるタイミングに対する意識によって引き起こされているわけではない、ということである。そして、手首を曲げることに意識を集中する状況はそれこそ実験中のような例外的なものであり、普段手首を曲げる際にはそのような自覚的な意識は伴われないということを鑑みるならば、そもそも自覚的な意識は、身体的動作が引き起こされる直近の因果連鎖——何秒〜零コンマ何秒という、時間的に狭い範囲の因果連鎖——において何ら役割を果たしていない可能性すらあるのである。

2-1-2　始まりの瞬間が問題にならない

以上のポイントは、意図することや信じることに関しては、意識することと同様の「始まりの瞬間」を特定することが困難だ、という点に関係する。これも前章ですでに触れたことだが、たとえば私がベッドから起きあがって台所の蛇口をひねるまで、いつ、どの瞬間に蛇口をひねろうと意図し始めたのかと聞かれても、その一連の行為を特に意識せず滑らかにやった場合には——すなわち、普段通り行為した場合には——正確な時間やタイミングを答えることはできないだろう。ベッドから起きあがったときだろうか。しかしそのときにはまだ水道の水を飲もうとは決めていなかったかもしれない。それとも、台所まで歩いているときだろうか。あるいは、蛇口をひねる前だろうか。もし後者の方であれば、ひねる直前だろうか、それとも、蛇口が目に入ってきたときだろうか、等々。もちろん、私はどこかで「蛇口をひねろう」という意図をもち、その意図は、蛇口をひねり終わったときにはなくなっている。つまり、意図をもつことには始まりと終わりがある。しかし、特にその始まりの時点を「瞬間」として特定することには本質的な困難があるように思われる。

信念の場合も同様である。私が蛇口をひねったのは、蛇口をひねれば水が出ると信じていたからである。では、私はいつ、どの瞬間、そう信じるようになったのだろうか。蛇口をひねる直前の瞬間だろうか。それとも、遠い昔、子どもの頃に蛇口をひねったら水が出た瞬間だろうか。それとも、三、四回繰り返し蛇口をひねって、やっぱり水が出てきたその瞬間だろうか。――どれも拙い想定だろう。私はいつの頃からか、蛇口をひねれば水が出ると信じるようになった。いまも信じている。「明日、断水をします」という知らせが届いたりしない限り、私は信じ続けるだろう。しかし、信じ始めた瞬間について語ることには非常に奇妙さがつきまとうのである。

このことによって、信念や意図等には始まりの瞬間が存在しない、と言いきることはできない。とはいえ、我々が普段そうした瞬間をそもそも問題にしないことは確かである。「脳の電位変化が起こった瞬間との前後関係を究明する」といった特殊な目的でもない限り、いつ頃意図や信念をもち始めたかではなく、どの瞬間にそれらをもち始めたかが問題になることはない。たとえばある殺人事件に関して、犯人がいつ頃殺意をもち始めたかが重要になることはあるだろう。しかし、文字通りの「殺意をもった瞬間」を特定することが意味をもつような状況など想定できないだろう。まして、手をあげるといったある意味で単純な行為の場合には、いつ頃手をあげようと意図したのかが問題になる状況を想定すること自体が困難である。（さらに言えば、そうした単純な身体動作の場合には、意図の有無が問題になることすら滅多にないだろう。意図せずに勝手に手があがってしまうような人間を、我々は普通想定しないからである。）つまり、信念や意図等について、少なくともその始まりの瞬間――何秒～零コンマ何秒という極めて幅の狭い時間――を云々《うんぬん》することにはポイントがないということである。

2-1-3 極めて長時間持続しうる

先ほど、蛇口をひねれば水が出ると信じ始めたのは遙か昔の子どもの頃かもしれず、今後も、断水の知らせが届くまで信じ続けるだろう、と言った。このように、信念は極めて長時間持続するものでありうる。たとえば、子どもの頃に父親が逮捕されてから、無罪だと信じて数十年間冤罪を訴える活動を続けるとか、子どもの頃に「群馬県の赤城山に埋蔵金が眠っている」と聞かされ、一生そのことを信じて発掘作業を続ける、といったこともあるだろう。意図についても同様である。埋蔵金の発掘作業を一生続けた人は、まさに一生の間埋蔵金を発掘しようと意図していたのである。

他方、自覚的に意識し続けることは、そのように長時間持続するものではない。たとえば埋蔵金の発掘作業を一生続けた人も、当然のことながら、発掘することに生涯にわたってずっと意識を集中し続けていたわけではないだろう。テレビを見ているときや、ご飯を食べているときには、発掘のことが全く頭から離れていたことも多かったに違いない。このとき、彼に向かって、「呑気にご飯なんか食べて。あなたは埋蔵金を発掘しようと思っていないのですか」とか、「あなたはいま、埋蔵金など存在しないと思っているのですか」と尋ねたとしたら、彼は激怒して否定しただろう。彼はこのときは確かにご飯を食べていて、意識もご飯に集中していたが、埋蔵金を発掘しようという意図や、埋蔵金が存在するという信念はもち続けていたのである。

同じことは、もっと時間的なスパンの短い行為についても言える。自転車に乗って近所のスーパーに行くだけでも、その間自転車を漕ぐことにずっと意識が集中しているとは限らない。スーパーで何を買おうか考えたり、途中にある豆腐屋が開いているかどうかチェックしたり、道を横切る猫に目が行ったりすることもあるだろう。我々はひとつのことをずっと意識し続けることができない。たとえば目の前のペンを意識して見続けようとしてみよう。私なら一分もかからずにギブアップしてしまう。しかし、意図することであれば、何十分でも何時間でも持続させることができる。以前、四時間自転車に乗り続けて東京から江ノ島に行ったとき、私は自分の意志で自転車を漕ぎ続け、江ノ島に行こうと意図していた。それは紛れもなく私の意図的行為だったのである。

2－1－4 様々に再記述できる（場合がほとんどである）

次に取りあげたいのは、意図や信念というよりも、差し当たりは意図的行為それ自体にまつわる極めて重要なポイントである。

大抵の場合、ひとつの意図的行為は別の意図的行為に様々に言い換えることができる。[16] たとえば「自転車に乗ること」であれば、「ペダルを漕ぐこと」や「ハンドルを操作すること」、「ブレーキをかけること」、「ギヤを変えること」、「サドルにまたがること」等々に言い換えることができる。自転車に乗っているときにはペダルを漕いでいないこともあるし、ブレーキをしていなかったりサドルから腰を浮かしたりすることもあるから、こうした言い換えないし再記述は、「自転車に乗る」という行為をよりミクロな視点から捉え、時間的なスパンのより短い行為として捉え直すことだと言えるだろう。

[16] もちろん、意図的行為は別の意図的行為だけではなく、意図せざる行為にも再記述可能な場合がある。たとえば、友人に挨拶しようと手をあげたのだが、偶然近くを通ったタクシーが止まってしまった場合には、「手をあげた」という意図的行為は、「（図らずも）タクシーを止めてしまった」という意図せざる行為として再記述できる。ただ、この第2章は意図的行為の解明に集中しているため、そうした意図せざる行為への再記述可能性については無視して議論を進めている。

この種の捉え直しを、我々はもっと徹底させていくこともできる。たとえば「ペダルを漕ぐこと」は、「右足を動かすこと」や「左足を動かすこと」に言い換えることができる。また、「ブレーキをかけること」は「右のブレーキレバーを右手で握ること」や「左のブレーキレバーを左手で握ること」に言い換えることができる。ひとつの行為をよりミクロな視点から捉え直していけば、最終的に、そうした単純な身体動作にまで至ることになるのである。本書ではこれから、その種のいわば単純な行為のことを、**意図的基礎行為**と呼んで簡略に表記することにしよう。つまり、ここで言う「意図的基礎行為」とは、特に意識せずにさっと手をあげる身体動作に代表されるような、意図してから行為するまでの時間が極めて短く、また、自覚的な意識を伴うことなく端的に為される行為のことに他ならない[17]。

ちなみに、ここで、もっとミクロな視点をとることができると主張する人もいるかもしれない。たとえば「右足を動かすこと」は、「右足の腿《もも》を三ミリあげること」や「大腿筋を収縮させること」、「脳から大腿筋に至る運動神経細胞を興奮させること」等々にさらに言い換えることができる、と言われるかもしれない。そして、確かに、ある特定の文脈の中では、そうした意図的行為も存在すると言いうる。たとえば、ジムでボディービルダーの集まりがあったとしよう。そこでは大腿筋を鍛えあげる方法が模索されており、エアロバイクに乗りながら大腿筋に強い負荷をかけている。この場合には、「自転車（エアロバイク）に乗る」という行為を「大腿筋を収縮させる」という意図的行為として再記述することができる。

同様に、「脳の運動野の神経細胞を興奮させる」ということが意図的行為として存在する文脈を想像することはできる。たとえば、脳神経生理学者が被験者を使って運動野の機能を調べる実験を行っているとする。このとき被験者も、足を動かす際に脳の運動野が興奮することを知っており、「ちょっと運動野を興奮させてみてください」と指示されると、エアロバイクを漕ぎ出してその指示に応える。この場合には、記述できる。

「自転車に乗る」という意図的行為は「脳の運動野の神経細胞を興奮させる」という意図的行為として再

しかし、こうした特殊な文脈を除けば、行為者が特定の筋肉を収縮させようと意図したり、脳の特定の部位を興奮させようと意図したりすることはないだろう。また、そもそも筋肉についての知識や脳の機能についての知識をある程度もっていなければ、「大腿筋を収縮させよう」とか「脳の運動野の神経細胞を興奮させよう」という意図自体をもつことができない。他方、日本語を習得している人の中で、手や足、頭、目、口、舌などの概念を理解していない人はまずいない。その意味で、「手をあげよう」とか「頭をさげよう」といった意図は基本的に誰もがもちうるものであるのに対して、「大腿筋を収縮させよう」とか「脳の運動野の神経細胞を興奮させよう」といった意図は、限られた人が限られた文脈の下でのみもつことができるものに他ならない。それゆえ、何気なく手や足、頭、目、口、舌などを動かすことなどは「一般的な意図的基礎行為」と呼び、他方、大腿筋や運動神経、脳の特定の部位などを動かすことは「特殊な意図的基礎行為」と呼んで区別することができるだろう。なお、今後本書では、議論の無用な複雑化を避けるために、前者の一般的な方のみを「意図的基礎行為」と呼び、後者の特殊な方は例として取りあげないことにする。

[17] 哲学上の行為論に馴染んでいる人なら、ここで、A・C・ダントーや黒田亘らの「基礎行為（basic action）」という概念を想起するだろう（Danto, A.C., "Basic actions" in *American Philosophical Quarterly*, 1965. および、黒田亘『行為と規範』勁草書房、一九九二年、六三〜六八頁。など）。しかし、「基礎行為」とは何かという定義やその概念を導入する眼目が論者によってかなりまちまちであるため、それらと本書で「意図的基礎行為」と呼ぶものとは差し当たり関係がないと考えてほしい。

意図的基礎行為	
意図してから行為するまでの時間が極めて短く、 また、自覚的な意識を伴うことなく端的に為される行為	
一般的な意図的基礎行為	**特殊な意図的基礎行為**
何気なくさっと「手をあげる」とか「頭をさげる」といった身体動作に代表される、たとえば日本語をひと通り習得している人なら誰もができる行為	特定の筋肉を収縮させたり、脳内の特定の神経細胞を興奮させたりといった、限られた人が限られた文脈の下でのみ行うことのできる行為

ともあれ、いま確認したのは、意図的行為は基本的に時間的なスパンのより短い行為へと再記述していくことができ、最終的に「意図的基礎行為」にまで至る、ということである。しかし、再記述の可能性にはそうした方向性だけでなく、逆に、よりスパンの長い行為へと向かう方向性もありうる。たとえば自転車に乗ることがスーパーに行くことの一環である場合には、「自転車に乗ること」は「スーパーに行くこと」として再記述することができる。さらに、スーパーに行くことが夕飯を用意することの一環である場合には、「夕飯を用意すること」として再記述することもできる。つまり我々は、ひとつの行為をよりマクロな視点から捉え直すこともできるのである。

以上のことを、少し言い方を換えて表してみよう。私が自転車に乗って走っているときに友人から携帯電話に着信があり、自転車を止めて電話に出たとする。友人は「いま何してた？」と尋ねる。このとき私は自分の行為を振り返り、「自転車に乗っていた」と答えることもできるし、「スーパーに行く途中だった」とか、あるいは「夕飯を用意しようとしていた」とか答えることもできる。さらに、「ギヤを変えたところだ」とか、「ブレーキレバーに右手をかけていた」とか、さらにまた、「ちょうど左足でペダルを漕いだところだった」等々と答えることもできるのである。

このように、ひとつの意図的行為は、時間的なスパンのより短い行為にもより長い行為にも様々に再記述することが可能である。ただし、意図的行為

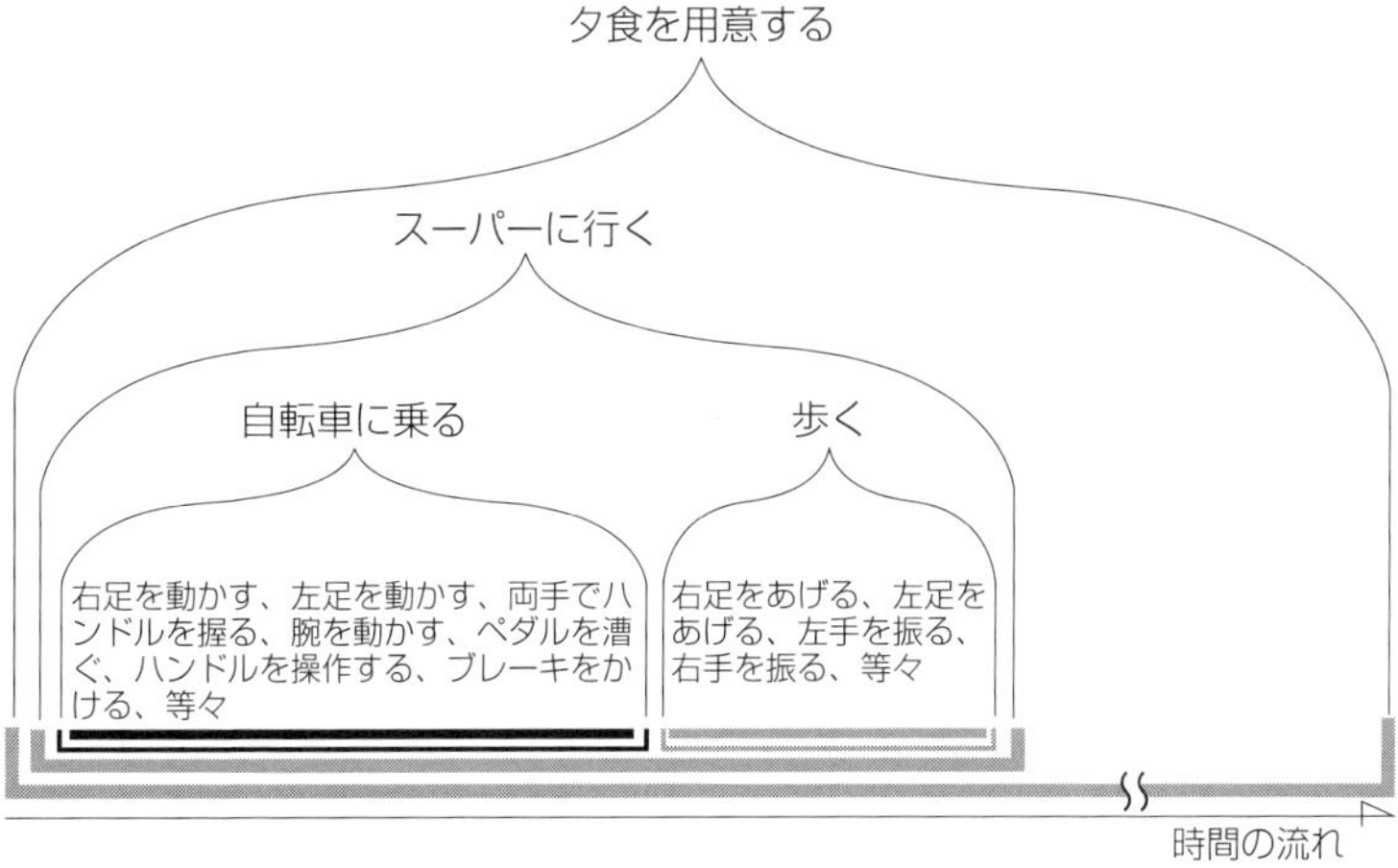

の再記述は必ずしも時間的な幅の変更を伴うわけではない。たとえば「手をあげる」という行為は、ある場合には「友人に挨拶する」という行為として記述し直すことができるだろうし、別の場合には「タクシーを止める」という行為や、「学級委員に立候補する」といった行為として記述し直すことができるだろう。そしてこの場合には、再記述によって行為の時間的な幅が伸び縮みしているわけではない。つまり、意図的行為の再記述には常に時間の伸び縮みが伴われるわけではないのである。

ここで、さらに注意すべき点が二つある。一点目は、すべての意図的行為が以上のような再記述可能性をもつとは限らない、ということである。たとえば、ただ何となく手をあげようと思ったからあげた、という場合には、この行為を「友人に挨拶する」とか「タクシーを止める」といった他の意図的行為に再記述することはできない。我々はときにそうした、それをすること以外に目的のない行為をする。別に理由などなく、何となく髪をかきあげたり、貧乏揺すりをしたりするのである。とはいえ、そうしたものを除く大抵の意図的行為が再記述可能であることは確かである。たとえば髪をかきあげることも、髪が目に入るのが嫌だったからであれば、「髪が目に入らないようにする」という意図的行為として再記述することができるのである。

それから、もう一点注意すべきなのは、意図的行為を様々に再記述できるということは、「我々は複数の行為を同時に行っている」ということを意味しない、ということである。というのも、たとえば自転車のペダルを漕ぐことはあくまでも自転車に乗ることの一環であって、「自転車に乗る」という行為とは別に「ペダルを漕ぐ」という行為がそれとして存在するとは言いがたいからである。つまり、我々はペダルを漕ぐことによって自転車に乗る――あるいは、自転車に乗ることの一環としてペダルを漕ぐ――のであって、このことと、たとえば自転車に乗りながら通行人に声を掛けることとは区別して考える必要がある。後者は、「自転車に乗る」という行為と「通行人に声を掛ける」という行為を同時に行うことであるが、この場合、通行人に声を掛けることによって自転車に乗っているわけではないし、自転車に乗ることの一環として通行人に声を掛けているわけではない。この点で、「自転車に乗ること」と「通行人に声を掛けること」との関係性は、「自転車に乗ること」と「ペダルを漕ぐこと」との関係性とは確かに異なるのである。それゆえ、もし、自転車に乗りながら通行人に声を掛けること等を「複数の行為を同時に行うこと」として位置づけるならば、それと同じ意味では、ペダルを漕ぐことによって自転車に乗ること（あるいは、自転車に乗ることの一環としてペダルを漕ぐこと）が「複数の行為を同時に行うこと」であるとは言えないだろう。

いずれにせよ、ここで確認すべきなのは、意図的行為というものは基本的に再記述の可能性に開かれているということである。そして、そのように再記述できる意図的行為には、当然のことながら、それに相応する意図が存在する。たとえば、意図的に自転車に乗った人は「自転車に乗ろう」という意図をもっていたわけだが、この行為をよりミクロな視点で捉えて「左足でペダルを踏む」という意図的行為として再記述できる場合には、彼は「左足でペダルを踏もう」という意図をもっていたことになる。逆に、よりマクロな視点で捉えて「スーパーに行く」とか「夕飯を用意する」といった意図的行為として再記述できる場合には、彼は、「スーパーに行こう」とか「夕飯を用意しよう」といった意図をもっていたことになるのである。

2-1-5　我々は多くの信念をもっている

最後に、信念というものがもつある重要な特徴を確認しておこう。

たとえば自転車に乗ろうという意図をもつためには、その背景となる信念をもっていることが必要である。そして、その信念は一つではない。まず、自分には自転車を運転する能力があるという信念がいるだろう。それから、目的地のスーパーには駐輪場があるという信念や、タイヤがパンクしていないという信念、チェーンが切れていないという信念、ブレーキが壊れていないという信念も必要だろう。さらに、ペダルを漕ぐとホイールが回ると信じていたり、ハンドルを右に切ると右に曲がると信じていたり、さらにまた、ブレーキレバーを握るとブレーキがかかると信じていなければ、自転車に乗ることはできないだろう。

では、他にどのような信念が必要だろうか。自転車のフレームは乗っても壊れないくらい丈夫だという信念や、はたまた、フレームは飴でできているのではないという信念、ホイールのスポークは乾燥したスパゲッティではないという信念も、自転車に乗ろうとする人はもっているのだろうか。実際、人がひとつの行為を意図するためにどれくらいの信念をもっている必要があるのかというのは難しい問題であり、数えあげていけばきりがないようにも思われる。それこそ、いますぐ地球が滅亡するわけではないと信じていることも、これから自転車に乗ろうとするためには必要と言えるかもしれない（数秒後に地球が滅亡すると本気で信じていれば、自転車に乗ってスーパーに行こうとはしないだろう）。この、いわば「信念のインフレ」とも言える問題については後の2－3－6において取りあげるが、差し当たりここで言えることは、意図することの前提となる信念は一つでは足りず、ある程度の数が必要となる、ということである。

2－1－6　心の働きを脳の働きと考えるのは無理がある

ここまで、意図と信念についていくつか特徴を見てきた。これによって、何が見えてくるだろうか。少なくとも言えるのは、意図すること等の心の働きを脳の働きとして考えるのは困難だということである。たとえば、四時間自転車に乗り続けていた間、私は「自転車に乗ろう」という意図をもち続けていた。もちろん、常にペダルを漕ぐことやハンドルを切ることに意識を向けていたわけではなく、むしろ大部分の時間は他のことに意識が向いていた（たとえば空腹や喉の渇きとか、道が合っているかどうかという不安など）。しかし、身体が勝手に動いてペダルを漕いでいたわけではない。私はまさに自分の意志で、意図的に自転車に乗り続けていたのである。もし、「意図すること」＝「脳の特定の活動」であるなら、その四時間、「自転車に乗ろう」という意図に対応する脳の特定の活動が私の頭の中でずっと持続していたことになるだろう。この想定に無理があることは、もっと長時間持続している意図や信念を考えればより明白になる。先にも例示したように、たとえば一生かけて埋蔵金の発掘作業を続けた人は、まさに一生、埋蔵金は存在すると信じ続けていた。その何十年もの間、「埋蔵金が存在する」という信念に対応する脳の特定の活動が彼の頭の中でずっと持続していたと想定するのは困難だろう。

また、意図的行為が基本的に様々な仕方で再記述可能であり、それに応じて意図を記述する仕方も無数にありうること、そして、意図をもつことの前提となる信念を無数に数えあげられることも、「心の働き」＝「脳の働き」と想定することの困難を決定的にしている。たとえば「自転車に乗る」という私の意図的行為は、「スーパーに行く」とか「夕飯を用意する」といった意図的行為として捉えることもできるし、「ペダルを漕ぐ」とか「右足を動かす」といった意図的行為として捉えることもできる。これらはまさに再記述であり、行為の後で行うことであるから、他にいくらでも可能である。しかし、脳の活動は行為の前に起きて行為を引き起こすものである。行為後になって、行為前の脳に新たな活動を付け足すことは（当たり前だが）絶対にできないのである。したがって、もし「意図すること」＝「行為前に起こる脳の活動」だと想定するなら、意図的行為の再記述によって結果として無数に出てくる意図それぞれに対応する脳の活動が、行為前に一挙に起こっていると考えなければならなくなるのである。

また、自転車に乗ろうという意図の背景には、自分には自転車を運転する能力があるという信念や、目的地のスーパーには駐輪場があるという信念、タイヤがパンクしていないという信念、チェーンが切れていないという信念、ブレーキが壊れていないという信念等々がある。そして、信念のこうした多数性は、スーパーに行こうという意図や夕飯を用意しようという意図など、意図的行為の再記述によって出てくる他のあらゆる意図に関しても当然当てはまる。もし、「信じること」＝「行為前に起こる脳の活動」であるなら、そうした途方もない数の信念にそれぞれ対応する脳の活動を想定しなければならなくなる。そのような、まさに人知を超えた驚異的な能力が脳に備わっていると考えることはできないだろう。

ただしここで、ひとつ反論があるかもしれない。それは、「あらゆる意図的行為は手足などの身体を動かすことによって為されるのだから、実際には無数の心の働きがあるわけではなく、そのつど手や足などを動かそうという意図やそれに関連する信念があるだけではないか」という反論である。つまり、本当の意図は「身体を動かそう」という意図のみであり、その背景となる信念も、「いま自分は身体を動かせる」といったものにすぎないのではないか、と言われるかもしれない。この反論に従うなら以下のようなことになるだろう。たとえば、我々は普段、自分は「自転車に乗ろう」とか「スーパーに行こう」といった意図をもっていると語っているけれども、厳密に言えば、午後三時一五分二三秒から二四秒の間右足を動かそうと意図し、二四秒から二五秒の間左足を動かそうと意図し……、ということを繰り返しているのであり、そして、そのつどの意図には対応する脳の活動が存在する。すなわち、午後三時一五分二三秒から二四秒の間、脳の運動野の運動準備電位が立ちあがって右足の筋肉の収縮を引き起こしており、二四秒から二五秒の間には左足の筋肉の収縮を引き起こす運動準備電位が立ちあがっており……、という具合である。

しかし、これは反論にならない。というのも、「右足を動かそう」「左足を動かそう」と意図し続けるだけでは、それがどれだけ積み重なろうとも、「自転車に乗ろう」という意図や「スーパーに行こう」という意図と同じものにはなりえないからである。たとえば、アマゾンの奥地の少数民族の人に日本に来てもらったとしよう。この人は生まれてから一度も自転車やスーパーを見たことがない。「自転車」や「スーパー」とは何か、全く知らないのである。我々は、この人にある程度日本語を勉強してもらった後、目隠しをして、補助輪付きの自転車に乗せる。そして、「右足と左足を交互に動かしてください」と頼む。この人はその通りに足を動かし、それによって自転車が動き始める。我々はときにハンドルを掴んで誘導しながら、その人に両足を交互に動かし続けてもらう。そしてやがて、スーパーに着く。さて、この人は、「自転車に乗ろう」という意図や「スーパーに行こう」という意図をもっていたとも言えるだろうか。

——言えないだろう。この人は、何だかよく分からない器具に乗せられ、両足を交互に動かしているうちに、見知らぬだだっぴろい建物に着いたにすぎない。この人はあくまで、「右足を動かそう」「左足を動かそう」と意図していただけなのである。

このように、単純な身体動作を行う意図をどれだけ集めても、それだけでは、再記述可能な他の意図と同じものになるわけではない。その意味で、「本当の意図」「ただ一つの意図」なるものは存在しないのである。したがって、「文字通り無数の意図や信念にそれぞれ対応する脳の働きが、我々が何か行為するたびにその前に起こり、持続している」という無理な想定をしない限りは、心の働きを脳の働きとして考えることはできないのである[18]。

2-2 心をめぐる「一人称権威」は何を意味するのか

「行為を成立させる心の働きを脳の働きとして捉えることはできない」ということを、いま確認した。ここで明確にしておく必要があると思われるのは、そもそもなぜ、そのように心の動きと脳の働きを同一視する考えが生まれ、現代において支配的となってきたのかである。

[18] また、以上の反論にはもう一つ問題がある。それは、「あらゆる意図的行為は手足などの身体を動かすことによって為される」としている点である。この前提自体が間違っている。というのも、たとえば特定の筋肉を収縮させたり脳の運動野を興奮させたりといった行為(特殊な意図的基礎行為)は、手足や口などを動かさずに行うことが可能だからであり、さらに、内語をしたりイメージを浮かべたりといった行為は、そもそも手足や口などを動かさずに為されるからである。(ちなみに、内語やイメージは多くの場合、「意図的基礎行為」に該当すると言えるだろう。また、基本的に誰もが普通にできる行為であるという点で、「一般的な意図的基礎行為」だとも言えるだろう。)

まず、前提にあると思われるのは、「心の働きを知ることに関しては、行為者当人と他人との間にある非対称性が存在する」という、それ自体としては真っ当な考えである。行動主義は「表情や身振り、声など、誰からも同様に観察されるものが心に他ならない」と主張するが、この主張は明らかに間違っている。笑顔で握手をしている人も、実は嫌々しているのかもしれない。じゃんけんで「これからグーを出すよ」と宣言しているが、本当はチョキを出そうと思っているのかもしれない。個々人が何を考えているか、何をしようと思っているかについて、表情や言動などの観察可能な手掛かりから推測できる場合はあるが、それでも限度がある。行為者当人と他人との間には、明確に非対称性が存在するのである。

この非対称性は、哲学の専門的な議論においてはしばしば、**一人称権威**（first person authority）という言葉で表される。行為者の本当の意図が何であるかに関しては、基本的に一人称に――すなわち、行為者当人である「私」や「俺」、「僕」、「うち」、「おいら」、「わし」（等々）に――権威がある、という意味である。たとえば、「箸がない」という発話行為が、単に箸がないことを相手に伝えようと意図して為されたものなのか、それとも、箸をとってもらおうと意図して為されたものなのかを、発話した行為者当人はもちろん知っていると見なされるが、相手は意図を取り違える可能性がある。それゆえ、本当はどういう意図で言ったのかに関して、「僕は、箸をとってもらおうと思って言ったんだよ」といった行為者の証言などに、基本的には権威が与えられるのである。とはいえ、もちろん、たとえば殺人事件をめぐる裁判で殺意の有無が争点になっている場合などには、本当に殺そうと思っていたかどうかを決定する権威が行為者当人（被告）に与えられない、ということもあるだろう。しかし、少なくとも日常生活においては、行為者は自分の行為の意図を知っていると見なされるが、他方、他人は知っているとは限らないため、行為者当人である一人称に権威が与えられる場合が大半である。

そして、この一人称権威は、心はその持ち主の身体内に隠されているという、これも一見すると常識的な考えに容易に結びつく。この考えを、本書では「隠蔽説」と呼んでおこう。「隠蔽説」によれば、たとえばN氏がある女性のことを好きだという気持ちを他人が確実には知りえないのは、その気持ちがN氏の身体内に隠されているからだという。もちろん、自分で自分の本当の気持ちが分からず、むしろ他人の方がよく知っているという場合もあるだろう。たとえば、N氏がその女性のことを好きなのは端《はた》から見れば明白なのだが、N氏自身はその恋心に自覚的でない、といった場合である（その女性の前だとN氏はいつも顔が赤くなって落ち着かなくなることを、N氏以外の皆が気づいている場合など）。しかし、そのような例外的なケースを除けば、当人の気持ちは通常は身体という壁に阻まれて他人からは隠されている。――これが「隠蔽説」の骨子と言えるだろう。

「隠蔽説」には、二種類の形態がある。一つは、心は個々人の身体内に宿っているが、身体のように見たり聞いたりすることのできる物質とは異なる何らかのモノ――「幽霊」や「霊魂」などとして指し示されうる対象――である、という考えである。（デカルトの「機械の中の幽霊」を思い出してほしい。）現代以前には、心は身体の中でも特に心臓に宿っていると見なされることもあったが、いまでは、心は脳に宿っていると見なされることが多い。

かつて、心臓が心の在処《ありか》と考えられた理由は、いくつか想像することができる。心臓は、生きている間ずっと、動いていることを胸に手を当てることで観察することができる。死んでしまうと止まることも観察できる。また、人間は手足を失っても必ずしも死ぬわけではないが、心臓が損傷を受けて鼓動が止まってしまうと必ず死んでしまう。このように、生きて行為することと心臓の働きとが極めて密接に結びついていることを、誰もが容易に認識することができるのである。さらに我々は、嬉しかったり悲しかったりすると文字通り自分の胸が高鳴ること——心臓の鼓動が変化すること——を体験することがある。心の働きと心臓の働きがときに連動することも、皆が認識できるのである。おそらくはこうしたことから、「心は心臓に宿っている」という見方が生まれ、支持されていたのだろう。

同様に、「心は脳に宿っている」という見方も、生存や行動、感情というものと脳との密接な影響関係が次第に明らかになるにつれて生まれ、強化されてきたのだと考えられる。脳を激しく損傷した場合には人間は生きることはできない。（それゆえ、脳が不可逆的に機能を停止した段階でそれを人の死と見なす、「脳死」という考え方も現代では生まれてきている。）また、脳を部分的に損傷することによって性格が変わってしまう例もある。（有名なフィニアス・ゲージの症例など。[19]）さらに、科学技術の発展とそれによるｆＭＲＩやＥＥＧ等の装置の開発によって、現代では心臓と同様に脳の働きも観察することができるようになり、それに伴い、心臓とは比べものにならないほど脳の働きが複雑であり、身体の様々な働きと結びついていることが判明してきた。たとえば、人工心臓であればいまの技術でもつくることができ、その意味では心臓のメカニズムはすでに解明されていると言うこともできる。他方、脳と代替できる機能をもつ人工物をつくることができる見込みは、いまのところない。こうした脳の重要性や複雑性から、現代では「心は脳に宿る」という見方が生まれ、次第に優勢になってきたのだと思われる。

ともあれ、こうした「心は身体（あるいはその内部の器官）に宿る」という考えが隠蔽説の一方の形態であるのに対して、もう一方の形態とは、「心は実は身体（あるいはその内部の器官）である」という考えである。この考えにおいては、物質的な身体に宿るモノ（thing）として非物質的な幽霊や霊魂のようなものを想定しない。つまり、心臓であれ脳であれ、あるいは身体全体であれ、心の働きとは実は身体（内の器官）の働きに他ならない、というわけである。こうした考えは、前章１‐５の冒頭でも述べたように、総じて「物的一元論」と呼ばれる。幽霊や霊魂のような存在がリアリティを失ってきた現代では、こちらの隠蔽説の形態の方が説得力をもっていると言えるだろう。

重要なのは、どちらの形態の隠蔽説も最終的に「心は（条件つきで）観察可能である」という結論に至ることである。心の働きを脳の働きとして捉える立場は、ｆＭＲＩやＥＥＧ等の装置を用いるならば心の働きを観察することができると主張する。また、心を幽霊や霊魂のようなものと見なす立場においても、行為者当人なら自分の心の働きを観察できると想定している。それゆえ、霊能力者や超能力者などの特殊な能力をもつ者ならば他人の心の働きを観察することができる、という想定すら生まれてくるのである。いずれにせよ、隠蔽説は、「心の働きは、それが何らかの仕方で身体内に隠されているから観察できないのだ」と解釈するがゆえに、場合によってはそれを露わにさせることができる――観察することができる――と考えるのである。

言うなれば、隠蔽説は、「心の働きへのアクセスに関して、たまたま現在は一人称権威という自他の非対称性がある」と主張する立場のことである。現在はｆＭＲＩやＥＥＧといった装置しかないが、将来はもっと精密に脳の活動を観察できる装置が開発されるだろう。また、脳と他の身体の器官との結びつきも、より詳細に辿れるようになるだろう。そうしていつかは、隠された心の働きをすべて露わにして、十分に観察できるようになるだろう。そのあかつきには、一人称権威は消滅することになる。――隠蔽説はたとえばそのように構想するのである。

しかし、前節までで確認したように、心の働きを脳の働きとして考えることには明らかに無理がある。

［19］　Ａ・Ｒ・ダマシオ『デカルトの誤り――情動、理性、人間の脳』田中三彦訳、ちくま学芸文庫、二〇一〇年。

心をめぐる「一人称権威（自他の非対称性）」の解釈

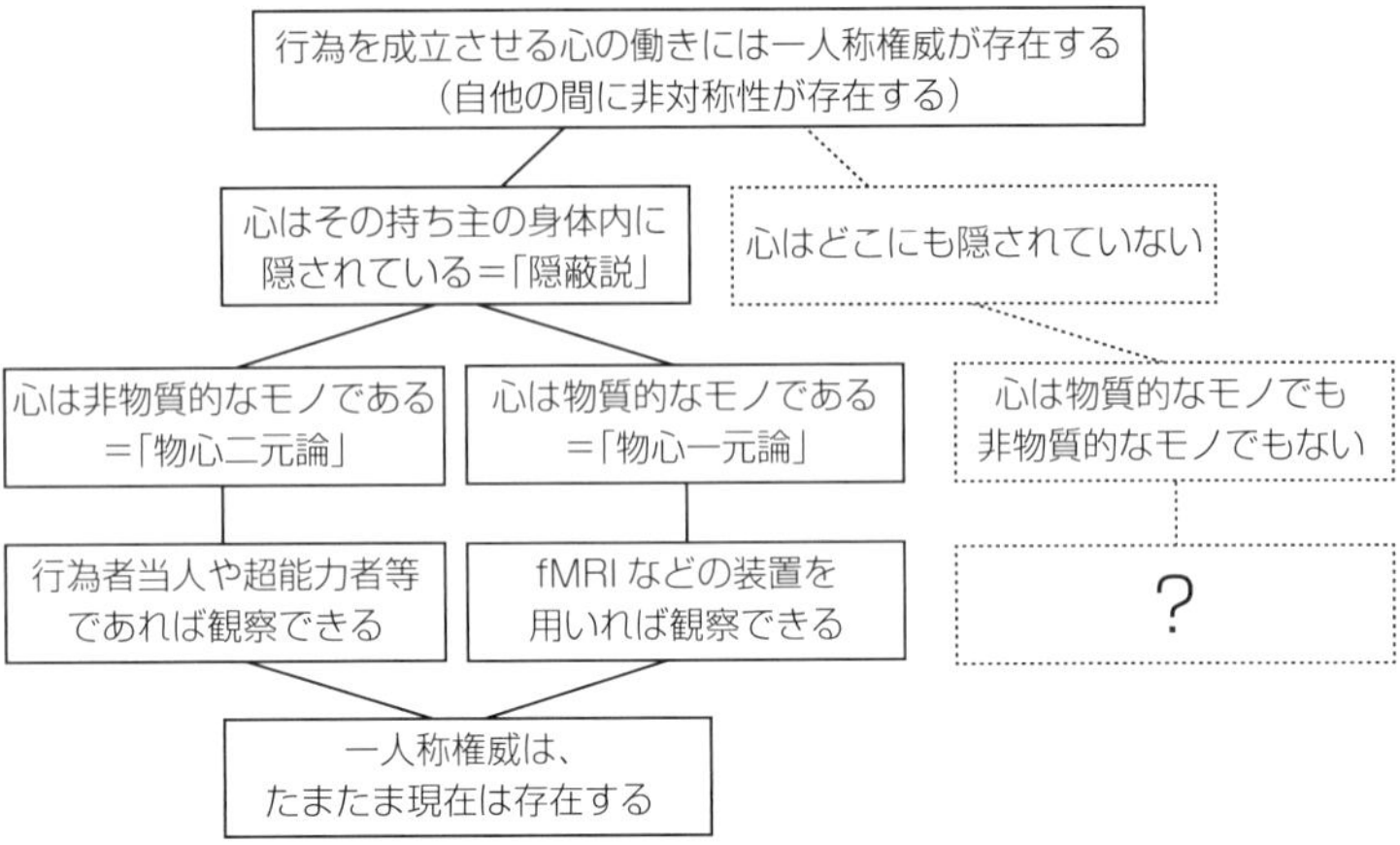
行為を成立させる心の働きには一人称権威が存在する（自他の間に非対称性が存在する）
心はその持ち主の身体内に隠されている＝「隠蔽説」
心はどこにも隠されていない
心は非物質的なモノである＝「物心二元論」
心は物質的なモノである＝「物心一元論」
心は物質的なモノでも非物質的なモノでもない
行為者当人や超能力者等であれば観察できる
fMRI などの装置を用いれば観察できる
？
一人称権威は、たまたま現在は存在する

また、ライルによる批判をかいくぐってデカルト的な物心二元論に先祖返りするのも、同様に困難だろう。とすれば、残された道は、心を脳のような物質的なモノとして特徴づけるのでもなく、はたまた幽霊のような非物質的なモノとして特徴づけるのでもなく、それらとは別の仕方で特徴づけ直すという道である。それは言い換えれば、心を、隠されたり露わになったりしうるような何らかのモノ（「これ」や「あれ」、あるいは「その辺」という風に指し示されうる対象）というカテゴリーの下で捉えるのではなく、別のカテゴリーの下で捉える道を探ることだと言えるだろう。その意味で、これから探究する道は、実はライルの精神の延長線上にある。前章1－4で見たようにライルは、「心はモノとは異なるカテゴリーに属する」と指摘した。しかし、彼は結果的に心を観察可能な行動の束に置き換え、人間をむしろ機械に接近させてしまった。そして次第に、心を物質的なモノと見なす物的一元論――つまり、人間を徹底的に機械と見なす立場――の影に隠れるようになっていった。彼は、心とは具体的にどのようなカテゴリーで捉えられるのかを

積極的に提示することができなかったのである。
必要なのは、いまこそライルの仕事を——行動主義に再び舞い戻ることなしに——引き継ぐことである。そして、その道筋は、一九五〇年代以降にひとつの極を形成した行為論の中に見出すことができる。

2-3 心の「隠蔽説」を超えて

2-3-1 「理由を問い、答える」という観点から行為を捉える

これから辿る道は、主にG・E・M・アンスコムとドナルド・デイヴィドソンによって敷かれた道である。アンスコムはウィトゲンシュタインの最も高名な弟子の一人であり、現代行為論に新たな道筋をもたらした最大の功労者と言える。デイヴィドソンは、アンスコムの行為論に大きな影響を受けながら、独自の議論を展開していった現代哲学の巨星である。彼らがどのような道を拓いたのかを跡づけていくことを通して、「モノとは異なるカテゴリーの下で心を特徴づける」という、ライルの仕事を引き継ぐことにしよう。（ただし、アンスコムとデイヴィドソンの間には意見の相違——というより、すれ違い——もあり、彼らが全く同じ道を歩んでいったわけではない。本書でこれから描く道は、彼らの議論のいわばいいとこ取りをしたものだと言える。アンスコムとデイヴィドソンの「対立」を軸にした実際の論争史については、本章末尾の「**コラム② 現代の英語圏の行為論の流れ**」を参照してほしい。）

アンスコムとデイヴィドソンが着目するのは、「行われた行為の理由を尋ねられ、行為者当人がそれに答える」というコミュニケーションである。そこに、意図等の心の働きの正体を解明するための鍵があると考えるのである。アンスコムは次のように述べている。

意図的行為とは、ある意味で用いられる「なぜ？」という問いが受け入れられるような行為のことである。[20]

この、いささか謎めいた定義が何を含意しているのかを、これから明らかにしていこう。

たとえば、N氏がさっと手をあげたとしよう。我々は彼に対して、「なぜ手をあげたのか？」と尋ねる。彼は、「君たちに挨拶しようと思ったからだ」と答えるかもしれない。あるいは、止まったタクシーに乗り込みながら、「タクシーを止めようと思ったからだ」と答えるかもしれない。——ここで、何か気づいたことはないだろうか。先に確認した、「意図的行為は様々に再記述できる場合が多い」というポイントを思い出してほしい。いまN氏の「手をあげる」という行為の理由として取り出された意図の内容は、この行為を再記述する内容となるのである。つまり、「人に挨拶しようと思ったから、手をあげた」という場合には、「手をあげる」という意図的行為は「人に挨拶する」という意図的行為として再記述することができる。また、「タクシーを止めようと思ったから、手をあげた」という場合には、今度はこの行為は「タクシーを止める」という意図的行為として再記述できるのである。

同じことは、先の、私が自転車に乗ってスーパーに行った例についても言える。あの例において、「右足を動かす」という意図的行為は「ペダルを漕ぐ」という意図的行為として再記述できるし、さらに「自転車に乗る」や「スーパーに行く」、「夕飯を用意する」等々の意図的行為に再記述することができる。この関係性は言い方を換えれば、「スーパーに行ったのは、夕飯を用意しようと思ったからだ」、「自転車に乗ったのは、スーパーに行こうと思ったからだ」、「ペダルを漕いだのは、自転車に乗ろうと思ったからだ」、「右足を動かしたのは、ペダルを漕ごうと思ったからだ」という、行為とその理由の関係性なのである。

以上の事柄に関して、注意すべき点が二つある。一つは、「行為の理由を問い、答える」というコミュニケーションには、直接は意図に言及しない形態もある、ということである。たとえば、「なぜ自転車に乗ったのか?」という問いに対して、私が「歩いて行くにはスーパーは遠いからだ」と答えたとしよう。この場合には、私は意図を直接述べているわけではない。「歩いて行くにはスーパーは遠い」という、私の信念を述べているのである。しかし、意図的に行為したのであれば、当然のことながら、私は何かを意図して自転車に乗っている。たとえば、先の答えに対して、さらにこう問われるかもしれない。「歩いて行くにはスーパーは遠いというだけでは、そこに自転車で行く理由にならない。歩くのが好きで徒歩で行くこともあるかもしれないではないか。もう少し詳しく理由を聞かせてくれ」。――そう言われれば私は、「短時間で楽にスーパーに行こうと思ったからだ」とか、「ともかく自転車で行こうと思ったからだ」という風に、最後には意図を理由として提示するだろう。第1章1-2で確認したように、信念や欲求はそれだけでは行為を成立させる要素として決定的なものではない。というのも、「歩いて行くにはスーパーは遠い」等の信念や「早くスーパーに行きたい」等の欲求をもっていても実際には自転車に乗らないケースというのはいくらでも考えられるからである。しかし、通常は、「なぜそれをしたのか?」という問いに対してそうした信念や欲求が答えとして返ってくれば、質問者はそれで納得する。そうした答えによって示唆される意図――「短時間でスーパーに行こう」等の意図――の存在は、多くの場合聞くまでもないこ

〔20〕 Anscombe, G.E.M., *Intention*, Basil Blackwell, 1979, §5 (p.9).（アンスコム『インテンション』菅豊彦訳、産業図書、一九八四年、第五節（一七頁）。）

とだからである。繰り返すように、意図的行為は（当たり前だが）意図があって成立する。「なぜそれをしたのか？」という問いへの答えとなる決定的な理由として、たとえ実際に語られずとも意図の存在は前提にされているのである。

もう一つ、注意すべきなのは、たとえば「なぜ髪をかきあげたのか？」という問いに対して、「別に理由などない、ただ何となくやっただけだ」と答えるような場合もある、という点である。先にも述べたように、この場合には「髪をかきあげる」という行為は他の意図的行為に再記述することはできない。しかし、だからといって、この行為が意味不明なものであるわけではない。一見すると逆説的だが、行為の理由への問いに対して「理由などなく、ただ何となくやっただけだ」という答えが与えられることによって、まさに有意味な行為として認められることもあるということである。そもそも、「なぜ髪をかきあげたのか？」と尋ねられるのは、そう尋ねる人にとってはなぜ髪をかきあげたのかが意味不明であったり、意味があまり明確でなかった場合である。そして、この問いに対して行為者当人から、「理由などない。ただ何となくやっただけだ」という答えが返ってきたら、問いを発した人は納得するだろう。「そうか、何となく、髪をかきあげようとだけ思って、かきあげたんだ」と、行為の意味が分かるのである。つまりこの場合の「理由がない」というのは、髪をかきあげようと意図すること以上のさらなる理由がない、ということに他ならない。

いま述べたポイントは、次のような理由づけと対比させてみればより明確になる。たとえば、髪をかきあげたN氏に向かって我々が「なぜ髪をかきあげたのか？」と問うたとき、もしもN氏から「ピラミッドに登ろうと思ったからだ」という答えが返ってきたとしたら、我々にはこの答えの意味が理解できないだろう。「髪をかきあげる」という行為は、よっぽど特殊な文脈に置かれない限りは、「ピラミッドに登ろう」という意図によって成立するようなものではない。それゆえ、「ピラミッドに登ろうと思ったから、髪をかきあげた……？　わけが分からない」という風に、我々は途方に暮れてしまう。そして、我々はことによると、N氏は自分で自分が何をやったのか分かっていないと見なすかもしれない。すなわち、N氏はそのとき正常な判断ができない混乱状態にあったのだろうとか、あるいは、N氏は健常な精神状態にないかもしれないとすら解釈するだろう。そしてこの場合、N氏は法的には「心神喪失」などの状態として判定され、「髪をかきあげる」という意図的行為を行ったとすら見なされなくなるだろう。N氏の手や指の動きという出来事が、そもそも意図的行為としての輪郭自体を失ってしまうのである。

このように、意図的行為というものは、「別に理由はなく、ただ何となくやっただけ」という説明も含めて、「なぜそれをしたのか？」という問いに対して何らかの適切な説明が与えられうる場合に、それとして理解可能なものとなる。アンスコムの言い方を用いるなら、「なぜそれをしたのか？」という問いが受け入れられるもの――この問いがきちんと機能するもの――が意図的行為なのである。

そして、忘れてはならないのは、「理由なく」とか「ただ何となく」というのが理由への問いに対する応答として適切であるような行為、すなわち、当該の行為をしようという意図以上のさらなる理由がない行為というのは、とても限られているということである。たとえば、ある人が本当に何の理由もなく自転車に乗ったのであれば、その人はまさに「心ここにあらず」という状態でさまよっていたのだと解釈されるだろう。すなわち、どこそこに行こうという行き先も全くなく、「運動をしよう」、「気分転換をしよう」、「暇を潰そう」、「散歩をしよう」、「楽しもう」といった意図すら一切なく、ただ自転車に乗るためだけに自転車に乗るというのは、我々にはそう簡単には理解できないことだろう。言い換えれば、髪をかきあげたり貧乏揺すりをしたりといった若干のシンプルな身体動作を除けば、大半の行為にはそれをする理由をまず見出せるということである。さらに、これも2－1－4で述べたように、そうしたシンプルな身体動作であっても理由は存在しうる。たとえば髪をかきあげたのは、髪が目に入らないようにしようと思ったからかもしれない。また、たとえコーヒーを毎朝飲むことが習慣化していて、まさに癖になっている人がいたとしても、その行為をしたのは「喉を潤そうと思ったから」だったり、「頭をすっきりさせようと思ったから」だったり、「コーヒーの香りを楽しもうと思ったから」だった、とも言えるだろう。そうである限り、その「コーヒーを飲む」という行為は、「喉を潤す」という行為や「頭をすっきりさせる」という行為、あるいは「コーヒーの香りを楽しむ」という行為などとして再記述することが可能なのである。

2－3－2　寛容の原則

いま確認したのは以下のことである。

（1）「なぜそれをしたのか？」という理由への問いに対する答えとして示される意図は、当該の意図的行為を再記述する際の内容となる。

（2）若干の意図的行為は、理由への問いに対して「理由などない」と答えることが説明になりうる。すなわち、「髪をかきあげたのは、ただ何となく、髪をかきあげようと意図したからであって、それ以外の何も意図していなかった」という説明でも、行為を意味あるもの（理解可能なもの）としうる。しかし、他の大半の意図的行為は、何らかの理由が提示されうること——当該の行為をしようという意図以上のさらなる意図が提示されうること——によって意味あるものとなる。

さて、以上の論点によって何が見えてくるのだろうか。

先ほどすでに簡単に触れたことだが、我々がある行為について理由を問うのは、その行為の意味が分からないから――あるいは、意味をもっと明確にしたいから――である。実際、我々は頻繁に「なぜそれをしたのか？」と尋ねる。それは日常においてありふれたコミュニケーションだろう。つまり、他人の行為の意味はしばしば不明だったり不明瞭だったりするものなのである。そして我々は、基本的に行為者当人に理由を尋ねる。大抵の行為に関して、なぜそれをしたのか知っているのは、まさにそれをした当人だと見なしているのである。もちろん、当人が行為の理由を知らず、当人以外が行為の理由を認定するようなケースも存在する。たとえば、ある女性に授業のノートを貸してあげたのは親切心からだと行為者当人は思っているが、それ以外の人々は皆、「彼は、彼女のことが好きだから貸したのだ。彼はまだ自分の恋心に気づいていないのだ」と認定する、といったケースはあるだろう。しかし、こうしたケースはあくまでも例外的なものでなければならない。なぜなら、例外的でなければ、そもそもその人の精神が健常な状態にあると見なせなくなってしまうからである。たとえば、自分がなぜ手をあげたのかを他人に教えてもらってはじめて理解するとか、なぜいまスーパーにいるのか全く分からないといったことがたびたびあるような人は、相当深刻な精神上の問題があると見なされるだろう。つまり、「行為者当人は基本的に行為の理由を知っている」というのは、単なる事実の問題ではなく、その人をまさに行為者として認め、その行為を意味あるものとして認めるためのそもそもの条件なのである。その人はたまにはおかしなことをするけれども、基本的に、自分がする行為の意味（理由、意図）をちゃんと分かっているのだ、という、ある意味でその人に対する寛容さを働かせている限り、我々はその人を精神的に健常な人物と見なしている。逆に言えば、そうした「寛容さ」を働かせないのというのは、その人は理解可能な人物ではない――健常な精神状態にない――と認定することに等しいのである。

以上のポイントを、デイヴィドソンは**寛容の原則**（principle of charity）と名づけ、「寛容さは我々に強いられている」[21]という言い方で表現している。つまり、ここで言う「寛容さ」というのは、ある人を理解可能な人物と見なそうとするならば絶対に採用しなければならない最低限の原則であり、自由に取捨選択できるようなオプションなのではない。「その人は自分でもわけが分からず勝手に身体が動いたのではなく、ちゃんと意味（理由）があって、意図的に行為したのだ」という「寛容さ」を基本的に発揮することが、その人を行為者として理解するためのそもそもの条件を構成するのである。

たとえば、「ピラミッドに登ろうと思ったから、髪をかきあげた」と言う人がいても、その人が自分の知り合いであるなどして、理解可能な人物だと見なしているなら、我々は「その人は意図的に意味不明なことを言って我々をからかっているんだ」と解釈するかもしれない。あるいは、何か本当に意味のあることを言っているのだろうと思って、「なぜ、髪をかきあげることがピラミッドに登ることに繋がるの？」という風に、さらに二度三度質問を重ねるかもしれない。そうすると、その人からたとえば、「自分はいつもピラミッドに登る前に髪をかきあげることにしているんだ。それが、無事にピラミッドに登りきるための自分なりの儀式、ジンクスなんだよ」という答えが返ってくるかもしれない。そして我々は、この答えに納得するかもしれない。いずれにせよ、我々はこうした場合には、この人は混乱状態にあるなどと即断せずに、冗談と解釈したり、もう少し詳しく話を聞こうと努力するなどして、まさに「寛容さ」を働かせているのである。

2-3-3 観察と解釈によらない知識

この「寛容の原則」のポイントは、「発話」という行為を考えてみれば、よりはっきりするだろう。たとえば自分でもよく分からない言葉を口走るということはたまに起こりうるが、しかし、そうしたことがもし頻繁に起こるのだとすると、その人にはかなり重度の統合失調症などの精神疾患が帰属されることになるだろう。逆に言えば、我々は、話し手（発話行為の行為者当人）が健常な精神状態にあると見なしている限り、「話し手は、その言葉で何を意味していたのか（何を意図して言ったのか）を大抵の場合ちゃんと自分で知っている」と推定しているのである。ひとつ例を挙げておこう。たとえばN氏が自宅に友人を招いたとしよう。三時間ほどたっぷり飲み食いし、お互いに「もう何も口に入らないね」などと確認し合っている。そんな中、N氏が突然「お茶漬けでも食べる？」と言ってきたとする。友人はびっくりして、思わず「なぜそんなこと言うの？」と尋ねる。するとN氏は、「そろそろ帰ってもらおうと思って……。京都では、長居している人に帰ることを促すときにお茶漬けを勧めるらしいから」と答える。友人は憮然としつつ、ああそういうことかと納得する。——この例において、友人がN氏の発話行為に対して理由を尋ねたのは、N氏は理解可能な人物であり、そうそう意味不明なことを口走ることはない——発話した言葉で何を意味していたのかを知っている——という「寛容さ」を働かせたからなのである。

そして、ここからが肝心な点なのだが、「話し手は自分の言葉で何を意味していたのかを知っている」というのは、まずもって、「話し手は、聞き手と同様に、発話の後に、その言葉で何を意味しているのかを理解する」ということではない。もちろん、ときに我々は、「あれ、いま何の話していたっけ？　私はいま何て言った？」と他人に聞くようなこともあるだろう。しかし、そうしたケースはあくまでも限られたものでなければならない。というのも、もしいつも話し手が発話の後にその言葉の意味を理解しているのだとしたら、話し手はいつも、まず自分にとっても意味不明なノイズを発し、後になってからそのノイ

［21］ドナルド・デイヴィドソン「概念枠という考えそのものについて」植木哲也訳、『真理と解釈』勁草書房、一九九一年、二一〇頁。

ズを意味ある言葉として理解していることになってしまうからである。それは言い換えれば、我々はいつも発話中の段階では健常でない精神状態にあると想定することに他ならない。

しかし、かといって、「話し手は自分の言葉で何を意味していたのかを知っている」というのは、「話し手は、発話の前に、これから自分がどのような言葉を発するかを意識している」ということでもない。まず、我々が多くの場合、事前に内語（口に出さずにつぶやくこと）やイメージを通して言葉を組み立ててからそれを発話するのではなく、いわば直に発話していることは明らかである。友人と楽しくおしゃべりをしている様子を思い起こしてみよう。自然で滑らかな会話であればあるほど、我々は自分がこれから発する言葉について事前に意識などしていない。さらに、事前に内語やイメージによって意識的に言葉を組み立てているケースであっても、内語すること自体がひとつの行為であるということを忘れてはならない（第1章1－3－1参照）。実際に口に出す発話行為と異なり、内語された言葉を当人以外が聞くことはできない。しかし、その場合でも当人は、内語した当人は、内語の前に、これから自分がどのような言葉を内語するのかを意識している」ということではない。というのも、内語する前にその内容を意識しているというのはどういうことだろうか。「内語の内語」のようなことをしているのだろうか。もしもそうだとしたら、「内語の内語」という行為は事前にどう意識しているのだろうか。「内語の内語の内語」のようなものがあるのだろうか。以下、きりがない。――つまり、たとえば「お茶漬けでも食べる？」と実際に発話する前に、〈お茶漬けでも食べる？〉と内語するという別の行為をしているとしても、その内語の内容をあらかじめ内語している（内語の内語をしている）とすると、以下無限後退に陥ってしまう。したがって究極的には、発話行為ないし内語行為の前にその内容についての意識が先立っていると言うことはできないのである。

これはどういうことだろうか。（1）話し手は語った後に自分の言葉の意味を知るわけではないし、かといって、（2）語る前（あるいは内語する前）に意識的に言葉を組み立てていたわけではない。そして、にもかかわらず、（3）話し手は基本的に、自分の発した（内語した）言葉の意味をあらかじめ知っている（すなわち、話し手はまず意味不明なノイズを発声したり内語したりすることから始めたのではない）。そう推定しない限り、話し手を理解可能な人物と見なすことはできないし、話し手の発する音声を意味ある言葉と見なすことはできないのである。——これは一見するとパラドックスのようにも見える。

ここで最も重要なことは、行為を成立させる心の働きを「自分の身体の中で起こっている隠された現象」とか「自分の脳内で生じている活動」として見る考え方から離れることである。この考え方と徹底的に手を切らない限り、このパラドックスを解消することは決してできない。もし、（1）〜（3）の中に矛盾があるように見えるとすれば、「意識していること（および、それに対応する脳の活動）」と「知っていること」とを同一視しているからである。なぜ、自分であらかじめ意識していなかったのに、あらかじめ知っていることになるのだ、と。しかし、この二つは同じことではないのである。発話した言葉の意味を話し手が「あらかじめ知っている」というのは、話し手を理解可能な人物と見なすために、聞き手がそう回顧することを離れてはありえない。言い換えれば、発話の後に聞き手がそれを振り返り、話し手に帰属させているものが、ここで言う「知っている」という心の働きなのであって、それは「話し手の身体の中で何が起こっていたのか」「話し手の脳内のどの部位が興奮していたのか」ということとは関係がないのである。[22]

以上の論点を踏まえて、先の（1）〜（3）の流れをもっと解きほぐしてみよう。まず（1）は、もう

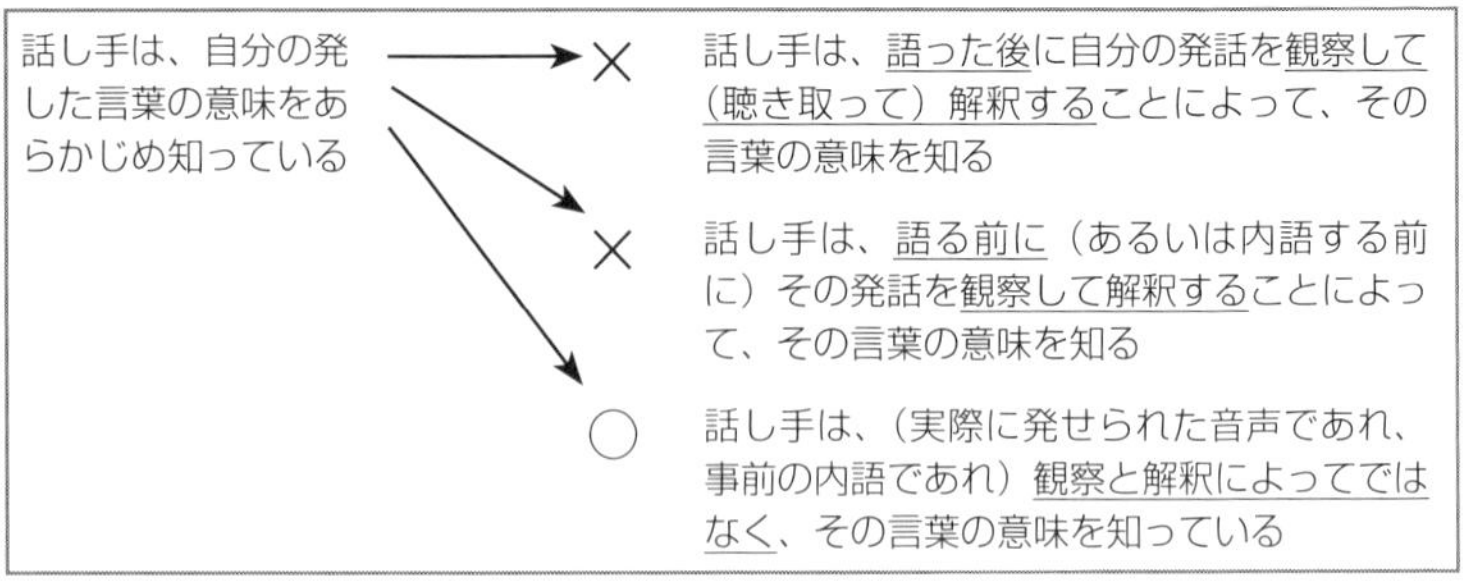
話し手は、自分の発した言葉の意味をあらかじめ知っている
×
話し手は、語った後に自分の発話を観察して（聴き取って）解釈することによって、その言葉の意味を知る
×
話し手は、語る前に（あるいは内語する前に）その発話を観察して解釈することによって、その言葉の意味を知る
○
話し手は、（実際に発せられた音声であれ、事前の内語であれ）観察と解釈によってではなく、その言葉の意味を知っている

少し詳しく言い直すならば、「話し手は、語った後に自分が発した音声を観察し（聴き取り）、その音声を解釈することによって自分の言葉の意味を知るわけではない」と聞き手が推定することである。また、（2）も、「話し手は、語る前（あるいは内語する前）に発話の内容（あるいは内語の内容）を観察して解釈することによって自分の言葉の意味を知るわけではない」と聞き手が推定することである。そして、逆に（3）は、「話し手は基本的に、（実際に発せられた音声であれ内語であれ）観察して解釈することによってではなく、自分の言葉の意味を知っている」と聞き手が推定することを指している。それゆえ、ここで言う「あらかじめ知っている」というのは、言い方を換えれば、「観察と解釈によらずに知っている」ということを意味するのである。[23]

2-3-4　心をめぐる一人称権威の由来

以上の議論が、前節（2-2）で確認した「心をめぐっては一人称権威という自他の非対称性が存在する」という大前提を、「隠蔽説」とは異なる仕方で説明するものになっていることに注目してほしい。相手がじゃんけんでグーを出そうと思っているかチョキを出そうと思っているかは、表情や言動などの観察可能な手掛かりから推測できる場合はあるが、完全に知ることはできない。その原因を「隠蔽説」は、心が身体内に隠されたモノだからだと説明する。特に物的一元論は、心の働きとは脳の働きに他ならないとし、一人称権威の由来を、「脳が頭蓋骨の内部に隠されている上に、頭蓋骨を開けて脳自体を眺めてもそれだけでは内部の活動を観察できない」という点に求める。それゆえ、fMRIやEEG（あるいは、将来開発されるであろうもっと精密な観察装置）によって脳の働きを常時隈《くま》なく観察できるようになれば、一人称は権威を失い、心をめぐる自他の非対称性は文字通り消滅すると主張する。たとえば、自動車という機械がなぜ走るかは外見だけ観察しても分からないが、ボンネットを開けて中のエンジン等の仕組みをよく観察して分析すれば、最終的には分かるだろう。これと全く同様に、頭蓋骨の内部に隠された脳の働きを十分に観察して分析することができれば、我々が意図的に手をあげたり足をさげたりするに至るプロセスの本当の正体を明らかにすることができると、物的一元論者は主張するのである。つまり、物的一元論をはじめとする「隠蔽説」に従うなら、たまたま現在は一人称権威が存在する、ということになるのである。

しかし、心をめぐる自他の非対称性は、そのように心の働きが行為者当人の身体内に隠されているから

[22] なお、ある人が内語だけして、その内容を口に出さなかった場合には、その人は「話し手」ではない。つまり、誰にも気づかれずに内語行為を行った行為者にすぎない。もっとも、この行為者が後になって、「あの時、口には出さなかったけど、あの人に対してこういう悪口を言っていたんだよね」と報告したとしたら、その報告の聞き手は基本的に、「相手はあの時内語した言葉の意味をあらかじめ知っていた」と見なすことになる。

[23] 以上の、行為者当人が自分の意図や信念に関してもっている知識は「観察と解釈によらない知識」である、という特徴づけは、アンスコムの議論に馴染んでいる人なら容易に想像がつくように、彼女の「観察によらない知識（knowledge without observation）」にまつわる議論（G・E・M・アンスコム『インテンション』菅豊彦訳、産業図書、一九八四年、第八節（二五頁））を踏まえている。しかし、彼女の言う「観察」とは具体的に何なのか、たとえばデイヴィドソンの言う「解釈」を含意するかどうかといった点は、判然としない。

生じているのではない。言い換えれば、脳の場所や構造といった、たまたまの事実のことを指すのではない。そうではなく、行為者当人は基本的に自分がした行為の意味（理由、意図）を観察と解釈によらずに知っている一方で、それ以外の人々は、行為者の表情や身振り、声などを観察し、それを解釈することによって知るということが、非対称性の中身なのである。そしてこの非対称性は、出来事を行為として、人を行為者として理解するためのそもそもの条件に由来する。すなわち、人を精神的に健常な人物と見なすためには、その人が基本的に自分のした行為の意図を観察と解釈によらずに知っていると推定することが不可欠だ、という点に由来している。言い換えるなら、行為者である以上、おおよそ自分の行為の意図を知っているのでなければならない、ということである。一人称権威は、そのようにいわば論理的に要請されているのであって、それゆえ消滅することはありえないのである。

2-3-5　コミュニケーションにおいてある心

ここまでの議論で、心をめぐって一人称権威が存在することが、心が身体内に隠されたモノであることを意味するのではなく、行為者とそれ以外の人がそれぞれもつ知識の種類の違いを意味することが明らかになった。身体内には何も隠されていない――そう言ってもいい。そして、行為者がみずからのした行為の意図を観察によらずに知っているというのは、「なぜそれをしたのか？」と問う他人によって推定されていることだという点も確認した。このことは、ある可能性に目を向かわせる。すなわち、心が身体内のモノとしてではなく、別様に特徴づけられる可能性である。

意図するということそれ自体は、脳であれ心臓であれ、あるいは霊魂であれ、「これ」や「あれ」など と指し示される対象（＝モノ）の働き――行為の前に行為者の身体の内部で起こっている、隠された物理的ないし非物理的な現象――などではない。では、意図とは何だろうか。少なくとも言えることは、意図の内容が示されるのは大抵の場合、理由への問いに答えて行為者当人が語ることによる、ということである。たとえば、「なぜ自転車に乗ったのか?」と問い、「スーパーに行こうと思ったからだ」などと答えるというコミュニケーションの中で、「意図する」という心の働きがはじめて語られる。そうであるならば、この心の働きは根本的にコミュニケーションにおいてある――理由への問いと応答の中で輪郭づけられる――のであって、そうしたコミュニケーションから離れて「脳」や「霊魂」といったモノの働きとして自立的に存在するのではない。そう言えるのではないだろうか。

このアイディアに対しては、いくつかの角度から疑問や反論が寄せられるだろう。ここではまず、比較的回答することが容易な疑問をひとつ取りあげておくことにしたい。それは、「『なぜそれをしたのか?』と問われることがなく、行為の理由をめぐるコミュニケーションが行われないケースもあるではないか? その場合には行為を成立させる心の働きは存在しないことになるのか?」という疑問である。これに対しては、本質的なのは行為者とそれ以外の人との間で実際にコミュニケーションが交わされるかどうかではなく、そうしたコミュニケーションが可能かどうかだ、と答えることができる。当然のことながら、「なぜそれをしたのか?」と実際に問われない行為はたくさん存在する。たとえば我々は、ざる蕎麦を一枚おかわりする人を呼びとめて、「なぜおかわりするんだ?」と尋ねることはまずないだろう。しかし、それが意図的行為と見なされている限り、もしも理由を尋ねられたらその人は即座に（観察と解釈によらずに）理由を答えることができる、ということが前提されている。実際その人は、もし理由を問われたら、「まだお腹が減っているからだ」とか、「お腹を満たそうと思ったからだ」といった理由を、即座に答えることができるだろう。そしてこの推定は、「もしあと三枚ざる蕎麦をもって来られても、その人はすべて平らげることができるだろう」というような、いわば事実に関する予測とは根本的に性質の異なるものである。繰り返すように、その人が健常な精神状態にあるのなら、大抵の行為に関してそれをした理由（意図）を即座に答えられねばならない。これはその人を理解可能な人物と見なすために論理的に要請される条件なのであり、むしろ事実がこの要請に従う必要があるのである。

アンスコムの周到な定義を思い出そう。意図的行為とは、「なぜそれをしたのか？」という問いに実際に答えが与えられる行為のことではなく、その問いが受け入れられるような行為のことである。現実に理由を問われるかどうかはともかく、その問いに答える用意ができていることが肝心なのである。

2－3－6　「理由への問いと応答」図式の利点

以上の議論は、「すでに為された行為の理由への問いと応答」という観点から、行為やそれを成立させる意図や信念を輪郭づけるものである。この説明が、物質間の因果連鎖の一環として行為を輪郭づける物的一元論の図式とかけ離れていることは言うを俟《ま》たない。

物的一元論の図式においては、たとえば「手をあげる」という行為は、「身体の外からの何らかの刺激が感覚神経を通じて脳の特定の神経細胞ネットワークを興奮させ、それによって一定の情報処理が脳内で行われた後、その情報処理の出力が今度は運動神経を通って腕の各部の筋細胞に伝わり、筋肉が収縮すること」として説明される。このとき、意図や信念といった心の働きは、右の一連の因果連鎖のうち脳の活動にあたる部分に置き換えられることになる。

これに対して、「理由への問いと応答」図式においては、「手をあげればタクシーが止まると信じていて、そのときタクシーを止めようと意図したから、手をあげた」という風に、すでに為された行為の理由を説

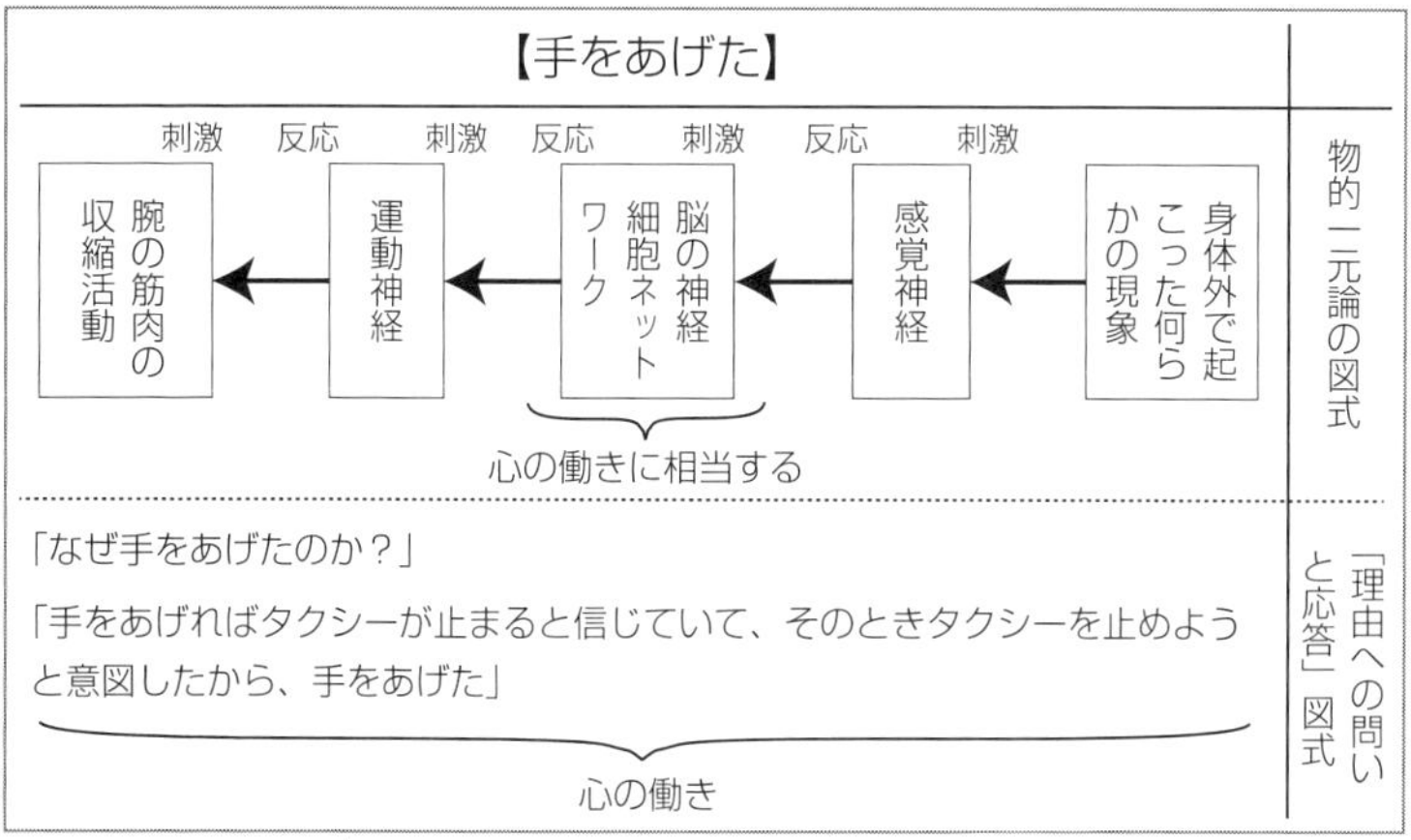

明する際に語られるものとして、意図や信念などが特徴づけられるのである。

　このように「理由への問いと応答」図式において輪郭づけられる意図と、それと連動して輪郭づけられる信念には、非常に大きな強みがある。このことをまず確認しよう。

　その強みとは、２－１で列挙した意図や信念の特徴をすべて、余すことなく説明できるということである。まず、「意図することや信じることには、自覚的な意識が伴われる必要がない」という特徴について言えば、「理由への問いと応答」図式において意図や信念は、まさに行為の後に「…しようと思ったから」、「…だと信じていたから」というかたちで語られうるものであり、行為の前にそうした意図や信念を自覚する必要性はないことになる。それゆえ、「自覚的な意識が伴われる必要がない」という特徴とぴったり符合するのである。

　また、「始まりの瞬間が問題にならない」という特徴も、「理由への問いと応答」図式と合致している。行為の理由が問われるとき、いつ頃意図し始めたのかも問われることはあるだろうが、何秒とか零コンマ何秒という始まりの瞬間が問われることはないだろう。そうした瞬間は、文字通り問題にされないのである。たとえば、学級委員に立候補した理由を尋ねられ、さらにいつ頃から学級委員になろうと思い始めたのかと聞かれることもあるだろうが、しかし、「それはいつ？　何時何分何秒？」と聞くのはせいぜい小学生くらいであり、そしてその小学生もいじわるや冗談のつもりで言っているにすぎない。つまり、その子も、この問いに答えることが到底不可能であり、意味のない問いであることを知っているのである。

それから、「極めて長時間持続しうる」という意図や信念の特徴も、「理由への問いと応答」図式で容易に説明することができる。埋蔵金があると信じ、埋蔵金を発掘しようと一生意図し続けている人の頭の中で、同じ脳状態がずっと続いていると考えるのは明らかに無理がある。しかし、「あなたはいま埋蔵金があると信じていますか？」とか「いまも埋蔵金を発掘しようという意志をもっていますか？」などと聞かれれば、いつでも――つまり、一生の間ずっと――彼は「そうだ」と答えられるだろう。土を掘り進めているときに「なぜ土を掘っているのですか？」と聞かれれば、いつでも、「埋蔵金を発掘しようと思っているからだ」とか「埋蔵金があると信じているからだ」などと答えられるだろう。その意味で、彼は一生の間ずっと、「なぜ？」という問いに対して意図や信念を用いて答える準備ができているのである。

「理由への問いと応答」図式によって説明が可能になるのは、残る「意図の再記述可能性」や「信念の多数性」についても同様である。「自転車に乗ろう」という意図を「スーパーに行こう」や「夕飯を用意しよう」という意図によって再記述することができるのは、すでに確認したように、「なぜ、自転車に乗ろうと意図したのか？」という問いに対して「スーパーに行こうと思ったから」とか「夕飯を用意しようと思ったから」という理由を提示できる場合に他ならない。そして、そうした理由の提示は行為の後に為されるのだから、理由づけの仕方によって無数に再記述が可能であるのは不思議でも何でもない。それから、個々の意図の背景となる信念は多数あり、やろうと思えば際限なく挙げ続けることができるという点も、「スーパーに駐輪スペースがあると思ったから、自転車で行った」とか、「スーパーまでは歩くには遠いと思ったから、自転車で行った」という風に、行為後に理由として提示される信念のバリエーションとして捉えることができるのである。

さらに、この捉え方の利点として、我々が行為する前にもつべき信念が文字通り無限個まで膨張してしまうという、いわば「信念のインフレ」を防げることが挙げられる。2-1-5ですでに見たように、たとえば私が自転車に乗ろうと意図するために必要な信念を挙げていこうとすれば、「タイヤはパンクしていない」、「チェーンは切れていない」、「ブレーキは壊れていない」、「ペダルを漕ぐとホイールが回る」、「ブレーキレバーを握るとブレーキがかかる」、「自転車のフレームは乗っても壊れないくらい丈夫だ」、「フレームは飴でできているのではない」、「ホイールのスポークは乾燥したスパゲッティではない」などなど、まさにきりがない。しかし、「理由への問いと応答」図式の中で信念を輪郭づけるなら、問いと応答の中で語られるもの――あるいは、語られるまでもないもの――がまさに行為者が「信じていたこと」の中身となるのだから、それ以外にも行為者が無数の信念をもっていたと想定することは意味を成さないことになる。むしろ、私が「ホイールのスポークは乾燥したスパゲッティではないと信じていたから、自転車に乗った」などと説明しても、にわかにはその意味が分からないだろう。冗談を言っていると思われたり、「君は一体何を言っているんだ、もう少し説明してくれ」と言われたり、あるいは、正気かどうか心配されたりするかもしれない。同様に、「君が自転車に乗ったとき、ホイールのスポークは乾燥したスパゲッティではないと信じていたよね?」とか、「フレームは飴でできているのではないとも信じていたよね?」等々、延々と手当たり次第に信念の有無を聞いてくる人がもしいたとしたら、私は「まあね、そうだね」と肯定する以前に、「なんでそんなことを聞くんだ？　どんな意味があるんだ？」と聞き返すだろう。あるいは、単に自分はからかわれているのだと思ったり、ひょっとしたらこの人は正気でないのかもしれないと心配になったりするだろう。

とはいえ、「ホイールのスポークは乾燥したスパゲッティではない」という信念をもつことが意味を成す文脈を想定することは、可能と言えば可能である。たとえば、いたずら小僧が近所に住んでいて、たびたびスポークをスパゲッティに取り替えていたとしよう。ある日、私はついに犯行現場を押さえ、その子どもをこっぴどく叱りつける。子どもはとても反省し、もう二度とやらないと約束する。それゆえ私は、もうスポークがスパゲッティになっていることはないと、安心して自転車に乗るようになる。——逆に言えば、こうした特定の文脈なしには、自転車に乗ろうという意図の背景として「ホイールのスポークは乾燥したスパゲッティではない」という信念を私がもっていた、とするのは意味不明だということである。

ここで、行為を成立させることに関わる信念というものを、二種類に大別して示すことができるだろう。

（1）当然知っておくべきという意味で、有無が問われるまでもないもの。たとえばブレーキレバーを握るとブレーキがかかることを知っていなければ、そもそも自転車には乗れないのであるから、そうしたことを知っていたか（信じていたか）ということは普通は聞かれもしない。つまり、自転車に乗れる以上はそうした知識（信念）は当然もっていると見なされているのである。

（2）行為の理由が問われている状況において、質問者が知らないか、確信をもっていないだろうと行為者が想定するもの。たとえば、友人から「なぜ自転車に乗っているの？」と聞かれたとき、私が「歩くには家からスーパーまで遠いからだよ」と答えたとする。私がこの「歩くには家からスーパーまで遠い」という信念を語ったのは、そのことを友人が知らないか、あるいは行為の要因であるかどうか確信をもっていないだろうと考えたためである。

2-4　行為の理由と原因

　さて、ともあれ以上の議論によって、「理由への問いと応答」図式において輪郭づけられる意図や信念が、2-1で列挙した意図や信念の特徴すべてに適合するものであることが確かめられた。

　しかし、この図式に対しては、ある大きな疑問が考えられるだろう。それは、「すでに為された行為を回顧することによって意図や信念を輪郭づけるというのは、つまりは後づけでそうした心の働きをでっちあげているというだけなのではないか」というものである。本節ではこの疑問を検討することにしよう。

2-4-1　意図や信念とは虚構なのか

「理由への問いと応答」図式においては、行為を成立させる意図や信念という心の働きは、行為の後に行為者当人とそれ以外の人々との間で交わされるコミュニケーションの中で――あるいは、ときに行為者当人の自問自答の中で――輪郭づけられる。しかし、それは結局のところ、行為の後になって、ありもしない心の働きを創作しているにすぎないのではないか。

　たとえばアンスコムがこの点についてどう考えていたかは、どうも判然としない。しかし、「理由への問いと応答」図式を採用する論者の多くは、意図や信念を一種の虚構の存在として考えている。ひとつ引用してみよう。

……理由過程は無時間的である。理由過程は、行為に時間的に先立って遂行される内的過程ではない。すなわち、理由過程は行為の「原因」ではない。理由過程において導出した理由が行為の「理由」となる。この理由過程は、行為後に、過去に遡って、行為において遂行されていた過程として構成される。[24]

ここでは、理由過程、すなわち、行為の後に「なぜそれをしたのか」を回顧して特定の意図や信念を取り出す過程は、そうした意図や信念が「構成される」過程だと言われる。つまり、この過程で輪郭づけられる心の働きは、実際には行為に時間的に先立つ行為の原因ではなく、むしろ時間の中に位置をもたない、というわけである。こうした見方に従うなら、すでに為された行為を振り返ることは、その行為をめぐる本当の状況を再現することではなく、行為者の意図をそこではじめて創作すること——「意図」なる虚構の存在をでっちあげること——ということになる。

こうした見方は、言い方を換えれば、人が回顧することによって事後的に意味が付与される前の、いわば剥き出しの「生《なま》の過程」——あるいは、行為に至る物語として組み立てられることを待つ「行為の素材」とでも言った方がよいだろうか——が存在すると、積極的に主張するものである。事後的に取り出される意図や信念は行為に時間的に先立つのではなく、むしろ無時間的なものである一方で、人間が虚構の物語を編む前の「生《なま》の過程」ないし「行為の素材」の方は時間の流れの中に位置づく——そう考えられているわけである。

2-4-2 我々の知る過去はすべて回顧されたものである

このように、行為を成立させる意図や信念といった心の働きを「虚構の存在」として捉え、その背後に人間の作為が介在しない「生《なま》の過程」を想定する見方は、自然科学が前提とする時間観と共通していると言える。すなわち、「人間が回顧しようがしまいが関係なく、人類が生まれる遙か以前の無限の過去から無限の未来まで、延々と物質間の因果連鎖が続いていくこと」として時間というものを捉える見方である。この時間観に従うなら、たとえば「手をあげようと思ったから、手をあげた」というのは時間の中に位置づかない虚構の物語であり、本当に起こっていたのは、「身体の外からの何らかの刺激が感覚神経を通じて脳の特定の神経細胞ネットワークを興奮させ、それによって一定の情報処理が脳内で行われた後、その情報処理の出力が今度は運動神経を通って腕の各部の筋細胞に伝わり、筋肉が収縮した一連の因果連鎖」だということになる。

　しかし、こうした物質間の因果連鎖も我々がいま語っていることである、ということを忘れてはならない。物質間の因果連鎖は、我々が回顧する過去の背後にある唯一の実在（「生《なま》の過程」ないし「行為の素材」）などではなく、世界に対する語り方のひとつにすぎない。それは、意図することや信じることといった心の働きのない世界であるが、その心なき機械仕掛け《メカニズム》の世界――物質間の因果連鎖として語られる世界――の方が本当の世界である、というのはどこからも帰結しない。なるほど、科学によるそうした世界の語り方は、様々な方面で非常に役に立つことは確かである。金環日食が起こる時間と場所を正確に予測することができるのも、また、肘や肩の故障を治療して手をあげられるようにできるのも、天体の運動や身体の働きを機械仕掛けとして捉えることによってである。しかし、「役に立つこと」は「唯一正しいこと、それだけが本当であること」を意味するわけではない。（むしろ、役に立つが本当ではないような事柄

［24］　瀧川裕英『責任の意味と制度――負担から応答へ』勁草書房、二〇〇三年、一〇四頁。

や、あるいは、本当であるが役に立たないような事柄を、我々は無数に挙げることができるだろう。）

意図や信念は虚構の存在であるという見解は、おそらく、「行為の後につくられたものがその行為の実際の原因になるなどいうことはありえない」という、それ自体は馬鹿馬鹿しいほど当たり前の事実に依拠していると言えるだろう。たとえば、大学に入った後に研究者になることに決めても、研究者になろうと思ったから大学に入ったことになるわけがない。これと同様に、「大学に入ったのは、研究者になろうと思ったからだ」と事後的に回顧するとしても、実際に研究者になろうと意図することによって大学に入ったことになるわけがない、と。

ここには、基本的かつ重大な混乱がある。行為後に行為前の状況について回顧することは、行為前の状況をつくること――創作すること、でっちあげること――だとは限らない。なぜなら、我々の知る過去はすべて回顧されたものだからである。我々は皆、例外なく、いまこの現在に生きている。誰も、過去にタイムスリップして過去の出来事について現在進行形で語ることはできない。いま・ここから、あらゆる過去の出来事が振り返られ、語られるのである。

もちろん、ありもしない過去が捏造されることもある。たとえば、妻を包丁で刺した夫が、「殺そうなんて思っていなかった、料理中につまずいて偶然刺してしまっただけだ」と言うとしよう。そしてその後、妻への恨みつらみを書いた夫の日記が発見されたり、夫が妻に多額の保険金をかけていたことが発覚したり、友人に「妻を殺してやりたい、近いうちに決行するつもりだ」と漏らしていたことが分かったりしたとする。この場合はおそらく、夫は過去を捏造した――つまり嘘をついた――のであり、本当の過去とは、怨恨と保険金目当ての、夫による妻の殺人（あるいは殺人未遂）だったと、裁判官らによって判定されるだろう。しかしこの場合も、過去が回顧されるものであることに何ら変わりはない。行為者が健常な精神状態にあり、しかも自分の意図に関して嘘をついていると見なされるとき、裁判官などの他人は、物証や証言などのいまある手掛かりに基づいて、行為者に代って本当の意図がどのようなものであったかを回顧するのである。

しかも、たとえ我々が、夫が妻を刺す前の段階に居合わせることができたとしてみても、「回顧されることによって行為の意図が輪郭づけられる」という構図に変化があるわけではない。たとえば、夫が包丁を手に、殺意をもって妻に近づいているとしよう。しかし、この段階では夫は、殺人罪にも殺人未遂罪にもなりえない。なぜなら、夫はまだ何もしていないからである。どれほど固く決意していようと、刺す直前に彼が思い直して取りやめる可能性は残る。つまり、当たり前の話だが、妻を実際に刺してはじめて──あるいは、実際に刺す動作を誰かに止められたりしてはじめて──夫は殺人ないし殺人未遂という行為を行ったことになるのである。（妻が運よく一命をとりとめたら、夫の行為は「殺人未遂」になるだろうし、命を落としてしまったら、彼は「殺人」という行為を行ったことになるだろう。）第1章1-2-1ですでに確認したことだが、ある行為を成立させた意図をまさにそれとして輪郭づけることができるのは、実際にその行為が成立した後に──あるいは、何らかの外的要因によって行為の遂行が妨げられた後に──、その行為やそこに至る状況を回顧することによってなのである。この点を、よくよく心に留めておこう。

2-4-3　実在論でもなく、反実在論でもなく

ここまで見てきたように、行為の意図や信念を回顧することは「意図」や「信念」なる存在を捏造することだ、という見解は、主に「科学的に記述される物質間の因果連鎖こそが本当の過去の姿なのだ」という思いなしによるものだろう。しかし、繰り返すように、そうした「物質間の因果連鎖」は、過去を回顧

する仕方のひとつ、語り方のひとつにすぎず、他の語り方を「捏造」と貶めるだけの特権的な地位を有するわけではない。

とはいえ、以上のポイントは、「人間によって回顧され、語られる以前には、過去は存在しない」ということを含意するわけではない。ここが、おそらくは一番の注意のしどころである。一方には、「すでに為された行為の意図や信念について回顧することは虚構の物語を編むことであり、回顧される以前に何か（物質間の因果連鎖など）が実際に存在する」という立場がある。この種の立場は、過去に関する**実在論**と呼ばれている。そしてもう一方には、「我々が実際に回顧して語ること以外に過去は存在しない」という立場がある。こちらは逆に、**反実在論**と呼ばれている。（ただし、「実在論」や「反実在論」等々の言葉で表現される事柄は、哲学者によって、また文脈によって、かなりまちまちである。ここで言う「実在論」や「反実在論」は、あくまで右のように特徴づけた素朴な時間観のみを指す、と思ってほしい。）――ともあれ、重要なのは、実在論を否定したからといって反実在論に向かわなければならないわけではない、ということである。

我々がものを考えるときにはしばしば、一方の立場を否定することによって、もう一方の立場を直ちに肯定してしまうことがある。極端から極端に振れ、その揺り戻しを繰り返す傾向があるのである。たとえば、実在論の否定から反実在論に移り、しかしその後で、「我々が実際に回顧すること以外に何も存在しない、と言いきるのはやはり居心地が悪い。どうしても、我々が回顧する前、さらには人類自体が生まれる遥か前から、世界が何らかの有り様をしていたという実感を拭いがたい」と思う人もいるだろう。とはいえ、具体的に人類が生まれる以前の恐竜の生活や地球の誕生について語ることも、まさに過去を回顧して語ることに他ならない。それゆえ、「反実在論は間違っている」という感覚を救うために、「それ自体として語ることはできないが、回顧するように我々に促す『何か』が存在する」という風に、主張が込み入っていくこともある。

たとえば中島義道は、我々の知る過去はすべて我々が回顧したものであるということを認める点で、素朴な実在論は否定している。中島によれば「時間」とは、人間が回顧することとは無関係に永遠に物質間の因果連鎖が続くことではない。そうではなく、「人を殺めてしまった」とか、「ああ、いい湯だった」などと振り返ることにおいてはじめて「過去」なるものが登場し、そして、その「過去」と対比されるものとして、潜在的に「現在」なるものが登場するというのである。つまり、「『過去』という観念が登場してはじめて、われわれはそれとの対応から『現在』という観念を手に入れ、両者の関係においてはじめて『時間』という観念を手に入れる」[25]のだという。そう説明した上で中島は、次のように続けている。

だから、何も想起せずただ漫然と湯に漬かっている場合、すなわち過去を登場させない時、私は同時に現在を開いてはいない。私は時間以前の状態にある。[26]

ここで中島は、人間によって回顧される前の「生《なま》の過程」ないし「行為の素材」として、「時間以前の状態」なるものの存在を積極的に想定している。また彼は、同じものを「時間以前のもの＝X」[27]とも呼んでいる。それが「物質間の因果連鎖」と違うのは、それ自体は絶対に回顧されず、語りえないものだという

［25］中島義道『時間論』ちくま学芸文庫、二〇〇二年、二九頁。
［26］同書、二五頁。
［27］同書、二六頁。

点である。回顧された途端、それは「時間以前のもの＝X」ではなく、まさに過去のものとなり、時間の中に位置づけられることになる。つまり、「物質間の因果連鎖」が世界に対する語り方のひとつであるのに対して、「時間以前のもの＝X」とは、語られる以前の、まだ内容を与えられていない何か――まさに「X」という変項でしか表せないようなもの――ということになる。

以上の想定を踏まえて中島は、行為に関して次のように主張している。

……過去の行為を想起することはそれを再現することではない。むしろ、現在はじめて「過去の自由な行為」という意味を新たに与えることなのである。だが、その意味付与は、あたかも行為者がその過去の時に複数の道を前にして、その一つを選択するかのようなイメージで描くほかはないのである。〔強調は引用者〕[28]

……AとBとの選択肢のうちから彼（女）がAを選んだという図式は、過去の行為状況の再現ではなく、あくまでも行為の後に責任を問う時点で、私がはじめて作りあげたものなのである。〔強調は原著者〕[29]

繰り返すように中島は、「物質間の因果連鎖だけが本当の過去の姿だ」という素朴な実在論を支持しているわけではない。しかし、それでも彼は、「あたかも行為者が、前もって自分の意志で何をするかを選択し、それから実際に行為したかのように、事後的に行為の意味をはじめて作りあげることが、行為を回顧することだ」という主張に帰着している。そして、その主張の屋台骨となっているものこそ、「時間以前のもの＝X」という、人間によって回顧される前の「生の過程」ないし「行為の素材」の想定である。しかし、どうやっても決して語りえないもの、回顧しようと思っても絶対にできないものが実際に存在することを示すのは、それこそ絶対にできない。語りえないものは、当たり前だが語ることはできないし、イメージしようもないものをイメージすることも、思い起こしようもないものを思い起こすこともできない。過去は豊かな景色や音や動きにあふれているが、まさしくそれは、我々が現にそう回顧している過去なのである。

とはいえ、このことによって、再び反実在論へと振れる必要はない。我々の知る過去は常に我々が回顧しているものだからといって、必ずしも、我々が回顧すること以外に過去は存在しないという積極的な主張が導かれるわけでもないのである。過去についてどれだけ深く細かく回顧したとしても、「それ以外のことは過去に何もなかった」と言いきることはできない。たとえば我々は、過去百年間のオリンピックや陸上選手権で百メートル走を最も速く走った歴代の男たちを知っている。しかし、それらの記録や記憶をどれだけ集めても、五〇年前にアマゾンの奥地で百メートルを九秒五で走ることのできた男がいた可能性を否定することはできない。「我々が回顧すること以外に過去は存在しない」ということを証明するのは、まさに不可能な証明、「悪魔の証明」なのである。

結局のところ、実在論も反実在論も、個々人の実感（直観）を反映したものと言えるだろう。科学的な世界描写や、人間に決して語られることのない隠された過去といったものにリアリティを感じる人は、実在論に共感し、そちらの方が正しいと主張するかもしれない。（そして、多数派を形成しているのは、明らかにこちらである。我々の多くは、まだ回顧されていない過去というものが存在することを強く予感しなが

[28]　同書、一七八頁。
[29]　同書、一八二頁。

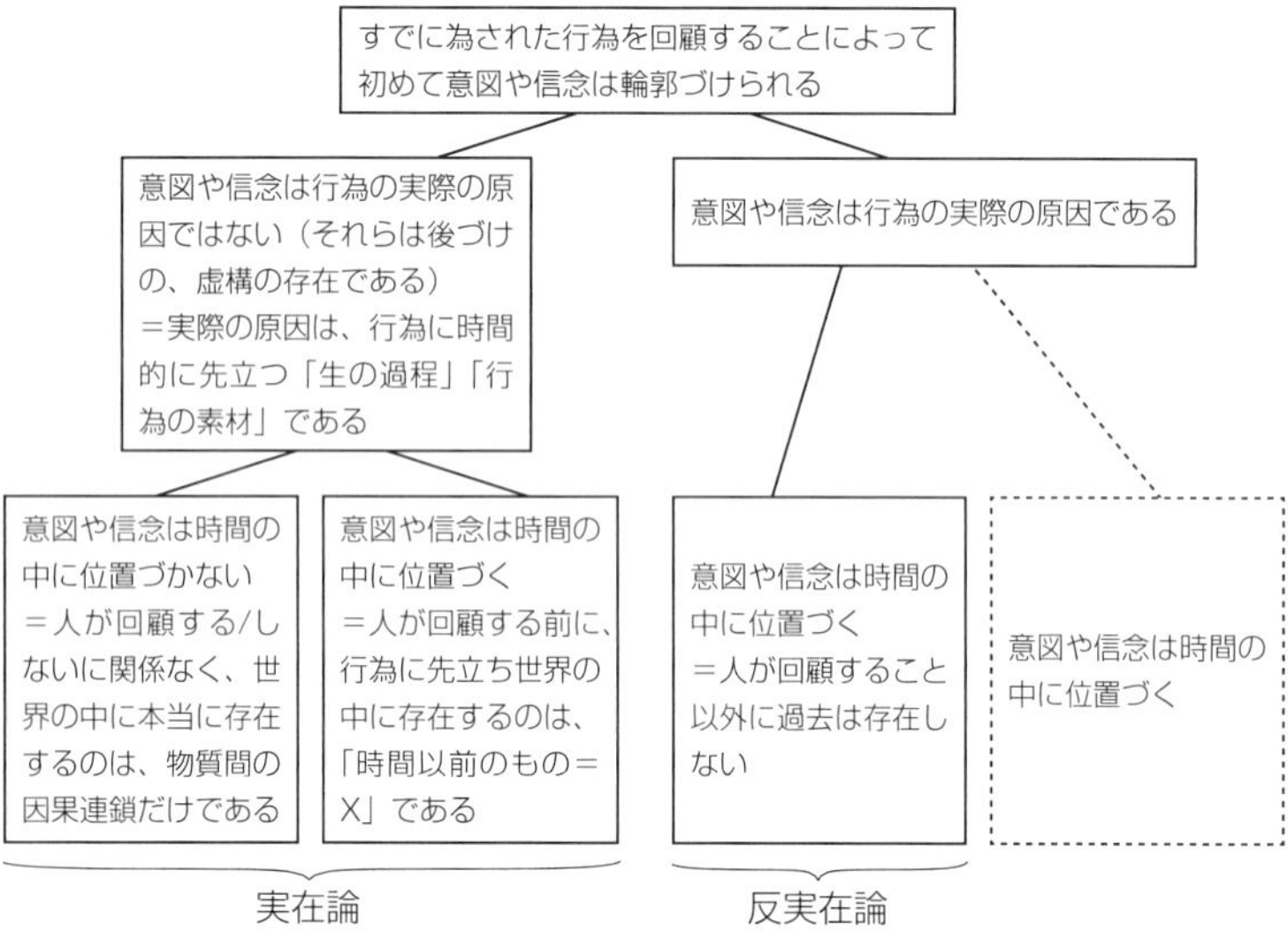
すでに為された行為を回顧することによって初めて意図や信念は輪郭づけられる
意図や信念は行為の実際の原因ではない（それらは後づけの、虚構の存在である）＝実際の原因は、行為に時間的に先立つ「生の過程」「行為の素材」である
意図や信念は行為の実際の原因である
意図や信念は時間の中に位置づかない＝人が回顧する/しないに関係なく、世界の中に本当に存在するのは、物質間の因果連鎖だけである
意図や信念は時間の中に位置づく＝人が回顧する前に、行為に先立ち世界の中に存在するのは、「時間以前のもの＝X」である
意図や信念は時間の中に位置づく＝人が回顧すること以外に過去は存在しない
意図や信念は時間の中に位置づく
実在論
反実在論

ら、日々の生活を送っていると言えるだろう。）他方、歴史の真実は我々の語り方次第であるということにリアリティを感じたり、あるいは、自分の生まれる前にはある意味で世界は存在しなかったという感覚を強くもつような人は、反実在論の方に傾くかもしれない。いずれにせよ、どちらの主張も何の根拠ももたない独断論にすぎないし、そして、我々はどちらかの独断論に肩入れしなければならないわけでもない。我々がここまで確認したのは、自分たちの知る過去はすべて回顧されたものだということであり、それ以上でも以下でもない。重要なのは、ここで踏み留まり、それ以上実在論へも反実在論へも踏み込まず、両者の間をかいくぐり続けることなのである。

2-5　心は身体の中には存在しない

2-5-1　意図や信念は「語られうるもの」として存在する

我々はいま、鋭く切り立った尾根を進んでいる。一方の谷には、実在論の谷が口を開けて待っている。もう一方の谷には、反実在論の谷が広がっている。気をつけて歩き続けないと、簡単に足をとられ、どちらかの谷に滑り落ちてしまう（ただ、反実在論の谷の方に落ちる人は少ないようであるが）。しかし、この、幾分慎重さを要求される登山を続けられている限りは、行為の理由およびその背景として事後的に取り出される「意図」や「信念」を、虚構の存在とする必要はない。つまり我々は、それらが行為の実際の原因だと言うことができる。しかも「反実在論」という、多くの人々にとって容認しがたい立場を引き受けることなく、そう言うことができるのである。

そして、意図や信念が実際に存在するというのは、これまで確認してきた通り、脳であれ心臓であれ、あるいは霊魂であれ、「これ」や「あれ」などと指し示すことのできる対象——すなわち、モノ——として存在する、ということではない。それらの心の働きは、「行為の理由への問いと応答」という言語的コミュニケーションの可能性の中で輪郭づけられるのであって、そうした可能性から離れて「脳」や「霊魂」といったモノの働きとして存在するわけではないのである。

このポイントを、次のように言い直すこともできるだろう。意図や信念は、語られるもの（というより、語られうるもの）ではあるが、指し示されうるようなものではない、と。

これに対して、そんな摩訶不思議なものなど存在するのか、という反論があるかもしれない。しかし、実際、世の中にはそのようなものは普通に存在する。たとえば、「重さ」もそのひとつである。言うまでもないことだが、モノには重さがある。たとえば、いま私の目の前にある携帯電話は百グラムであり、横にある本は二百グラムである。つまり、私がそう語っている。では、「二百グラム」なるものをそれとして指し示すことができるだろうか。——もちろんできない。二百グラムのモノなら指し示せるが、二百グラムそのものを指し示すことなど不可能である。では、それによって、モノには実は重さなど存在しないということになるだろうか。——こちらも当然、そうなるわけがない。「二百グラム」などの重さは、「これ」や「あれ」として指し示すことはできないが、我々がそう語るものとして、現に存在するのである。(同様に、「長さ」や「大きさ」、「熱さ」等々も、モノとしては存在しないが、しかし、確かに存在すると言えるだろう。[30])

行為を成立させる意図や信念といった心の働きについても、これと同じことが言える。手をあげるという行為であれば、「これ」や「あれ」と指し示せる。すなわち、「手をあげようという意図によって引き起こされる、手があがるという出来事」なら指し示せる。その一方で、手をあげようという意図そのものは指し示せないし、その意図の背景にある「手をあげられる」等々の信念そのものも指し示せない。つまり、それらはモノとして存在するわけではなく、「手をあげようと思ったから、手をあげた」、「タクシーを止めようと思ったから、手をあげた」、「手をあげればタクシーは止まると思ったから、手をあげた」等々、行為の理由を語る中でまさに語られる当のもの——あるいは、語られるまでもなく前提にされているもの——に他ならないのである。

2-5-2 言語の全体論的性格

過去を回顧する際、とりわけ行為を回顧する際には、我々は過去の様子をイメージしたりするだけではなく、当の行為や意図、信念などを言い表す。すなわち、特定の言語の言葉を用いて、「私はタクシーを止めようと意図したから、手をあげたんだ」などと実際に語る。あるいは、潜在的に語ることができる。すなわち、「なぜ手をあげたの？」と聞かれれば、基本的にいつでもその問いに答える準備ができている。

ここで、以上の点に絡んでひとつ重要なポイントを挙げよう。それは、ひとつの言葉はそれ単独で孤立して意味をもつということはありえず、他の様々な言葉との関係においてはじめて意味をもちうるという、言語の本質的な特徴である。たとえば「上」は、「下」や「右」や「左」や「真ん中」等々ではないものとして、はじめて意味をもつ。同様に「手」も、「足」や「頭」等々ではないものとしてはじめて意味をもつし、「あげる」も、「さげる」や「あげない」、「あがる」等々ではないものとしてはじめて意味をもつ。それゆえ、「手をあげる」という言葉が意味をもつためには、たったこれだけで、「手」「足」「頭」「あげる」「さげる」「あげない」「あがる」等々の様々な言葉のネットワークが背景として必要となるのである。それがさらに、「私はタクシーを止めようと意図したから手をあげたのではないよ、友人に挨拶しようと意図したからだよ」といった複雑な言葉になれば、この言葉を取り巻く関係の網の目がどれほど大規模で複雑なものになるか、容易に想像できるだろう。（ちなみに、次の図はそのネットワークの一部を視覚的に

〔30〕 ただし、意図や信念等の心の働きと「重さ」や「長さ」等の間には、大きなディスアナロジーも存在する。そうした差異や類似性の詳細については、以下の論文を参照してほしい。――ドナルド・デイヴィドソン「心に現前するものは何か」『主観的・間主観的・客観的』清塚邦彦・柏端達也・篠原成彦訳、春秋社、二〇〇七年、一〇四～一〇六頁。

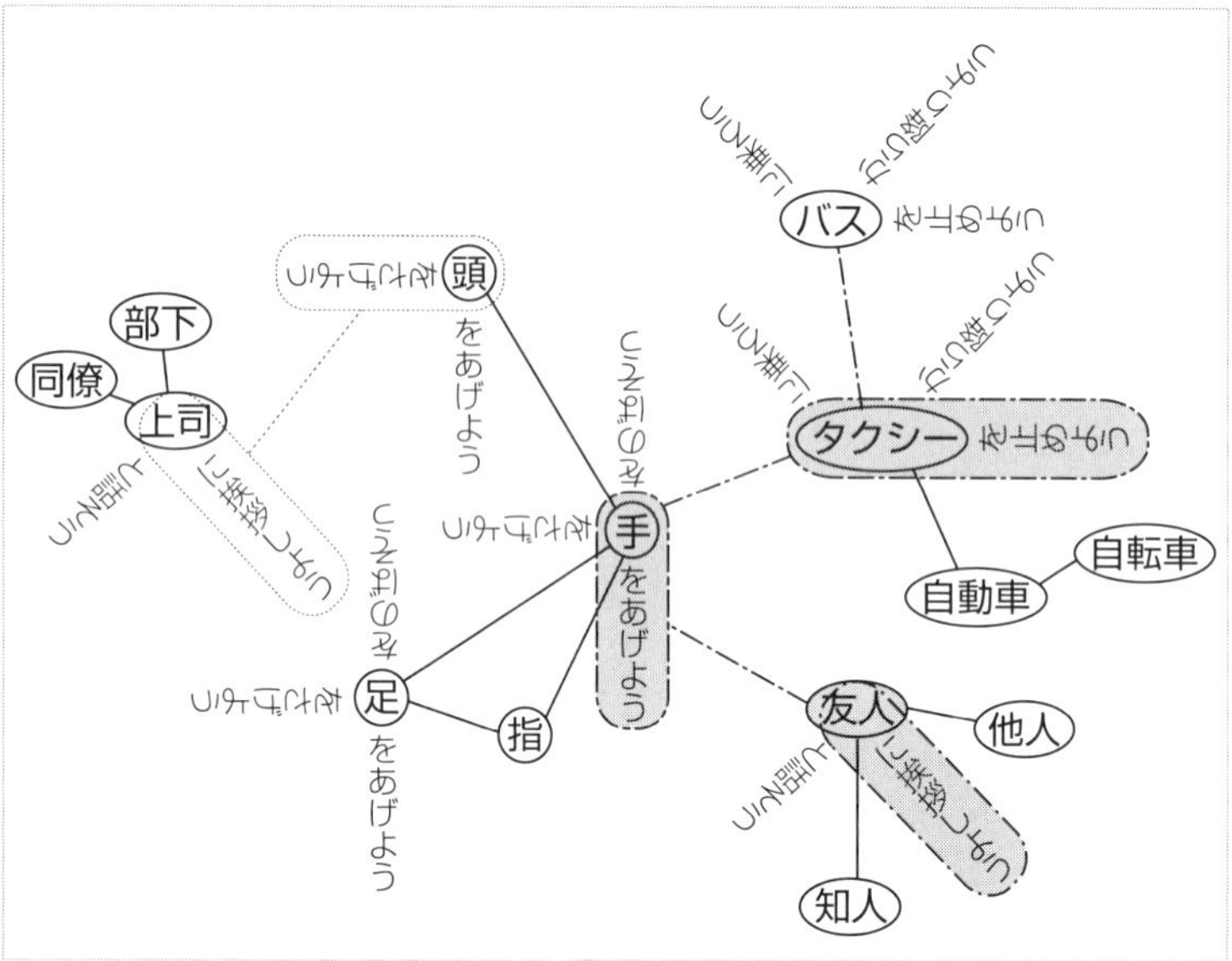

表してみたものだが、あくまでもごく一部であることに注意してほしい。実際にはこのネットワークは、日本語の語彙の隅々に広がっている。）

このように、ひとつの言語においてひとつの言葉は、他の様々な言葉との関係においてはじめて意味をもちうるし、その様々な言葉も、それぞれがさらなる別の言葉たちと結びついている。かくして、ひとつの言葉はひとつの言語体系全体というネットワークの中に位置づくことになる。この点についてデイヴィドソンは、「言語という脈絡においてのみ、文は（またそれゆえ語も）意味をもつ[31]」と簡潔に表現している。こうした言葉の性格は、一般に**全体論**（holism）的性格と呼ばれている。つまり、個々の言葉は特定の言語体系全体における言葉同士の関係としてはじめて意味をもつ、ということである。同様のことを、たとえばウィトゲンシュタインは、より広い視野から次のように表現している。

ひとつの文を理解しているというのは、ひとつの言語を理解しているということである。ひとつの言語を理解しているというのは、ひとつの技術に習熟しているということである。[32]

ここで言われている、「ひとつの技術に習熟している」というのは、日本語や英語といった特定の言語を用いて社会が営まれている特定の文化の中で、ちゃんと生活していけるということである。たとえば、「手」や「挨拶」等々の言葉の意味を知っており、ある程度適切な仕方で挨拶をすること等々ができる人が、日本語という言語を理解している人なのである。もちろん、辞書に載っているすべての語彙やその使用法を知っている必要はない。しかし、日本語を理解していると言えるためには、少なくとも何千あるいは何万という語彙を知り、それらを日々の生活の中で自在に使用できるのでなければならない。そして、行為の回顧、特に行為の理由を辿っていくことによって様々に再記述していくことは、こうした全体論的性格をもつ言語にまつわる非常に高度な実践のひとつだと言えるだろう。(「自転車に乗ったのは、スーパーに行こうと思ったからだ。スーパーに行ったのは、夕飯を用意しようと思ったからだ」という記述を理解するために、一体どれほど多くの言葉の理解が必要なのか、想像してみてほしい。)

[31] Davidson, D., "Truth and Meaning" in his Inquiries into *Truth and Interpretation* 2nd. ed., Clarendon Press, 2001, p.22.(デイヴィドソン「真理と意味」野本和幸訳、『真理と解釈』、勁草書房、一九九一年、九頁。)
[32] Wittgenstein, L., *Philosophical Investigations*, Basil Blackwell, 1953, §199.(ウィトゲンシュタイン『哲学探究』〈ウィトゲンシュタイン全集八〉、藤本隆志訳、大修館書店、一九七六年、第一九九節。)

以上のような、言語使用をその全体論的性格によって特徴づける見方については、しばしば次のような批判が向けられている。曰《いわ》く、「語や文の可能な組み合わせの数は個々人の経験の増大に伴って途方もない数に膨れあがるのだから、全体論が正しいとするなら、人間の脳の情報処理能力を法外に高く見積もらない限り、言語を理解する仕組みを説明することは困難である」と。しかし、こうした批判は、もはやおなじみの誤った考えに基づいている。すなわち、言葉の意味を知っているというのは、その言葉やそれが言い表していることを実際に意識していることだ、という考えである。そう考えるがゆえに、「ひとつの言葉の意味を知っているということが、他の無数の言葉との関係を理解しているということだとするなら、ある言葉の意味を知っているときには、その言葉だけでなく同時に途方もない数の言葉を実際に思い浮かべているのでなければならなくなる」という想定に流れ、そして、「そんなことは人間には不可能だ」という結論に至ってしまうのである。

しかし、言葉を発したり聞いたりする際に、そのように他の無数の言葉を実際に思い浮かべている必要は全くない。日本語の個々の言葉を理解していると言えるために要求されるのは、実際には次のような条件にすぎない。すなわち、「手」とはどういうものか分かっているのであれば、もしも「足」や「頭」などがどういうものかと聞かれても、当然答えることができる、という条件である。あるいは、「あげる」ということとは何かを知っている人なら、様々な場面で「さげる」や「あげない」、「あがる」などの言葉も適切に使用することができる、といった条件である。

この点を明確にするために、小さな子どもが日本語を習得していく過程を素描してみよう。一体、子どもは何をできれば、「手」や「足」、「頭」などの概念（身体の基本的部位を指す概念）や、「あげる」、「さげる」、「あげない」、「さげない」、「あがる」等の概念（基本的な動きや状態を指す概念）を習得したことになるのだろうか。たとえば、親が手を指して、「これは何?」と子どもに尋ね、子どもが「手」と答えたとしよう。これだけで、その子どもは「手」とは何かを理解していることになるだろうか。――そうとは言えない。たとえば、その子どもは、親が足を指して「これは何?」と尋ねた場合にも、「手」と答えてしまうかもしれない。頭を指して「これは何?」と尋ねても、「手」と答えてしまうかもしれない。こうした場合には、その子どもはまだ「手」という言葉の意味が分かっていない――「手」という概念を習得していない――と見なされるだろう。動作を指す概念についても同様である。誰かが手をあげた動作を指して、子どもが「手をあげた」と言うことができても、手をさげた動作や手をあげなかった状態、足をあげた動作、手が勝手にあがった動き等々についても「手をあげた」と言ってしまうのであれば、その子どもはまだ「あげる」という言葉の意味が分かっていない――「あげる」という概念を習得していない――と見なされるだろう。したがって、子どもがたとえば「手をあげる」とはどういうことかを理解していると言えるためには、その子どもが「手」を他の様々な部位と区別できることや、「あげる」を他の様々な動きや状態と区別できることが判明しているのでなければならない。たった一つの部位、たった一つの動作に対して「手をあげた」と言えただけでは、「手」や「あげる」という言葉の意味を理解していることにはならないのである。

つまり、一つの言葉の意味を知っているかどうかは、たった一回だけの言語使用によって判定されるわけではないし、まして、その一回の言語使用の際に何を思い浮かべていたかや、脳内でどのような活動が生じていたかによって判定されるわけではない、ということである。それはちょうど、チェスの駒をたまたま一回だけ正しい位置に動かしただけでは「一手指した」とは言えないのと同様である。ポーンやナイト、クイーンなど、すべての駒を繰り返し正しい位置に動かすことができ、チェックメイトやキャスリングなどのルールをすべて理解し、チェスのゲームを一局できるようになってはじめて、駒を一回動かす動作が「チェスの一手」として認められるのである。これと全く同様に、たとえば「て」という発話が単なる無意味な発声動作ではなく、「手」という日本語の適切な使用であるかどうかは、関連する数多くの言語実践をこなすことができたという長い実績によって、総合的な仕方で判定されるのである。手をあげたときに「手をあげた」と言い、足をあげたときには「足をあげた」と言い、様々な場面で「頭をさげた」とか「足をあげなかった」等々の言葉がどういう状況を表しているかをそのつど区別できた人が、「手」や「あげる」という言葉の意味を知っていることになるのである。

実際、我々はこれまで、何年あるいは何十年と、日本語を自在に使いこなす訓練を続け、十分にコミュニケーションを積み重ねてきたはずである。つまり、そうした長年の実績が「日本語を理解している」ということの中身にあたるのであって、日本語を理解した瞬間とか、「手」という言葉を理解している瞬間などが存在するわけではない。日本語の理解のために要求されるのは、「一つの言葉を用いるたびに日本語の無数の言葉を瞬時に一挙に思い浮かべて関連づける超人的な能力」などではないのである。

2-5-3　ライルがやりかけた課題の顛末

以上のように、意図や信念という心の働きは、重さや長さ、熱さなどと同様、「語られうるが、指し示されえないもの」として捉えられる。敢えて不用意な表現をするなら、意図や信念は、言語的に存在する――我々が行ってきた数限りない言語的コミュニケーションの中に、また、その可能性の中に存在する――と言える。そしてこれが、ライルがやりかけた課題に対する解答となるだろう。すなわち、心は「モノ」というカテゴリーに入るわけではないが、言うなれば「言語的存在者」というカテゴリーに入るものとして、存在するのである。行為を成立させる心の働きは、脳やその他の身体内に局在するのではない。そうではなく、人間が果てしない歳月の中で取り交わし、積み重ね、そして今後も続けていくであろう言語的コミュニケーションの広大な海に広がっているのである。

この結論を、もう少し具体的に言い表してみよう。「手をあげようと思ったから、手をあげた」といった仕方で語られる意図や、「手をあげられると思ったから、手をあげた」といった仕方で語られる信念などは、繰り返すように、それぞれ脳の短時間の働きを指すわけではなく、他の無数の言語的実践との関係としてはじめて意味をもつ。それはちょうど、チェスの駒の一回の動きが、それ単独で孤立しては何の意味ももちえず、他の駒の無数の動きとの関係としてはじめて、まさにチェスの一局の中の一手として意味をもちうるのと同様である。ウィトゲンシュタイン風に言えば、長い時間をかけて習得された、日本語を使って生活していく高度な技術が発揮された一例が、特定の意図や信念などを抱くことなのである。

以上のポイントは、実はライルの議論からそれほど遠く離れているわけではない。前章1－4－3で見たように、ライルは、「傾向性とその発現」という観点から人間の行為というものを捉えようとしている。それは、「技術とその発揮」という観点から「行為を意図すること」や「信じること」等の心の働きを捉えようとする本書のいまの議論と、ある意味では共通性を有すると言えるだろう。しかしライルは、本書の立場とは異なり、「手をあげようという意図によって、手があがるという出来事が引き起こされる」という描像自体を拒絶している。すなわち、行為の原因としての意図や信念などの心の働きは存在せず、「これこれこういう状況では手をあげがちである」という傾向性が存在するだけだと主張している。ライルによれば、人々が行う多種多様で複雑な振る舞いの束が、心の働く有り様に他ならない。それゆえ、そうした振る舞い自体とは区別される「手をあげよう」等々の意図など存在しない、ということになる。

（彼が行動主義者の烙印を押されるのは、まさにこの点による。）

しかし、傾向性をもつだけでは、それが発現するとは限らない。このことが、ここでは肝心な点となる。たとえば、飲み会の後にはラーメンを食べがちだという傾向性をもっていても、とある飲み会の後に実際にラーメンを食べるとは限らない。そのときにまさにラーメンを食べようと意図することによって、人はラーメンを食べるのである。つまり、意図やその背景にある信念というものは、実際に行為が成立した原因（因果的要素）となりうる点に、その本質的な重要性があるのである。

「ラーメンを食べようと思ったから、ラーメンを食べた」、「ラーメンを食べようと思ったから、その店に入った」、「タクシーを止めようと思ったから、手をあげた」——このように、行為の成立を「特定の意図によって特定の出来事が引き起こされる」という因果関係によって説明するというのは、人間が少なくとも数千年前から続けてきたあり方である。言い換えれば、「…しようと思ったから、～した」というのは、我々が遙か昔から用いてきた極めて典型的な因果性の概念に他ならない。そして、たとえば脳の神経細胞と運動神経との因果関係や、数式で表される素粒子間の因果関係だけが真正の因果関係である、とは何によっても決まっていない。いわゆる「民間心理学」が用いる因果関係が虚構とか不完全などと貶められるいわれはないのである。

本書の採る立場とライルの立場との違いをまとめておこう。ライルは事実上、意図や信念といった心の働きを人々の行動の束に回収するが、本書ではそれを、人々が多様な場面で行為の理由を提示する際に語るもの（あるいは、潜在的に語りうるもの）として特徴づける。すなわち、そうした無数の言語的実践全体において示されるもの、それが心の働きなのである。そして、その働きは、特定の出来事を実際に引き起こす真正の原因たりうるのである。

2-5-4　心の働きは「脳内の」物理的過程には付随しない

さて、第一章から続いてきた問題にここで一応の結論が出たところで、我々は再び実在論の谷に落ちないように（また、その揺り戻しとして、反実在論の谷の方にも落ちないように）注意する必要がある。たとえば、一つの出来事が「手をあげた」「タクシーを止めた」「友人に挨拶した」等々の様々な仕方で回顧されるということから、そうしたどのような仕方でも回顧されない「一つの出来事」それ自体――「時間以前のもの＝X」のような基体――が存在する、ということは帰結しない。我々はまず、何らかの仕方で過去を回顧する。そうやって回顧された過去が、さらに別の仕方で回顧されていく。そうした営み全体が「一つの出来事が様々な仕方で回顧される」ということなのであって、それ以上でも以下でもないのである。たとえば、「私のある動き」というのも、回顧の仕方のひとつである。自分の手の動きをイメージして思い出すことも、それから、「何らかの原因によって私の手があがる動き」、「腕の筋肉の収縮運動」、「素粒子間の因果連鎖」等々として思い出すことも、何らかの観点から過去の出来事を捉えるという点では、「私が手をあげた行為」として思い出すことと変わりはない。そうした様々な回顧の仕方の背後に「時間以前のもの＝X」のような基体が存在する、ということではないのである。

繰り返すなら、一つの出来事が「意図による行為の成立」としても「物質間の因果連鎖」としても回顧されうるとはいえ、どちらの仕方によっても回顧されえないものが存在するわけではない。それはちょうど、一つの紙には裏と表があるが、裏でも表でもないものが存在するわけではないのと同じである。そして、裏と表がぴったりと対応するのと同様に、誰かが何かを意図して行為するという一連の過程は、何らかの物理的な過程とぴったりと対応する。たとえば、「タクシーを止めようと思ったから、手をあげた」

や、「スーパーに行こうと思ったから、自転車に乗った」といった、「心の働きが出来事を引き起こす過程」として回顧された過去は、そのどれもが「様々な物質間の因果連鎖」という物理的な過程で回顧し直すことができるのである。こうした関係性は、現代の哲学では「心の働きは物質の働きに付随《スーパーヴィーン》する」という言い方で表現されるのが通例である。心の働きが異なるなら、物理的な過程もどこか異なってくる。この関係が「付随」と呼ばれるのである。

この付随というものに関して、ここで極めて重要なポイントがある。心の働きが出来事を引き起こす過程が物質間の因果連鎖という物理的な過程で言い換えることができるといっても、その「物理的な過程」とは、脳の特定の部位が活動して身体の筋肉の収縮活動を引き起こす一連の過程を意味するわけではない。心の働きが付随する物理的過程とは、脳や他の身体器官の物理的過程よりも遙かに広いものなのである。この点についてデイヴィドソンは次のように述べている。

……主観的な状態は、脳や神経系の状態には付随しない。つまり、二人の人間が、互いにそっくりな物理的状態でありながら、似ても似つかぬ心理的状態をもちうるということである。もちろんこのことは、心的状態が物理的状態に付随しないということを意味するわけではない。というのも、実際、心理的状態が異なるならばどこかに物理的な違いがなければならないからである。だが、その重要な物理的違いは、人間の中にはないかもしれないのである。〔強調は原著者〕[33]

心の働きが、脳の働きという時間的空間的に狭い範囲の物理的過程には対応しないことは、これまで本書で確認してきた通りである。2－1で見たように、意図や信念のもつ諸々の特徴は、これらを脳の働きとして捉えることをほぼ不可能にしている。そして、直前に確認した言語の全体論的性格が、その不可能性を決定的にしている。たとえば日本語の個々の言葉を理解しているというのは、「一つの言葉を用いるたびに、日本語の無数の言葉を瞬時に意識すること」ではないし、まして、その意識に対応する脳の働きが生じることではない。何年、あるいは何十年という単位で、数多くの言語実践を積み重ね、日本語で生活していく十分な技術を身につけているということが、日本語の個々の言葉を理解しているということなのである。2−1−6で例として挙げたように、アマゾンの奥地から近代文明とは無縁の人を急に日本に連れてきて、「足を動かす」等にまつわる簡単な日本語を教えることができたとしても、その人は直ちには「自転車に乗ろう」とか「スーパーに行こう」という意図をもつことはできない。「自転車」とは何か、「スーパー」とは何か（さらに言えば、「乗る」とは何か、「行く」とは何か）、そのことを知るために必要な事柄は数多い。その人は長い時間をかけてそうした事柄を学んでいく必要があるのである。他方、我々はもう日本語を習得しているから、そうした概念を使いこなすことは何でもないことのように見えるかもしれない。しかし、日本語のネイティブであれば乳幼児の頃から何年も何年も、それこそ一年三六五日、特定の環境の下で、休むことなくひたすら日本語の学習に明け暮れていたことを忘れてはならない。

つまり、デイヴィドソンの言葉を借りるなら、「人がある言葉の使用法をどのように学んだかという自然な来歴の諸相が、必然的に、言葉が意味する事柄にも影響を及ぼす」[34]のであり、「我々の言葉が意味する事柄は、部分的に、我々がその言葉を学び、使用した環境によって決定される」[35]ということである。た

[33] Davidson, D., "What Is Present to the Mind?" in his *Subjective, Intersubjective, Objective*, Clarendon Press, 2001, pp.61-62.（デイヴィドソン「心に現前するものは何か」『主観的・間主観的・客観的』清塚邦彦・柏端達也・篠原成彦訳、春秋社、二〇〇七年、一〇八頁。）

とえば、昭和初期の子どもが「おやつ」という言葉の意味を学ぶ際には、里芋も煮こごりも「おやつ」に含まれているような仕方で学んだ。他方、現代の若い日本人は、おそらくそうした仕方では学ばないだろう。また、「遊ぶ」という言葉によって意味されるものも、昔といまとではかなり異なっている。たとえば、昭和初期において「遊ぶ」ことの中には、ＴＶゲームをやることやミニ四駆をやることは含まれていなかった。このように、意図等の心の働きを言い表す個々の言葉の意味は、特定の文化で個々の人間が送る生活のあり方によって輪郭づけられるのである。

したがって、「心の働きが物理的な過程に付随する」と言う場合、その物理的な過程とは、ある個人がおやつを食べたり遊んだりしたときにその身体内（脳など）で束の間生じた物理的過程のみを指すのではない。そうではなく、その個人が長年の生活の中で「おやつ」や「遊び」などの言葉の意味を学び使用してきた周囲の環境や、その間に生じた様々な身体の運動や脳の活動などすべてを指すのである。たとえば、里芋や煮こごりを構成する分子の集合が箸で掴まれて口に運ばれる過程、「竹馬」や「おはじき」と名指される物質の運動、様々な場面で発せられた、「アソボウ」「ナニシテアソブ？」「タケウマヲシテアソボウ」といった音声、それら個々の場面において生じていた様々な脳の活動、等々。心の働きに対応する物理的過程とは、そのような、時間的空間的に極めて幅の広い複雑な過程全体を指すのである。[36]

２－５－５　心的過程と物理的過程は対称的な関係である

以上の結論は、たとえば脳神経生理学や認知科学等の科学的探究にとっては役に立つものではないだろう。というのも、何年何十年にもわたる時間的空間的に極めて幅の広い複雑な物理的過程というのは、とてもパターン化（タイプ化）できるようなものではないからである。言い換えれば、「その人がしかじかの意図をもっていたときにはいつも、何年何十年にもわたる時間的空間的に極めて幅の広い複雑な物理的過程が生じていた」というのはほとんど意味を成さないだろう。

他方、脳内の特定の神経細胞ネットワークの興奮という物理的過程であれば、脳という極めて狭い範囲で短時間だけ生じるものであるため、まさに「パターン（タイプ）」として何度も繰り返し見出すことができる。それゆえ、もし仮に「N氏はおやつを食べようと思っていたときにはいつも、脳がこれこれの働きをしていた」という付随性が言えるのなら、「おやつを食べよう」という意図を「脳がこれこれの働きをしている」という表現によって記述し直すことができるだろう。前章の1－6－4で確認したように、脳神経生理学はこうした仮定――あるいは、もっと地に足のついた現実的な仮定――を文字通り作業仮説として立てることによって、脳の具体的なメカニズムを解明していく営みとして捉えることができる。しかし、このことは逆に言えば、脳神経生理学にとっては作業仮説自体が正しいかどうかよりも、作業仮説が脳のメカニズムの探究にとって役に立つかどうかが肝心だということである。

〔34〕 Davidson,D. "Knowing One's Own Mind" in his *Subjective, Intersubjective, Objective*, p.18.（デイヴィドソン「自分自身の心を知ること」『主観的・間主観的・客観的』、四〇頁。）
〔35〕 Ibid., p.29.（同論文、五五頁。）
〔36〕 デイヴィドソンの立場は、たとえば、「非法則的な命題的態度と法則的な脳状態のあいだにトークン的同一性が成り立つ」（強調は引用者）（信原幸弘『心の現代哲学』勁草書房、一九九九年、一三三頁）という主張や、「心的出来事は、それが脳や神経の働きによって生じるという意味において、物理的な性質も併せもつ」（強調は引用者）（太田雅子『心のありか』勁草書房、二〇一〇年、二六頁）という主張として、受けとめられていることが多い。しかし、少なくとも一九八〇年代以降にデイヴィドソンが主張している心の働きと物理的過程の付随性とは、彼自身が明言しているように、心の働きが脳の働きに付随するということではなく、それより遥かに時間的空間的な幅が広く複雑な物理的過程に付随するということに他ならない。

その点、「心の働きは、何年何十年にもわたる時間的空間的に極めて幅の広い複雑な物理的過程に付随する」という命題は、脳のメカニズムを調べるためには無用の長物である。それゆえ、脳神経生理学がこの命題を作業仮説として立てることはないだろう。また、認知科学などの他の科学も、この命題を作業仮説に採用することはないだろう。なぜなら、「これ」や「あれ」、「その辺」などとして指し示すことができないような、そうした複雑な物理的過程全体をすべて把捉することは、今後どれほど演算処理能力の高いスーパーコンピュータや精巧な観察装置が発明されようが、人間にはとても不可能と言えるからである。そうである以上、この命題を作業仮説として立てても、物質間の具体的な因果連鎖の探究にとっては何の役にも立たないのである。

しかし、我々はいま、科学をしているのではない。哲学をしているのである。そして、ここまでの本書の筋道が正しいならば、この命題が正しく、「心の働きは脳内の物理的過程に付随する」という命題は間違っているということである。（繰り返すように、この結論によって脳神経生理学自体は何ら打撃を受けない。困るのは、後者の命題が実際に正しいと主張する物的一元論などの哲学的立場だけである。）

これに対して、物的一元論者の方からはそれでも次のような反論が寄せられるかもしれない。時間的空間的に極めて幅の広い複雑な物理的過程であっても、それが心的過程（行為を成立させる心の働き）に対応するのであれば、結局のところ、心的過程は物理的過程に置き換えてしまえるのではないか、と。

デイヴィドソンは、この反論に対して次のように簡明に論駁している。

ある心的出来事が物理的な出来事であるからといって、その出来事が心的ではなく物理的だということにはならない。同一性とは、対称的な関係なのである。〔強調は引用者〕[37]

同一の出来事が心的過程としても物理的過程としても語ることができるからといって、その出来事が心的過程ではなく、本当は物理的過程であった、ということになるわけではない。デイヴィドソンが言うように、同一性とは対称的な（対等な）関係なのである。

このポイントは、第1章で話題にした自由意志と決定論をめぐる問題にも直結する。すなわち、心的過程が物理的過程に付随するからといって、出来事の生起を「自由な意志（意図や欲求など）の働き」として語る方ではなく「自然法則に従った物質間の因果連鎖」と語る方が正しい、ということになるわけではない。どちらの立場も対等なのである。

本書ではここまで、自由意志が存在するという立場に肩入れしてきた。それは、決定論の多くが、心的過程を脳の短時間の物理的過程と同一視することに基づいているからである（たとえば前章で扱った、リベットの実験に依拠した決定論はそうである）。この同一視は誤りであるがゆえに、この種の決定論も誤りだと言うことができる。しかし、心的過程がそれよりも遙かに時間的空間的に幅の広い複雑な物理的過程と同一である、という見方に基づく決定論であれば、それが誤りだと断定することはできない。ここに至っては、我々はどちらかが正しいという独断は差し控えて、世界を描写する際には自由意志の存在を含んだ語り方と、自然法則に従った物質間の因果連鎖に尽きるものとする語り方という、二種類の語り方が存在しうることを確認するに留めるべきだろう。

とはいえ、我々は普段、「夕飯を用意しようと思ったからスーパーに行った」といった語り方を実際に

［37］ Davidson, D. "Knowing One's Own Mind" in his *Subjective, Intersubjective, Objective*, p.33.（デイヴィドソン「自分自身の心を知ること」『主観的・間主観的・客観的』、六一頁。）

数限りなく行っている一方で、それに対応する物理的過程――時間的空間的に極めて幅の広い複雑な物理的過程――の中身が具体的に語られたことがいまだかつて一度たりともないこと、そして、今後どれだけ科学技術が発達しても語られる見込みはまずないということも、看過してはならない。つまり、論理的には決定論が正しいか否かを判断することはできないものの、実践的には、我々が自分たちの行為を決定論的に語ることはできないということである。前章の終わりにも述べたように、我々はいま現在、自由意志が存在することを前提にした生活を送り、その生活に相応した社会制度を形成している。この、現実の人間の生活や社会の中身を具体的に問題にするためには、世界の二種類の語り方のうち、自由意志の存在を含んだ語り方に集中し、その語り方の中で探究を続けていく必要がある。それゆえ本書も、心と脳を同一視しない種類の決定論は誤りとは言えないことを認めつつも、決定論な語り方を無視する仕方で議論を進めることにしたい。

2-5-6　まとめ

以上で示せたのは、「意図は虚構の存在ではなく、行為の実際の原因である」ということ、それから、「個々の意図や信念は、脳などの身体内の物理的過程としては存在しない」ということである。

これに対しては、一般的な常識とかけ離れていると困惑を覚える人もいるかもしれない。しかし、心の働きと脳の働きを同一視する見方は、たかだか近代以降に登場してきた一つの仮説にすぎない。また、我々は確かに日常において、「頭に入れる」とか、「頭を絞る」、「頭を冷やす」、あるいは「頭の中でつぶやく」という風に言うことも多いけれども、これらが比喩表現にすぎないことを銘記すべきだろう。たとえば、我々は「胸にしまう」とか「胸に刻み込む」といった言い方も頻繁にするが、現在、心とは心臓のことであると実際に考えている人は少ない。同様に、心の働きの比喩として頭（脳）の働きが言及されることが多いからといって、実際にそこに心が存在するということにはならない。心は、「これ」や「あれ」や「その辺」として指し示すことのできるモノではない。しかし、繰り返すように、語られるものとして存在するのである。[38]

ただ、ここでひとつ断っておくべきなのは、「心」という概念の下で括られるものの中には、意図や信念などの行為を成立させる働きだけでなく、「痛み」や「かゆみ」といった感覚や、「楽しい」「気持ちい」「悲しい」「腹立たしい」「妬ましい」といった感情なども含まれるということである。本書で問題にしてきたのは、あくまでも行為を成立させる心の働きであって、その他の感覚や感情が脳の働きと同一視できるかどうかは本書の関心の埒外にある。心全般が脳といったモノ以外の存在として捉えられるかどうかについては、別に慎重な検討が必要になるだろう。

2-6　意図せざる行為の存在

以上の議論によって、行為を成立させる意図等の心の働きの正体を探るという、この章の目的は達成さ

[38] ただし、「存在する」ということの意味をどう捉えるかによっては、存在するのはモノだけであり、それ以外は存在者に含まれないという見解も成り立つだろう。実際、たとえばデイヴィドソンは、「重さ」や「信念」や「欲求」等は存在論的カテゴリーではなく概念的カテゴリーだと考えている。（概念的カテゴリーとは、デイヴィドソンにとっては、真であったり偽であったりしうるものを指す。たとえば、「百グラムであること」や「埋蔵金があると信じていること」は真であったり偽であったりしうるが、モノそれ自体は真でも偽でもありえない。たとえば、「脳は真である」とか「猫は偽である」というのは意味を成さないだろう。）

れたと言えるだろう。

本書ではここまで、「手をあげることから手があがることを引いたら、何が残るのか」という引き算の問題に対する答えとして一般的に提示される「意図（意志、欲求、信念、等々）」に関して、その実在性や特徴を探ってきた。前章の後半では、「意図はそもそも実在しない」という主張を検討した上でこれを退け、この章では、指し示されるモノではなく、語られるものとして意図を特徴づけた。

さて、以上の探究によって、行為という概念の正体をすべて明らかにできたと言えるだろうか。

実は、ここまで扱ってきたのは、行為と呼ばれるものの一方の側面にすぎない。もう一度、アンスコムの定義を見直してほしい。

意図的行為とは、ある意味で用いられる「なぜ？」という問いが受け入れられるような行為のことである。

この定義は、「なぜそれをしたのか？」という問いが受け入れられないような行為も存在することを含意している。言い換えれば、意図的行為でない行為も存在することを、アンスコムは認めているのである。

実際、そうした行為、すなわち、意図せざる行為というものが、世の中にはあふれている。たとえば、空き地で野球をしていたとき、打ったボールがあらぬ方角に行き、近所の家の窓ガラスを割ってしまうこと。電車に乗り遅れて遅刻をしてしまうこと。自動車を運転中、不注意で交通事故を起こしてしまうこと。煙草の火の不始末で、自宅や近隣の家を燃やしてしまうこと。他にも、数えあげればきりがない。

それでは、こうした行為はどのようにして特徴づけることができるのだろうか。すなわち、自分の意志でした（意図的にした）のではないにもかかわらず、なぜ我々は、「私がした」と回顧することがあるのだろうか。ウィトゲンシュタインに倣って引き算のかたちで表すなら、行為に関して次の大きな問題がまだ残っていることになる。すなわち、「（図らずも）やってしまったことから、起こってしまったことを引いたら、後には何が残るのか？」という問題である。

あらかじめ簡単に予告をしておくなら、この問題の解答を探る道には、「責任」や「後悔」、「生き方」、「価値観」、「個性」といった倫理的な概念が深く関わることになる。ここまでは、これらの概念を必要としないかたちで、意図や信念といった概念の中身について言える論理的な帰結を探ってきた。しかし、次章ではこうした「心の哲学」的な枠組みから、次第に「倫理学」との境界が曖昧な領域へと漕ぎ出すことになる。それによって、意図的行為だけでない行為の全体像に迫ることができるだろう。

コラム② 現代の英語圏の行為論の流れ

アンスコムとデイヴィドソン

ここでは、現代の英語圏の行為論がどのように展開してきたのかを概観していくことにする。

行為、とりわけ意図的行為という概念をめぐる論争は、アンスコムが一九五七年に著した『インテンション』によって事実上の口火が切られた。以降、アンスコムとデイヴィドソンを中心に活発な議論が交わされることになる。

たとえば、意図的行為が様々に再記述される可能性に開かれていること、人間の振る舞いが意図的行為であるかは記述の仕方（事後的な回顧の仕方）に依存することなどは、アンスコムが『インテンション』において提示した極めて重要な論点であり、デイヴィドソンもこれらの論点を受け継いでいる。

両者の立場の違いは、「意図や欲求などと行為との関係はどういうものか」という問いをめぐって表面化する。しばしば、アンスコムは行為の**反因果説**の旗頭と見なされ、他方、デイヴィドソンは**因果説**の旗頭と見なされている。反因果説とは、「意図や欲求などは、何らかの出来事を引き起こして行為を成立させる実際の原因ではない」とする立場である。言い換えれば、たとえば「手をあげようという意図によって手があがった」という「意図」と「出来事」の繋がりを因果連鎖として捉えない立場が反因果説に他ならない。他方、因果説は、この繋がりをまさに真正の因果連鎖と見なす立場のことである。

この章で詳しく跡づけたように、デイヴィドソンは確実に因果説に立っている。そしてアンスコムがデイヴィドソンの因果説を批判していることも確かである（アンスコム「実践的推論」早川正祐訳、『自由と行為の哲学』門脇俊介・野矢茂樹編、春秋社、二〇一〇年、一九三〜一九四頁）。その意味では、両者の対立を「因果説と反因果説の対立」として定式化することに間違いはない。しかし、問題は、一口に「反因果説」と言っても論者によってその中身がまちまちであり、アンスコムの議論に反因果説の立場を代表させるのは適当とは言いがたいということ、そして、そもそもアンスコムが因果説に対抗して積極的にどのような対案を出しているのかが明瞭でないということである。

反因果説の諸相

因果説を批判する論者のうち、心の働きと行為の関係について明確に対案を提示している論者として挙げられるのが、G・H・フォン・ウリクトである（von Wright. G.H., "On So-Called Practical Inference" in *Acta Sociologica*, 15, 1972, 39-53.）。フォン・ウリクトは、意図や欲求などの心の働きを、デイヴィドソンのように「因果的な効力をもつ心理的作用」というものによって説明するのではなく、論理的強制力と呼ぶべきものによって説明する。たとえば次のような実践的推論（目的を達成するための有効な手段を選択する論理的なステップ）を見てみよう。

【第一前提】学級委員になろうと意図している。
【第二前提】いま手をあげなければ学級委員になれないと信じている。
【結論】　手をあげる。

第1章1-2-1で確認したように、学級委員になりたいと欲求するだけでなく、学級委員になろうと意図するとき、人はそれをすることにコミットしている（本当にそれをしようとしている）。したがって、その意図の遂行を妨げる外的要因がないのに行為しないことは不合理である、と言えるかもしれない。この観点からすれば、意図と行為との関係は、心理的作用によって出来事が引き起こされるという因果的関係ではなく、「意図」という概念の意味それ自身に由来する論理的関係なのだ、ということになる。このように、心理ではなく概念の意味（論理）に着目して意図と行為との関係を整理しようというのが、フォン・ウリクトの立場だと言える。

重要なのは、この立場においては実践的推論は行為前に実際に辿られる過程とは見なされない、ということである。これが、フォン・ウリクトの反因果説とデイヴィドソンの因果説の実質的な違いである。推論を行うことはそれ自体が一定の時間を必要とする。たとえば、先の実践的推論をもう一度辿ってみてほしい。一瞬で終えることはとてもできないだろう。それゆえ、少なくとも「何気なくさっと手をあげる」といった行為（意図的基礎行為）の場合などには、人は行為前に実際に実践的推論を行っているわけではないと、フォン・ウリクトは主張する。

それでは、実践的推論とは何なのだろうか。フォン・ウリクトの議論から帰結する唯一の答えは、「行為を事後的に理解するもの」ということになるだろう。つまり、ある行為が為されてからその行為をした理由や意味などを理解する営みの一環として、実践的推論を位置づけるのである。

しかし、この位置づけに従うなら、実践的推論の中には意図や信念という心の働きが含まれているにもかかわらず、実際にはそうした心の働きによって行為が成立したわけではない、ということになる。つまり、反因果説は、そうした心の働きは事後的な行為の理解や正当化といった文脈において捏造されるものだと主張していることになるのである。

アンスコムの反因果説の内容が判然としないというのは、まさにこの点に関わるものである。彼女がフォン・ウリクトのように、「行為を成立させる心の働きなるものは、ありもしないでっちあげである」と考えていたとは限らない。むしろ彼女は、心の働きの因果的実効性や実在性といった問題そのものから距離を置いて棚上げにしているように思われる。それが端的にあらわれているのが、彼女が実践的推論を特徴づけるやり方である（前掲「実践的推論」一九八頁以下）。

フォン・ウリクトも、それから因果説を採るデイヴィドソンも、意図や欲求と信念の組み合わせから結論が引き出される一連のステップとして実践的推論を捉えている。それに対してアンスコムは、実践的推論からそうした心の働きを排除し、目的となる命題からそれを実現するための手段となる命題を導くステップとして位置づけ直すのである。先に挙げた実践的推論と対比させるなら、彼女の言う実践的推論は次のようなものとなる。

【目的】学級委員になる。
【前提】手をあげなければ学級委員になれない。
【手段】手をあげる。

このように実践的推論を特徴づける立場からすれば、たとえ「実践的推論は行為に実際に先立つものではなく、事後的に行為の理解の一環として行われるものだ」と主張したとしても、「意図や欲求といった心の働きは実は存在しない」という主張まで引き受ける必要はなくなる。なぜなら、実践的推論と心の働きとの関係がこの立場においては断ちきられているからである。

しかし、その代わり、アンスコムの言う実践的推論とは一体何を表現しているものなのか、「行為」という概念を解明する上でどのような役割を果たすものなのか、という別の問題が生じてくる。どうやら、彼女の言う実践的推論は、行為の後にその理由となった意図や欲求や信念などの内容をそれとして取り出すものではないらしい。かといって、行為の前に実際に辿られるステップでもないらしい。では、一体何なのか。

<table>
<tr><th>アンスコム</th><th>フォン・ウリクト</th><th>デイヴィドソン</th></tr>
<tr><td colspan="2">「反因果説」＝意図や欲求といった心の働きは、行為を成立させる実際の原因ではない</td><td>「因果説」＝意図や欲求といった心の働きは、行為を成立させる実際の原因である</td></tr>
<tr><td>実践的推論とは、目的となる命題からそれを実現するための手段となる命題が導かれる一連のステップである</td><td colspan="2">実践的推論とは、意図や欲求等から結論（行為）が導かれる一連のステップである</td></tr>
<tr><td>心の働きが実際に行為を成立させているかどうかという問題は棚上げされる</td><td>心の働きは実際には行為を成立させていない</td><td>心の働きが実際に行為を成立させている</td></tr>
</table>

──彼女は、自身による実践的推論の特徴づけは行為を理解するのに役立つはずだ（前掲「実践的推論」二五五頁）と述べる。しかし、実際にどのように役立つのかを教えてはくれないのである。

因果説の諸相

このように、一口に「反因果説」と言っても内部で主張に違いがあるし、その旗頭であるはずのアンスコムの議論自体が、肝心なところで明確さを欠いており、意図や欲求といった心の働きが実際に行為を成立させているどうかという問題を棚上げしているように思われる。その点で、アンスコムとフォン・ウリクトの議論を一括りにして因果説と対峙させることには無理があるように思われる。

他方、因果説に関しても、議論は一枚岩ではない。たとえばR・M・チザムは、ある人が行為したとき、それがおそらくは脳の内部で起こった一連の物理的過程の結果であろうということを認める。その上で、その脳内のプロセス自体は行為者当人によって引き起こされたものだと主張する。つまり、チザムは、意図や欲求といった心の働き──いわば、心的な出来事──は脳内の物理的過程という物理的な出来事に置き換えられる一方で、その出来事は行為者当人という実体そのものを原因とする、と主張するのである。これはまさに、アリストテレスの言う「第一の不動の動者（みずからは他の何によっても動かされず、そして、自身は動かずに、自身の存在それ自体によって他のものを動かす存在者）」である「神」のような存在として、行為者たる我々を特徴づける主張に他ならない。この主張は、**行為者因果説**（agent causation theory）と呼ばれる。「何らかの出来事が他の出来事を引き起こすプロセス全体」として行為を理解するのではなく、行為者がその存在によって物理的なプロセスを引き起こすと考えるのである。（Chisholm, R. M., "Freedom and Action" in *Freedom and Determinism*, edited by Keith Lehrer, Random House, 1966, pp.11-44.）

チザムの行為者因果説は、少なくともリード（一七一〇～一七九六年）の所論まで遡る、ある意味で由緒ある考え方である。しかしそれが、物理的な因果関係に縛られない神のような自由な実体を立て、その実体そのものを行為の成立の原因とする立場であることから、現代では特に自然主義（前章の「**コラム① 心身問題の行方**」参照）の立場からの評判が悪い。デイヴィドソン――少なくとも一九八〇年代以降のデイヴィドソン――を例外とするなら、因果説を採る論者の大半は自然主義の立場に立ち、科学的主張に抵触しない行為論を展開しようとする傾向が強く、自然法則に反する「第一の不動の動者」のような存在を肯定するのは具合が悪いのである。

因果説に立ちながら、チザムの行為者因果説を強く批判する代表的な論者として、H・G・フランクファートとマイケル・ブラットマンの二人の名をここでは挙げておこう。両者は、チザムのように行為者を行為の成立の原因として立てるのではなく、あくまでも意図や欲求といった心の働きが特定の出来事を引き起こすことが行為の内実だと説明する。その意味では彼らの議論はデイヴィドソンの因果説と同様である。違うのは以下の二点である。（1）デイヴィドソンが、心の働きは脳内の短時間の物理的過程ではなく、脳を越え出た時間的空間的に極めて幅の広い物理的過程全体に付随すると考えるのに対して、フランクファートとブラットマンは、チザムと同様に、脳内の短時間の物理的過程に付随すると考える。（2）デイヴィドソンが、「欲求や信念といった心の働きによって特定の出来事が引き起こされることが行為の内実である」と考えるのに対して、フランクファートとブラットマンは、その図式だけでは不十分だと考え、階層的な心の働きの図式を想定する。

（2）の論点について、もう少し詳しく見てみよう。

フランクファートによれば、たとえば人間以外の動物も、「ご飯を欲し、その欲求に従って身体を動かし、ご飯を食べる」という意味では、行為することができるという。しかし、人間の場合は、その欲求に従いたいという意識的な欲求をもつことができるということを、フランクファートは強調する。たとえばご飯を食べたくても、ダイエット中であるためにその欲求に従いたくなく、むしろ体重を減らしたいという欲求に従いたい場合もあるだろう。そして、そうした葛藤の結果、ご飯を食べずにダイエットを継続したのであれば、その人の行為は、「ご飯も欲したが、体重を減らすことも欲し、比較考量の結果、体重を減らすことを心から欲したので、ダイエットを継続することにした」という一連の過程として説明することができる。このとき、その人は単に「ご飯を食べたい」とか「体重を減らしたい」といった欲求だけでなく、どちらかの欲求に心から従いたいという決定的な欲求ももつ。この二重の欲求は、行為者当人がまさに欲求にコミットしているという意味で、本書で「意図」と呼んできたものと近いものだと言えるだろう。実際、フランクファートは、単なる欲求を「一階の欲求（desire）」と呼び、欲求に従いたいと心から欲するという意識的な欲求を、「二階の意欲（volition）」と呼んで、後者の欲求がコミットメントを伴うことを強調している。このようにフランクファートは、人間のいわば「行為者性（agency）」と言うべきものの本質が、行為を成立させる心の働きが階層構造をもつということに存すると主張するのである。（フランクファート「選択可能性と道徳的責任」三ツ野陽介訳、『自由と行為の哲学』門脇俊介・野矢茂樹編、春秋社、二〇一〇年、八一～九八頁。「意志の自由と人格という概念」近藤智彦訳、同書、九九～一二七頁。）

　ブラットマンも、同様の階層的な構造によって「行為者性」というものを捉えようとしている。ただしブラットマンは、「二階の意欲」という決定的な欲求（特定の欲求に心から従いたいという、コミットメントを伴った欲求）を階層構造の上部に置くのではなく、「計画」をそこに置く。構図を単純化して言うなら、本書で「意図」と呼んできたものをフランクファートは「欲求」の延長線上で捉えるのに対して、ブラットマンは「未来志向的な計画」として捉えようとするのである。

　ブラットマンが計画というものに着目するのは、この概念には次のような特徴があると彼が考えるからである。（1）できるはずがないと信じていることを意図したり、矛盾した事柄を意図したりすることができ

	デイヴィドソン	チザム	フランクファート	ブラットマン
心の働きが付随する物理的過程の範囲	脳に局限されず、時間的空間的に極めて幅広い	脳内の短時間の物理的過程	脳内の短時間の物理的過程	脳内の短時間の物理的過程
行為を成立させる真の原因	意図、欲求、信念といった心の働きの組	行為者	二階の意欲	計画
自然主義に対する立場	反自然主義？	反自然主義	自然主義	自然主義

ないのと同様に、できるはずがないと信じていることを計画したり、矛盾した事柄を計画したりすることはできない。その点で、意図と計画の性格は類似している。（２）計画は一度の行為で達成できるようなものではなく、「ダイエットする」とか「弁護士になる」というような、比較的長期にわたるものが大半であり、しかも、中身がある程度漠然としている。そのため、計画に沿う具体的な手段を様々に実行していく必要があるし、個別の欲求が生じた際に、それが計画に沿うものかどうかを判別して取捨選択していく必要がある。たとえば、ダイエットをする計画を立てているときには、「ご飯を食べたい」という欲求が立ちあがってきても、その欲求を意識的にコントロールして、場合によっては切り捨てなければならないだろう。その意味で、計画とは「自己統制的な方針を立てること」であると、ブラットマンは言う。（ブラットマン「計画を重要視する」星川道人訳、『自由と行為の哲学』門脇俊介・野矢茂樹編、春秋社、二〇一〇年、二五九〜二八七頁。「反省・計画・時間的な幅をもった行為者性」竹内聖一訳、同書、二八九〜三三四頁。『意図と行為』門脇俊介・高橋久一郎訳、産業図書、一九九四年。）

フランクファートとブラットマンの因果説についての簡単なコメント

このコラムでは、ここまで紹介してきた個別の議論について詳しく検討を行う余裕はないが、フランクファートとブラットマンの因果説に関して、一点だけ簡単にコメントをしておきたい。

彼らは心の働きの階層性を強調し、一階の欲求を二階の意欲や計画によって意識的にコントロールしていくという「自己制御」の機能に人間の行為の本質を見出すわけだが、もしそれが、「我々が行為する際には階層構造が常に機能している」ということを意味するならば、その理論は誤りだろう。というのも、我々は普段、「欲求に心から従いたいという欲求」や「計画」に沿った行為を常にしているとは言えないからである。たとえば、特に意識せずに何気なく台所に行って水を飲むという場合、「水を飲みたいという欲求に心から従いたい」という欲求も同時にもっているというのだろうか。それとも、何らかの計画の一環として水を飲んでいるとでも言うのだろうか。――我々が日常で行う行為の多くを占める「無意識的な行為」、「とっさの行為」、「臨機応変の行為」、「当座の行為」といったものの有り様を説明することが、彼らの階層理論では逆に難しくなってしまうのである。

また、我々が日常で行う行為は意図的行為だけではないということ、すなわち、「意図せざる行為」も我々の行為の多くの部分を占めることを鑑みれば、「一階の欲求を二階の意欲や計画によって意識的にコントロールしていく」という階層理論の射程はそれほど広いものではないと言えるだろう。確かにブラットマンの言う通り我々は、未来に向かってある程度長期的な計画を立てて、その計画に沿った手段を継続的に実行していく側面もある。しかし、我々の多くはそれほど意志が強いわけでもないし、一貫性のある合理的な判断が常にできるわけでもない。そして、我々が住まう世界は運の介在といった不確実性に覆われている（この点に関しては次の第3章の議論を参照）。この実情からすれば、首尾一貫したコントロールによって計画を達成するという部分的なケースによる人間の行為の特徴づけは不十分であり、自分にコントロールできなかった結果をどのように引き受けていくかという点も、人間の行為にとって本質的な事柄と言えるだろう。

（とはいえ、以上の論点によって、ブラットマンが注力する未来志向的で継続的な行為の側面が重要でない、ということにはならないだろう。本書は、自覚的な意識が先立たない意図的行為や、あるいは、意図せざる行為――計画などしておらず、図らずもやってしまったこと――に強い関心を寄せるがゆえに、いわば「後ろ向き」な行為論を展開するものだと言える。すなわち、事後的に回顧されるものであるところに行為の本質を見ようとするのが、本書の立場である。他方、ブラットマンは、いわば「前向き」な行為論を展開するものであり、計画を立て、その手段となる諸行為を通じて継続的にその計画を実現させていくあり方に重心を置く立場だと言えるだろう。）

以上、現代の英語圏の行為論について簡単に見てきた。最後に一点確認しておきたいのは、ここまで辿ってきた流れから明らかなように、現代の英語圏の行為論においては基本的に解明の対象が意図的行為に限られており、しかも、個人が単独で行う行為に話題が集中しているということである。次の第3章では、行為という概念を構成するもう一方の領域である「意図せざる行為」について、この領域を主題化している英語圏の哲学者として特異な存在であるバーナード・ウィリアムズの議論を主な導きとしながら、解明を進めていく。また、複数の人間が共同して行為を行うという、人間の実生活において極めて重要なあり方についても、次章の「**コラム③　共同行為について**」で扱うことにする。

【文献紹介】

以下の本は、このコラムや本文でもたびたび登場しているが、現代の英語圏の行為論における重要論文を八本収録しており、また、監訳者の野矢茂樹氏による明快な概説もあるので、本格的に行為論の専門的な議論に向かいたい人には必須の本と言える。

■**『自由と行為の哲学』**門脇俊介・野矢茂樹編、春秋社、二〇一〇年。

また、以下の二冊は、すでに行為論の古典としての地位を確立している文字通り画期的な著作である。

■**アンスコム『インテンション』**菅豊彦訳、産業図書、一九八四年。

■**デイヴィドソン『行為と出来事』**服部裕幸・柴田正良訳、勁草書房、一九九〇年。

ただ、アンスコムの本や論文は、彼女の著述を相当読み込んだ研究者にとってもかなり難解であり、いきなり読むと消化不良を起こすことは確実である。アンスコムの議論の内容と、それがデイヴィドソンの議論とどう違うのかを整理してある以下の論文を、最初に読んでおくことをお勧めする。

■**河島一郎「行為の一般性と個別性——デイヴィドソンはアンスコムとどこで分かれたのか？」**『哲学・科学史論叢』第八号、東京大学教養学部哲学・科学史部会、二〇〇六年、四七〜七八頁。

また、デイヴィドソンの論文もとても明快とは言いがたい。以下の本が、デイヴィドソンの哲学への入門として定評がある。

■**サイモン・エヴニン『デイヴィドソン——行為と言**

語の哲学』宮島昭二訳、勁草書房、一九九六年。

アンスコムとデイヴィドソンの議論に対する言及を含む、日本人の手になる行為論の代表的な論考のひとつとして、以下の本がある。平明な語り口であるにもかかわらず、内容は鋭く豊かであり、しかも文庫なので手に入れやすい。右に紹介した本や論文全体を通じて、まず真っ先に読んでほしい本である。

■**野矢茂樹『哲学・航海日誌〈2〉**』中公文庫、二〇一〇年。

第3章
行為の全体像の解明

前章までで明らかにできたのは、意図的行為とは何かであった。主に脳神経生理学的な説明との対比の下で、「意図によって何らかの出来事が引き起こされる」という一連の過程について解明を行った。

しかし、前章の最後に、行為には意図的行為以外のものもあることを確認した。たとえば、不注意で交通事故を起こしてしまうケースがそれである。交通事故は「事故」である以上は故意によるものではないが、やってしまうことであり、単に起こってしまうこととは異なる事柄であることは確かである。では、この二つの事柄は具体的にどの点で異なるのだろうか。

ここには、「手をあげることから手があがることを引いたら、後には何が残るのか」という引き算とは似て非なる、新たな引き算の問題が立ち現れている。すなわち、「(図らずも)やってしまったことから、起こってしまったことを引いたら、後には何が残るのか」という問題である。本章では、この引き算の答えを探りつつ、最終的に、意図的行為と意図せざる行為を共に視野に入れた行為の全体像を見渡すことを試みる。

3-1 意図性の薄い行為――やむをえない行為、他人からの強制に従う行為

問題の手掛かりを掴むために、自分の自由な意志による行為とは言いがたい微妙なケースから、意図性が完全に消尽するケースまで、徐々に追っていくことにしたい。

最初に取りあげるのは、アリストテレス(前三八四～前三二二年)によって提示された最も古典的な例である。航海中の貨物船が、強い嵐に見舞われたとしよう。船が難破するのを避けるために、船員たちはやむなく積み荷を海に捨て、船の重量を減らすことにする。(この行為は、投荷や打荷、捨荷、撥ね荷など

と呼ばれる。）積み荷を海に捨てるというのは、基本的には誰も進んで行おうとはしないことである。しかし、嵐に遭うという特殊な状況の下では、自分たちの生命や船という財産を守るための最良の選択となりうる。それゆえアリストテレスは、この行為には非意図的な側面も見受けられるとしつつも、結局、自由な意志で行われる意図的（自発的、随意的）な行為の一種だと結論づけている[39]。

では、次の例はどうだろうか。嵐ではなく、海賊に襲われたとしよう。船員たちは銃や刃物で脅されて、海賊に言われるがままに積み荷を彼らに渡すのである。この船員たちの行為を「自由な行為」とか「自発的な行為」などと呼ぶことは、先のアリストテレスの例の行為とは違って、かなり無理があるだろう。

なぜ我々は、この二つの例の間に、自由度の高さという点で差異があるように感じるのだろうか。ポイントとなるのは、「自然」と「人間」との違いである。どちらの例でも、外在的な原因によって積み荷を捨てざるをえない状況に置かれている点では同じである。しかし、原因となる対象が「自然現象」であるか「人間の意図や行為」であるかによって、我々が対象に対して抱く感情には大きな違いが出てくる。海賊に脅されて積み荷を渡す船員たちは、恐怖と共に、海賊によって行為を強制されていると感じ、海賊に対する憤りや怒り、苛立ちといった反抗心を抱くだろう。他方、嵐に関しては、我々は普通「積み荷を捨てるように嵐が強制する」とは言わないし、海賊に向けるのと同じ憤りや怒りを感じたりはしない。嵐に遭って積み荷を失う不運を深く悲しみ、まさに遣り場のない怒りを抱くことはあるだろうが、嵐に復讐したいとか、荒れ狂った海は罰せられるべきだとは思わないだろう。

このポイントを言い換えるなら、自然現象（嵐、台風、地震、雷、等々）は人間が自分の意に染まぬ行

［39］アリストテレス『ニコマコス倫理学』1110a

為をすることの原因にはなりうるが、そのような行為をするように強制する主体や反抗心の対象とはならない、ということである。他方、人間（海賊、強盗、権力者、教師、親、等々）の場合は、まさしくそうした強制の主体や反抗心の対象となりうる。我々は、他人に命令されたり脅迫されたりして、したくもないことをしなければならない状況に陥ったときこそ、自由でないと強く感じる。それゆえ、「他人に強制されて、嫌々行為する」というのは、「自由でないこと」ないし「自発的でないこと」の典型的なあり方と言うことができるだろう[40]。

とはいえ、この場合の「したくもないことをしなければならない」というのは、文字通り必然的である――他に全く選択肢がない――ということを意味するわけではない。海賊に逆らって積み荷を渡すことを拒否するならば、暴行されたり、ひょっとしたら殺されたりするかもしれない。しかし、それでも海賊に逆らうことは、可能と言えば可能である。その意味では、強盗の言いなりになるというのは、船員たちの自由な意志による選択と言うこともできる。同様に、「嵐の中で積み荷を海に捨てねばならない」というのも、選択肢が全く存在しないということではない。積み荷が非常に大事なものであり、捨てるくらいなら死んだ方がましだと思って、捨てずに運を天に任せる、ということもありうる。その意味では、船員たちには自由があると言えるのである。

もちろん、上記の二つの例においては、選択肢があるとは言っても、制約がとても厳しく、積み荷を諦める以外の選択をすることは極めて困難である。しかし、制約が存在するという意味では、どれほど自由と見なされる行為についても同様のことが当てはまる。というのも、選択肢があるということは、言い方を換えれば、できることがその選択肢の数や内容によって制約されているということに他ならないからである。人が何ごとかを行う際には、多かれ少なかれ、何らかの制約が存在する。食堂でカレーやらカツ丼やら好きなメニューを自由に選べるのも、選べるメニューがあらかじめ決まっているからである。また、そもそも「何を食べようか」と迷えるのも、「飲むものや焼くものや捨てるものなどではなく、食べるものを選ぶ」という制約が掛かっているからである。もしも、行為に際して特定の選択肢から選ばなければならないという制約があるならばそれは自由な行為ではない、ということになれば、自由な行為など世の中に存在しないことになってしまうだろう。つまり、制約の有無それ自体は「自由」と「不自由」を区別する上で基準となるものではない。あくまで、制約が厳しい場合から緩い場合までの程度の違いがある、ということにすぎないのである。

以上の点から言えるのは、「自由でない」ということで我々が指す事柄には、（1）単純に行為の選択肢がないという場合と、（2）選択肢があっても、事実上その中の特定の一つを選ばなければならない――しかも、それを選ぶように迫るのが他の人間である――という場合の、二種類があるということである。たとえば、船員たちが海賊に手足を縛られて積み荷を勝手に持って行かれるという場合には、その船員たちにはそもそも何の行為の選択肢もないという意味で、不自由である。単に積み荷を持って行かれるという出来事が起こっただけなのである。他方、船員たちが海賊から積み荷を渡すよう脅されるという場合には、危険を冒して海賊に逆らうという選択肢もあるにはあるものの、命を落とすリスクが高い場合などには、事実上、積み荷を渡す以外の選択肢を選ぶことは困難である。さらにこの場合には、「他人に強制

［40］　こうした、他の人間に対する怒りや反抗心などの感情の観点から「自由」という概念を分析しようとする著名な論文として、P・F・ストローソン「自由と怒り」（法野谷俊哉訳、『自由と行為の哲学』門脇俊介・野矢茂樹編、春秋社、二〇一〇年、三一～八〇頁）がある。なお、この論文の中でストローソンは、右で言う怒りや反抗心などを「反応的態度（reactive attitude）」と呼んで術語化している。

非行為	行為			
選択肢がない		選択肢がある（意図的である）		
		制約が厳しい		制約が緩い
不自由※1		不自由※2	自由度が低い	自由度が高い
海賊に襲われ、手足を縛られて、勝手に積み荷を持って行かれる	意図せざる行為	海賊に襲われ、言われるがままに積み荷を海賊に渡す	嵐の中、船が難破するのを避けるために、積み荷を海に捨てる	良好な天気の中、船内のスペースを確保するために、儲けにならない積み荷を海に捨てる

※1：選択肢がないという意味で不自由
※2：選択肢はあるが、他人によって強制されているという意味で不自由

されて、嫌々行う」という感覚や反抗心を伴う。その意味で、この例において船員たちは不自由であると言われるのである。

これが、嵐に襲われて積み荷を諦める例になると、事情が変わってくる。他の選択肢を選ぶことが困難である点では海賊に襲われる例と同様であるが、しかし、選択肢を著しく狭める原因が他の人間ではなく嵐という自然現象であるため、「強制してくる主体」に向ける反抗心が存在せず、それこそアリストテレスのように、この例はどちらかというと自由な意志による意図的行為である（自発的な行為である）と見なす人も多くなってくる。さらに、「特に嵐でもない良好な天気の中、船内のスペースを確保するために、儲けにならない積み荷を海に捨てるかどうか悩む」といった例であれば、特定の選択肢に掛かる制約は非常に緩くなると言えるだろう。そのため、この場合にはおそらくほとんどの人が自由な意志が働いている例として認めるだろう。

さて、ここまでの例の中に、本章で問題にしたい「意図せざる行為」にあたるものがあるだろうか。海賊に手足を縛られて身動きがとれなくなることは、そもそも行為でも何でもない。嵐に襲われて積み荷を諦めることは、意図的行為と見なされる場合が多い。微妙なのは、海賊に襲われて積み荷を諦めることである。こ

れは、先の論点を繰り返すなら、「自由でない」ないし「自発的でない」と我々が呼ぶ典型的な例であり、その意味で、自由な意志によるのではない行為――意図せざる行為――の一例と言うことも可能である。しかし、この例においても選択肢というものが存在することは確かである。船員たちは、（少なくとも原理的には）海賊に逆らうこともできたが、積み荷を渡す方を自分たちの意志で選択した。その意味では、この例は意図的行為の一例と言うこともできるのである。

我々は「自由」という概念を様々な仕方で多層的に捉えている。それゆえ、海賊に積み荷を渡す例を「意図的行為」と見なすべきかどうかは、「自由」のどの側面を重視するかで変わってくる。すなわち、（1）選択肢があるという側面に重心を置くか、（2）選択肢があるというだけでなく、さらに他人からの強制がないという側面に重心を置くかである。今後の議論のため、前者の（1）の意味での自由を「弱い自由」と呼び、後者の（2）の意味での自由を「強い自由」と呼ぶことにしよう[41]。この区別を踏まえるなら、自由を（1）の「弱い」意味合いにおいて捉えた場合には、海賊に積み荷を渡す例は、船員たちの自由な意志による行為ということになり、したがってこの例を「意図せざる行為」の一例として位置づけることはできなくなる。それゆえ、「意図せざる行為」の解明のためにこの例の分析に集中するのは適当とは言えないだろう。

「自由」という概念にまつわるこの特徴を踏まえつつ、「意図的」と言える要素が完全に消え去る地点はどのような行為に見出しうるのか、さ

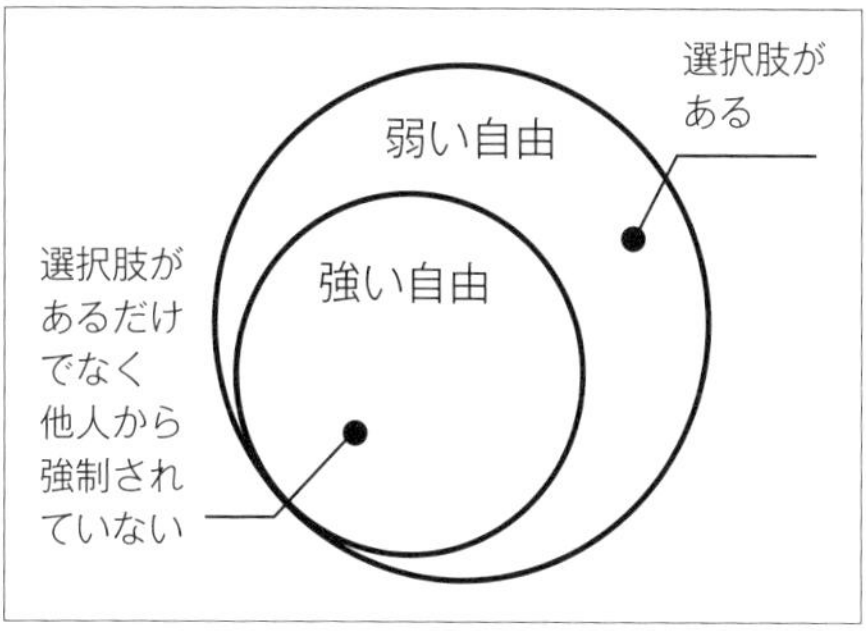

らに微妙な例に踏み込んでいくことにしよう。

3-2　意図せざる行為①――「悪質な過失」について

前節で検討した様々な例のうち、海賊に脅されて積み荷を渡す行為は、「自由」という概念に対する見方によってはまだ「意図的行為」として特徴づけられうる行為であった。それでは、次のような例はどうだろう。

N氏が居酒屋で酒を飲んだ後、車を運転して家に帰ることにした。軽くひっかけた程度なので、それほど酔ってはいないのだが、注意が散漫になっており、多少乱暴な運転になっているのは否めない。それでも大過なく走っていたのだが、家に帰り着く直前、横断歩道を渡っている子どもに気づかず、轢いてしまい、数時間後その子どもは亡くなってしまった。

この例において、N氏は故意に子どもを轢いたわけではない。言い換えれば、子どもを轢くという選択肢を自分の意志で選び取ったわけではない。その点で、N氏の行為は**過失**という記述の下で捉えられることになる。

ただし過失とは、大雑把に言えば、不注意や怠慢などによって失敗を犯すことを言うから、N氏の行為にはこの特徴にそぐわない面があることも確かである。なるほど、「子どもを轢いた」という記述の下では、N氏の行為は過失と言える。しかし、「飲酒運転をした」という記述の下では意図的行為である。N氏は知らない間に誰かによって体内にアルコールを注入されたわけではなく、まさに自分の意志で酒を飲み、自分の意志で運転をしたからである。

最近では、飲酒運転の危険性に対する世間の認識が高まり、飲酒運転をした人に対する見方も厳しさを増している。また、それに伴い、法律上でも罰則が強化される傾向にある。その中で、「アルコールを飲んで運転するのは殺人に等しい」などと言われることもある。もちろん、そのように言う人も、「飲酒運転をして死亡事故を起こした人は、誰かを轢こうとか殺そうといった意図を実際にもっていたのだ」と考えているわけではないだろう。しかし、飲酒運転によって事故を起こす確率が非常に高まるというのはもはや常識なのだから、それでも飲酒運転を行う人は「誰かを轢いてしまったっていい」と思っていたも同然だという考えが、飲酒運転による事故に意図性を認めようとする向きにはあると思われる。

この、「轢いてしまったっていい」という意図――「轢こう」といういわば積極的な意図をもつこととは異なる消極的な意図――は、法律用語では**未必の故意**と呼ばれるものである。[42] 刑事裁判などの現場では、「未必の故意」が実際に飲酒運転に対して認められる可能性は（少なくともいまのところは）まずない。こ

［41］　第1章1–5の傍注［10］でも確認したように、本書では「自由」をいわゆる「人間的自由」の範囲に限定しており、さらに、選択可能性を「自由」の前提としている。なお、選択可能性はしばしば他行為可能性と混同されているが、両者は区別されねばならない。たとえば本文で後述するように「過失」という行為は、行為者の選択によるものではないが、別様に行為することができたとされ、非難の対象になる。つまり、「過失」には（少なくとも意図的行為に関して言われるのと同じ意味での）選択可能性はなかったが、他行為可能性はあった、と一般に見なされているのである。

［42］　ここで言う「消極的な意図」ないし「未必の故意」は、哲学上の行為論においては主に「二重結果の原理（principle of double effect）」をめぐる長い議論の俎上に載ってきた。この原理の詳細と問題の所在については、たとえばマイケル・ブラットマン『意図と行為』（門脇俊介・高橋久一郎訳、産業図書、一九九四年）の二六八頁以降を参照してほしい。そこでブラットマンは、「爆撃機のパイロットが、軍需工場を爆破すれば隣接する学校も破壊され子どもたちが死んでしまう可能性を知りつつ爆弾を投下する」という例を出しつつ、二重の結果（いまの例では、軍需工場の爆破と子どもたちの死）が引き起こされるような行為における意図について論じている。

の消極的な意図は、誰かに当たっても構わないと思って雑踏に向けて石を投げたり、死傷者が出ても構わないと思って放火をした場合などに適用されるものであり、それらと同じ意味では、飲酒運転を行う人が「誰かを轢いてしまっても構わない」と思っていたとは言いがたい——つまり、事故を起こすことを（どんなに消極的な意味合いにおいても）さすがに望んではいなかった——と解釈される可能性が高いのである。実際、飲酒運転の結果事故を起こした人の中には、「自分はこれくらい飲んでもまともに運転できる、間違って人を轢くことなどない、大丈夫だ」という自信があったから運転してしまった、という人も多いだろう。それでも、そうした実際の法の運用や当人の思いはともかくとして、とりわけ事故の被害者などの中には、飲酒運転をして事故を起こすことに対して「未必の故意」を認めようという風潮も見受けられるということである。（そして、刑法学上の議論においても実際、飲酒運転の結果として生じた事故に対して、特定の条件下では「未必の故意」を認めることができるという説は存在する。たとえば井田良は、「酒に酔って自動車を適切に運転できない状態で、誰か人にぶつかる可能性は大きいと認識しつつ、かなり高速で運転する行為については、傷害（場合によっては殺人）の未必の故意を肯定できるであろう[43]」と述べ、「この考え方は、判例実務の立場とも整合的であるように思われる[44]」と続けている。）

　このように、飲酒運転による交通事故に関しては、「誰かを轢こう」という積極的な意図とまではいかなくても、「誰かを轢いてしまっても構わない」という消極的な意図（未必の故意）を帰属させる向きが、被害者の意識や世論にある程度存在する。なぜなら、（1）「酒を飲む」とか「酒を飲んでから運転する」というのは明確に意図的なものであり、かつ、（2）飲酒運転と交通事故の発生の間に強い因果関係が存在することを行為者当人も当然知っていたはずだ、と見なされるからである。

「過失とは、不注意や怠慢などによって失敗を犯すことを言う」と先に確認したが、より具体的に言えば、(1) どのような出来事が起こるかを予測することができ、かつ、(2) その出来事を回避することもできたのに、(3) 回避するのを怠った、ということによって、過失という行為は構成される。飲酒運転による事故が過失と認定されるのは、大抵の場合それがこの三つの条件を満たしていると判断されるためである。飲酒運転が事故という結果に至りやすいのはもはや皆が知っているはずのことであるし、自分の意志で酒を飲んだ人は、もちろん最初から飲まないこともでき、飲んだら車に乗らないこともできた。にもかかわらず、車に乗って事故の原因になったとすれば、事故を回避することを怠ったと見なされるだろうし、場合によっては、「事故を起こしてしまっても構わない」という消極的な意図（未必の故意）が帰属されて強く非難されることすらあるのである。

　以上、「悪質な過失」と見なされやすい行為の代表例として、飲酒運転による事故の例を見てきた。そこでは、「意図せざる行為」として「過失」という行為のあり方を見出すことができたが、その一方で、この種の過失と意図的行為の間にある程度の連続性が存在することも確認した。

　ここで言う「悪質な過失」は、「行為者が、ある行為を行うと特定の事故を引き起こしやすいことを理解していながら、それでもその行為を意図的に行った結果、当該の事故を引き起こしてしまった」といったかたちに定式化できる。たとえば、飲酒運転が事故の確率を非常に高めることを理解しながら、飲酒した上で意図的に運転を行い、そして実際に事故を犯した人は、過失を犯したと見なされ、非難され、さらに刑罰などに問われる。しかし、この種の過失に向けられる非難は、純然たる不注意や怠慢に向けられる非難と同様のものとは言いがたい。つまり、それより悪質であると見なす人が多いだろう。そして、その

[43] 井田良『講義刑法学・総論』有斐閣、二〇〇八年、一六六頁。
[44] 同書、同頁。

「悪質さ」の内実は、「事故を引き起こす可能性が高い行為を、それと知りながら意図的に行った」という点に求められる。それゆえ、「さすがに事故を起こそうと積極的に意図したとまでは言わないが、事実上、事故を起こしても構わないと思っていたも同然ではないか」という非難を向ける人も、少なからず出てくるのである。それは、法的な解釈との整合性はともかくとして、「消極的な意図（未必の故意）」に近いものを行為者に帰属させることであるから、意図的行為に非常に近いものとして「悪質な過失」を捉えるということに他ならない。

こうした捉え方それ自体が適切なものであるか——とりわけ、法的な解釈との齟齬がないかどうか——は、ここでは問題ではない。重要なのは、繰り返すように、「事故を引き起こす可能性が高い行為を、それと知りながら意図的に行い、結果としてやはり事故を起こしたこと」としての悪質な過失は、意図的行為に近い特徴を帯びてくる（そして実際に、意図的行為と事実上変わらないと捉える人も出てくる）ということである。しかし、過失には、これらとは異なる種類のものも存在する。それは、純然たる過失——意図性を帯びない過失——である。次にその種の過失について取りあげるが、この辺りから、過失という概念それ自体が抱える一種の「不具合」が明らかになってくるだろう。

3-3　意図せざる行為②——「純然たる過失」について

3-3-1　過失という概念が抱える「不具合」

次のような例を考えよう。N氏が車を運転している。素面《しらふ》で、体調も良好で、ずっと安全運転を続けていたのだが、偶然、生き別れの双子の弟が道路脇を歩いているのを見つけた。その姿に思わず気をとられて目で追ったちょうどそのとき、横断歩道に飛び出した子どもに気づかず、轢いてしまう。治療の甲斐なく、その子どもは数時間後に亡くなった。

先に示した過失の定義を思い出そう。（1）どのような出来事が起こるかを予測することができ、かつ、（2）その出来事を回避することもできたのに、（3）回避するのを怠った、ということが、過失という行為を構成する。いまのN氏の例に則して言えば、以下の条件が揃えば基本的に彼は過失を犯したことになる。まず、（1）車を運転しているとき、横断歩道に子どもが飛び出すことや、車を停めずにそのまま進めば子どもを轢いてしまうことが、N氏にとって予測可能であったこと。また、（2）N氏は、ブレーキを踏んだりハンドルを切ったりするなどして、子どもを轢くことが回避可能であったこと。そして、にもかかわらず、（3）N氏はそうした回避行動を怠ったこと。――煎じ詰めて言えば、「予測可能性と回避可能性を前提にした上での回避行動の怠り」が、過失という行為を構成する。逆に、たとえば完璧な安全運転をしており、高速道路のマンホールからいきなり子どもが飛び出してきて、かつ、車の設計ミスによって突然ブレーキが利かなくなったために子どもを轢いてしまった、という場合には、とても過失とはならないだろう。というのも、その場合には客観的に見て、予測可能性も回避可能性もなく、子どもが轢かれるという出来事を避けることは不可能だったと見なされるからである。

不注意によって子どもを轢く過失を犯すN氏の例が、前節における飲酒運転による事故の例と違うのは、人を轢いたことに関しては全く意図性を帯びる要素がないということである。N氏は、たとえば運転前にアルコールを飲んだりしたわけではない。ただ、純粋に不注意で回避行動をしなかったことによって、事故を起こしたのである。それゆえ、「悪質な過失」に対して生じうる非難、すなわち、「君は事故を引き起こす可能性が高い行為を、それと知りながら意図的に行い、結果としてやはり事故を起こしたのだから、

	車で子どもを轢いた			
	意図的行為		過失	
			悪質な過失	
	故意による「子どもを轢こう」	未必の故意による「子どもを轢いてしまっても構わない」	未必の故意によるものも同然だという非難が生じうる	不注意による
予測・回避できた	○	○	○	○
敢えて回避しなかった	○	○	△×	×

意図的に事故を起こしたも同然だ」という種類の非難は、少なくともN氏の過失——いわば「純然たる過失」——には当てはまらないのである。

しかし、ここで大きな問題が生じてくる。それは、「純粋に注意を怠った」というのが何を意味するかである。N氏は、子どもを轢くことを回避しなかった。できなかったのではなく、しなかったのである。もちろん、繰り返すように、この「しなかった」というのは、敢えて（故意あるいは未必の故意により）しなかった、ということではない。不注意や怠慢などにより回避しなかった、ということである。すなわち、注意すべきところで、心を引き締めず、気を配らず、注意を怠った（なまけた、おろそかにした、いい加減にやった、油断した、うっかりした、抜かった）というのが、N氏の行為の中身である。しかし、「回避できたのに、不注意で回避しなかった」ということ（過失）と、「回避できたのに、敢えて回避しなかった」ということ（意図的行為）は、具体的にどのような点で異なるのだろうか。

回避できたのだから、N氏には「回避する／しない」という選択肢があったのだろうか。そうではないだろう。何度も確認するように、N氏が回避しなかったのは自分の意志によるのではなく、まさに不注意によるものであり、回避しようにも回避できなかったのである。そうすると、ここにはあからさまな矛盾が立ち現れているように思われる。整理しよう。まず、（1）過失という行為が成立するための前提として、行為者には事故の予測可能性や回避可能性が存在しなければならない。しかし、（2）不注意で事故を回避しなかったということは、まさにそうした可能性が行為者には存在しなかったことを意味するように思われるのである。たとえばN氏は、道路脇にいた生き別れの肉親の姿に思わず目を奪われたために、子どもが横断歩道に飛び出すのに気づくことができなかった。その意味では、N氏は事故を予測することも回避することもできなかったことになる。つまり、以上の（1）と（2）を組み合わせると、「N氏は事故を回避することができたのに、回避することができなかった」という奇妙な話になってしまう。このように、過失という概念をよく見ると、一種の「不具合」が表面化してくるのである。

前節で取りあげた「悪質な過失」がこの問題を素通りできているように見えるのは、それらはそもそも過失ではない——あるいは、少なくとも純然たる過失ではない——という非難が向けられうるからである。すなわち、事故を回避することもできたのに、敢えて回避しなかったも同然だ（事故を起こしてしまっても構わないという未必の故意によって行為したも同然だ）という非難である。その点では、「悪質な過失」に対して向けられる非難は、事故を起こしたという事実そのものよりも、むしろ、事故の遠因となった意図的行為に重心が置かれると言えるだろう。たとえば、「飲酒運転」という意図的行為である。（同様に、たとえば無免許運転による事故も、無免許で運転したという無謀な意図的行為が主な非難の対象になるだろうし、居眠り運転による事故も、うとうとしてしまう状況にもかかわらず敢えて運転を中止せずに続けたということに対して、主に非難が向けられるだろう。）

しかし、N氏の「純然たる過失」のケースに対しては同様の非難は当てはまらない。不注意で事故を起こしたという、まさにその事実以外に、非難すべき点は見当たらないからである。

3-3-2　義務と可能性

いま立ちあがってきた問題を、**義務**という概念を軸にして辿り直してみよう。それによって、問題のポイントがどこにあるのかが、より明確になるはずである。

誰かが過失を犯したと非難される際には、その根拠として、義務という概念が持ち出されるのが普通である。たとえばN氏なら、車を運転する以上は常に横断歩道などの周囲の状況に気を配り続けるべきだった、と言われる。その義務に違反したがゆえに、N氏は非難に値する、と言われるのである。（さらに、法に従ってN氏に刑罰が与えられる際には、「結果予見義務」および「結果回避義務」にN氏が違反した、といった言い方が為される。）

この「義務」という概念は、**責任**という観点から捉えることもできる。逆に言えば、「責任」という概念は、この文脈では、道徳的ないし法的な義務という概念と等価なものとして捉えられる。すなわち、「N氏には常に周囲の状況に注意する義務があった」というのは、「N氏には常に周囲の状況に注意する責任があった」と言い換えられる。そして、実際に事故を起こしてしまったN氏は、謝罪をしたり、賠償をしたり、刑罰に服したりすることによって、責任をとることを求められることになる。（ただし、「責任」という概念は、実際にはもっと奥行きのある、かなり複雑な概念である。この点に関しては後の3-4-3において主題的に取りあげる。）

そして、ここで言う「…すべき」という義務には、通常、ひとつの原則が適用される。それは、「人に義務として課す行為は、その人にできる行為でなければならない」という原則である。この原則はしばしば、**「すべき」は「できる」を含意する**、というかたちで端的に表現される。たとえば、海で子どもが溺れていたとしよう。このとき、自身も泳げないために助けに行けなかった人に向かって、「あなたは子どもを助けに行くべきだった」と非難するのは不合理と言えるだろう。また、たとえば強盗にピストルで脅され、仕方なくレジのお金を渡したコンビニ店員に対して、「あなたは強盗に協力すべきでなかった、抵抗すべきだった」と非難するのも、あまりに酷で不合理だと多くの人が言うだろう。実際、法的にもこのコンビニ店員の行為は全く罪に問われないはずである。つまり、「すべき」が含意するとされる「できる」とは、単に選択肢があるという「弱い自由」が行為者にあるだけでなく、他人に命を握られるなどして強制されているのでもないという「強い自由」があることを意味すると、一般的に考えられているのである。

もっとも、「…すべき」というかたちで表現される事柄のすべてが「できる」を含意するわけではない。たとえば、「モナ・リザは美術館に展示するのではなく、私の家の居間に置くべきだ」ということが、本人の願望や審美眼などに基づいて言われるのであれば、本当にその人の家の居間に移すことができるかどうかは差し当たり問題ではない。「できる」を含意しなければならない「すべき」とは、それをしなければ非難を受けたり刑罰を与えられたりするという意味で、道徳的な義務および法的な義務を指すのである。逆に言えば、ある人が何かをすべきだった（あるいは、すべきでなかった）と道徳的な意味で非難したり刑罰を与えたりすることが合理的であるためには、その人にはそれをすることが可能であったのでなければならないと、通常我々は考えているということである。（なお、ここでさらに付言しておくなら、道徳的義務としての「すべき」ではなく、倫理的な目標としての「すべき」であれば、「できる」を含意するとは限らない。この点についてはエピローグにおいて取りあげる。）

しかし、純然たる過失の場合には、行為者には「強い自由」どころか、「弱い自由」すら存在しない。なぜなら、すでに確認した通り、そこには「事故を回避する／しない」という選択肢がそもそも存在しないからである。つまり、過失がまさに過失として非難を受けたり刑罰を与えられたりするのは、それが道徳的ないし法的な義務に違反したとされるからであるが、「すべき」という義務は「できる」という可能性――しかも、「強い自由」――を含意するという原則を鑑みれば、ここには明らかに矛盾が存在することになる。すなわち、できたはずのことをしなかったという非難が、できなかったことに対して向けられる、という矛盾である。

3-3-3 能力・責任・運

過失という概念が抱える上記の不具合を解決するために採られる代表的な手段は、「回避できた」ということの意味を二つに分ける、というものである。

一つは、「回避するという選択肢が実際にあった」という意味である。これは、「回避できた」ということで言われる一般的な意味だと言えるだろう。

もう一つは、「回避する能力があった」という意味である。この場合には、回避するという選択肢が実際にあったかどうかは問題にならない。たとえばN氏は、運転中に道路脇にいた生き別れの肉親に思いがけず気をとられたため、子どもが横断歩道に飛び出したことに対応することができず、その子どもを轢いてしまった。それゆえ、「事故を回避する／しない」という選択肢が実際にあったわけではない。しかし、N氏は運転免許を取得しているのだから、車を運転する以上は、事故を予測してそれを回避するだけの、ドライバー一般に通常求められる能力（身体能力、運転技能）があった、と見なされる。その意味で、N

「回避できた」＝（道徳的・法的）義務があった ＝ 責任があった

「回避する／しない」という選択肢が実際にあった	回避する能力があった
・意図的行為 ・（強い自由がないという意味で）不自由な行為	・悪質な過失 ・純然たる過失

氏は事故を回避できたとされるのである。

ここで重要な点は、N氏に帰属される能力は、基本的には、彼個人がその事故のときに実際にもっていた能力（主観的能力）を意味するわけではない、ということである。つまり、彼個人の視覚等の身体能力や、運転時の身体のコンディション、意識状態、それから運転技能といったものが、そのまま「能力」として見積もられるわけではない。むしろ、N氏が過失を犯したかどうか（事故を予測・回避できたのに不注意でしなかったかどうか）が焦点となる際に基準にされるのは、あくまでも、通常の一般的ドライバーに期待される身体能力や運転技能なのである。[45]

このように、「回避できた」というあり方は、特に過失という行為が問題となる際には、実際に回避する選択肢があったという観点からだけではなく、「回避する能力があった」という観点からも捉えられる。つまり、「N氏には事故を回避する義務（責任）があった。なぜなら、回避する能力があったから」というわけである。しかも、その能力の認定は、たとえば交通事故のときにN氏に実際にどのような能力があったかということに基づくのではなく、通常の一般的ドライバーにはどの程度の能力があると見なされるかという、一般的な観点に基づいている。同様に、たとえば医療事故においてある外科医が過失を犯したかどうかが問題になる場合にも、その外科医にそのとき実際にはどれほどの能力があったかという個別的事情が基準となるわけではなく、通常の（内科医や看護師ではなく）外科医一般に期待される能力に基づいて判断されることになる。つまり、「回避する能力があった」として過失の責任が問われる行為者は、「通常の一般的外科医」や「通常の一般的ドライバー」など、特定の社会的活動の領域において捉えられる**一般通常人**として特徴づけられるのである。

ところで、「回避できた」ということは、言い方を換えれば、「回避する／しない」を自分の意のままにできた、コントロールできたということである。これを、本書では**コントロール可能性**と呼んでおこう。そうすると、いま紹介した、過失という概念が孕む矛盾の解決策は、コントロール可能性を「実際の選択肢の存在」だけでなく「コントロールする能力の所有」としても解釈するものということになる。しかし、「コントロールできた」ということを、そのように「コントロールする能力があった」という広い意味で捉えるならば、我々がすべきことに対する要求は明らかに過大なものになるだろう。なるほど、理想的には、我々は車を運転する際、常に周囲の状況に隈なく気を配り、子どもの飛び出しなどの危険を見逃さず、集中を持続すべきだろう。しかし、これは言い方を換えれば、「一般通常人（いまの例では、通常の一般的ドライバー）」がその能力を発揮した場合に保つことのできる理想的な状態を常に保つよう、我々に要求するものに他ならない。

しかし、そのような理想化された一般通常人は、我々ではない。我々は実際には個々人の間で能力に差があるし、また、たとえ高い能力をもつドライバーであっても常に注意深い運転を継続できるわけではない。どれだけ気をつけようとしても、ふと集中が緩んだり、それこそ生き別れの肉親が道路脇を歩いているといった不意の出来事に意識が向いてしまったりすることもある。我々にはそうそう達成できない理想的な状態をまさに「義務」として常に維持するように求められるというのは、我々の実際の能力を超えた過大な要求なのではないだろうか。ここで肝心なポイントは、我々の実際の生活においては多少注意が散漫になったというそれだけで非難を受けるということはまずないし、まして、罪に問われたりすることはない、ということである。車を運転した経験のある人なら誰もが同意すると思うが、我々が運転中にふと気が緩むことは決して少なくはない。しかし、それだけで「過失を犯した」と見なされることはないのである。

もっとも、運転中にしょっちゅう脇見をしたり、ぼんやりする頻度があまりに高かったりすれば、それだけで非難の対象になることはありうるかもしれないが、そうした行為は、この節で問題にしている「純然たる過失」ではなく、むしろ前節の「悪質な過失」に近いものだと言える。つまり、「脇見運転や漫然とした運転は事故に繋がった可能性が高いことを分かっていて、しかも、脇見をやめたり意識を高めたりすることもできたのに、敢えて危険な運転を行った」という非難がそうした行為には向けられうるのである。しかし、繰り返すようにこの種の非難はN氏のケースには当てはまらない。なぜなら、N氏は道路脇

〔45〕 法律用語を用いて言うなら、「予見可能性の有無および結果回避義務の存否は、**一般通常人**の能力を基準として決せられる」〔強調（ゴシック体）は原著者〕（井田良『講義刑法学・総論』有斐閣、二〇〇八年、二一五頁）のであり、行為者当人の主観的能力や行為当時の個別的事情は基準とはならない、ということである。これは刑法学上では「客観説」とも呼ばれている。

とはいえ、それは、裁判等において行為者当人の個別的能力や行為当時の個別的事情が考慮されない、ということではない。たとえば、運転中のN氏の身に、彼本人も含めて誰にも予測できなかった心臓発作が起こり、その結果、車がコントロールを失って事故が起こったとか、あるいは、誰もが気をとられてしまうようなガス爆発が道路脇で起こったために、N氏の目も思わずそのガス爆発に向き、その瞬間に事故が起こってしまった、といった場合には、N氏はおそらく過失を犯したとは見られなくなるだろう。しかし、このことは言い方を換えるなら、誰もが同じ状況下では事故を回避できなかっただろうと見なされるからこそ、N氏に関しても過失として扱われなくなる、ということに他ならない。つまり、この場合も一般的な観点というものが基準になっているのである。

悪質な過失	ある程度悪質な過失	純然たる過失
飲酒運転をしていて、事故を起こした	しょっちゅう脇見運転をしていて、最終的に脇見が事故に繋がった	ずっと安全運転を続けていたが、一回、ふと気が緩んだことが事故に繋がった
飲酒運転それ自体が意図的行為と見なされる	脇見運転それ自体が意図的行為と見なされる可能性がある	ふと気が緩んだことそれ自体は意図的行為と見なされない

にいた肉親に思わず気をとられるまで、しっかり安全運転を続けていたからである。

このことが意味するのは、「不注意」というものの価値や意味合いは、多くの場合、その不注意によってどのような重大な結果がもたらされたのかによって遡及的に決まってくるということである。言い換えれば、結果に至る過程を振り返る中で「これこれこういう点で不注意だった」という風に後から輪郭づけられる面が大きいのである。たとえば、N氏が道路脇にいた生き別れの双子の弟に気をとられた瞬間に子どもが横断歩道に飛び出してこなければ、N氏は過失を犯すことはなかった。その場合には彼は、弟との昔の思い出を振り返り、感傷を覚えながら、悠々とドライブを続けていたことだろうし、あるいは、車を停めて弟に声をかけたりしたことだろう。つまり、何ごともなかった場合には、「あ、いま自分は注意を欠いていたな」と回顧することすらないケースも多いのである。その意味では、ある状態がそもそも「不注意」として表面化するのは、多くの場合、何か悪い出来事が起こった際に、遡及的にその原因として特定されることによると言えるだろう。

いま立ちあがってきたポイントは、過失という行為には**結果に関する運**というものが大きく関わる場合があるということである。運次第で、我々は過失を犯したことになったり、単に不注意だったことになったり、あるいは、そもそも不注意とすら認識されなかったりしうるのである。この「運」というポイントを明確にするために、悪質な過失と比較してみよう。たとえば飲酒運転は、それだけで非難されるし、また罪にも問われる。他方、運転しているときにふと気が緩んだとしても、それだけで過失と見なされたり、まして罪に問われたりすることはない。気が緩んだ結果として悪い出来事が引き起こされてしまった場合にはじめて、その人は過失を犯したと非難され、それが法に触れる行為であれば罪に問われることになるのである。また、たとえば、ある工場で多くの作業員が死亡するような重大な事故が起こったとしよう。その場合には、誰がその事故を起こしたのかが執拗に追及され、その人のどのような行為が事故の原因となったかが、事故のかなり以前まで遡って探られることだろう。それこそ、直接事故の原因となった作業員だけではなく、その人を監督する立場にあった上司や、安全管理の担当者、さらには役員や社長などの過失が問われる場合もあるのである。他方、もし事故のレベルがせいぜい作業員の一人が膝を軽く擦りむいた程度のものであれば、それほど深くは事故に至るまでの因果連鎖が掘り起こされることはないし、多くの人に責任が及ぶこともないだろう。

もうひとつ、微妙な実例を出しておこう。二〇〇四年二月、愛媛県内の小学校の校庭で、小学五年生の少年がサッカーのフリーキックの練習をしていた。少年はゴールに向けてサッカーボールを蹴ったが、ボールはゴールを外れ、校門を越えて道路に転がり出た。そのとき、ちょうど八〇代の高齢の男性がバイクに乗って道路を通っており、ボールを避けようとして転んで、足を骨折してしまった。男性は治療のため入院して以降、認知症の症状が出始め、一年半後、食べ物が誤って気管に入ることで起きる誤嚥《ごえん》性肺炎で死亡した。男性の家族は、少年には男性を死亡させた責任があると主張し、少年の保護者である両親に損害賠償を求める民事訴訟を起こした。少年側は、「ボールをゴールに向けて普通に蹴っただけだ」と反論したが、大阪地裁は「少年は、蹴り方によってはボールが道路に出て事故が起こる危険性を予測できたのに、漫然と蹴った」と過失を認定し、また、事故によって男性の認知症が進み、肺の機能が低下したとして、事故と男性の死亡の因果関係も認定して、一五〇〇万円の損害賠償を命じる判決を下した。また、控訴審においても大阪高裁は「少年にはボールが道路に飛び出さないよう注意する義務があった」と過失を認定し、また、事故と死亡の因果関係も認めて、一一〇〇万円の損害賠償を命じる判決を下した。

この判決が妥当なものであるかどうかについては、様々な議論がありうるだろう。ここで強調したいのは、判決の正否ではなく、やはり運というものが担っている重要性である。ボールが道路に飛び出したときに、ちょうどバイクに乗った人が通って転倒事故が起きなければ、また、転倒したのが高齢者でなく、足の骨折→認知症→誤嚥《ごえん》性肺炎→死亡という負の因果連鎖が起きなければ、少年は、「他人を死亡させた」という強い非難を受けることはなかったし、巨額の損害賠償を求められることもなかった。もちろん、そうした「運がよかった」場合でも、「ボールが道路に飛び出した」という出来事を引き起こしたとして、その出来事を目撃した大人から軽く怒られるようなことはあったかもしれない。しかし、サッカーなり野球なりテニスなり、何か球技をしていて、誤って外にボールを出してしまうこと自体は、多くの人が子どもの頃に経験しているありふれた事柄であり、「過失を犯した」とまで言われることはそうはないだろう。

つまり、過失という行為の成立は、結果に関する運によって大きく左右されうるということである。そして、このことは再び、過失という概念が抱える不具合に我々を連れ戻す。

「回避できたはずのことを回避しなかったという非難が、回避できなかったことに対して向けられる」というあからさまな矛盾を避けるために、「回避できた」というコントロール可能性の意味を二つに分けるという代表的な手段を、先に紹介した。すなわち、「回避するという選択肢が実際にあった」という意味と、「回避する能力があった」という意味に分ける手段である。そして、後者の意味でコントロール可能性を理解した場合には、あたかも矛盾は解消されたように見えた。なぜなら、「回避する／しない」という選択肢が実際にはなかった出来事に対しても、「回避できた」と言えるようになるからである。

しかし、同時に、コントロール可能性の意味をそのように理解するならば、それは我々に対する過大な要求になるのではないか、という疑問も取りあげた。もしも、「コントロールする能力をもっていた」ということだけで「コントロールできた（意のままにできた）」ということが保証されてしまうのであれば、理想化された一般通常人（通常の一般的ドライバー、通常の一般的外科医、等々）に期待される能力が発揮されなかったすべてのケースが義務違反となり、過失に該当することになるのではないか。たとえば我々は、運転中にふと気が緩んだり注意が散漫になったりしただけで、過失を犯したことになってしまうのではないだろうか。

この疑問に関してここまで確認してきたのは、実際には我々はそのように過失を世の中にあふれさせてはいない、ということである。我々は多くの場合、「どのような悪い出来事が引き起こされたのか」という結果から「不注意」というものを輪郭づけているのであり、その意味で、過失という行為がそれとして成立するかどうかは、結果に関する運に大きく左右されうるのである。

しかし、「運」というのは文字通り、自分の意のままにならないこと、コントロールできないことであり、まさに我々の能力の範囲外にあることに他ならない。それゆえ、コントロール可能性によって過失の成立を根拠づけている限り、結局、この概念が抱えている不具合は完全には解消できないことになる。たとえば、「子どもが横断歩道に飛び出したちょうどそのときに、付近の道路脇に生き別れの双子の弟がいた」という状況それ自体は、いかなる意味においてもN氏には回避できなかった。すなわち、そうした状況が生じることを回避する選択もできなければ、回避する能力もなかった。それはN氏の意のままにコントロールできない、まさに不運だったのである。また、先の実例において、少年がゴールに向かってサッカーボールを蹴ったとき、その行為がまさか、一年半後に他人が死亡するに至るまでの因果連鎖の引き金になるとは、少年はおろか誰にも予測できなかっただろう。

もちろん、過失の成立に運が介在する場合があるからといって、N氏や少年に事故の責任がないということにはならないだろう。しかし、「回避する能力があった」というだけでは、過失という行為の中身を説明し尽くすことができないことも、また確かなのである。

3-3-4 義務や責任と運との緊張関係

しかし、そもそもなぜ道徳や法には、過失の成立要件をすべてコントロール可能性に帰着させようという傾向があるのだろうか。

バーナード・ウィリアムズは、「行為者に対する道徳的評価に対して、幸運や不運が影響を与えてはならない」という考え方が、ヨーロッパをはじめとする多くの社会で昔から一定の支持を保ち続けてきたと指摘している。我々が誰かを「善人」や「義人」、「賢人」などと呼んで道徳的に評価するのは、彼らが幸運であったり不運であったりするからではなく、むしろ、運に左右されない偉大な精神をもつからだ、という考え方である。[46] たとえばデカルト（一五九六～一六五〇）は、書簡の中で次のように述べている。

結局、どんな大きな幸運も、彼ら〔偉大な精神をもつ人々〕を決して熱狂させもしなければより尊大にもさせないように、どんな大きな不運もまた彼らを打ちのめしたり……悲しませたりすることはないのです。[47]

実際、我々はこの種の考え方に賛同している場合が多い。たとえば、N氏が深夜、ある家に忍び込んで盗みを働こうとしたとしよう。侵入しようと窓を開けると、むっとする異様な空気が中から流れ出してきて、不審に思ったN氏はそのまま中に入らずに帰った。実はこのとき、その家ではストーブの不完全燃焼が原因で一酸化炭素が充満しつつあり、N氏が窓を開けなかったら住人は死ぬところだったのである。それゆえ、彼はある意味では住人の命を救う善行を行ったことになる。しかし、彼自身が道徳的に評価されることはないだろう。あくまでも、悪行を為そうという彼の意図が、偶然よい結果を引き起こしたにすぎないのである。同様に、誰かが善行を為そうと努力したが、不運にも悪い結果に至ってしまったとして、その人を道徳的に悪だと責めるのは酷だと言う人も多いだろう。

また、ウィリアムズと同じく現代の代表的な哲学者の一人であるトマス・ネーゲルも、同様の点を確認している。当人の手に負えない要因によって引き起こされた結果のために、その人を道徳的に評価することはできない――よく考えてみるまでは我々はそう考えているとネーゲルは言う。[48] どんなに悪い結果が引き起こされたのであっても、それが当人にはコントロールできなかった（意のままにならなかった）と分かれば、他の評価の仕方はなお可能であったとしても、道徳的な評価はその足場を失うかのように見える、

［46］ Williams, B., "Moral Luck," in his *Moral Luck*, Cambridge University Press, 1981, p.20.
［47］『デカルト=エリザベト往復書簡』山田弘明訳、講談社学術文庫、二〇〇一年、七三頁。
［48］ トマス・ネーゲル「道徳における運の問題」『コウモリであるとはどのようなことか』永井均訳、勁草書房、一九八九年、四一頁。

と。

こうした、道徳的評価への運の介在を認めない考え方を完成させた哲学者として、ウィリアムズとネーゲルが共に挙げるのは、西洋近代の最大の哲学者カント（一七二四〜一八〇四年）である。カントは、善なる意志がその意図した結果を実現できたかどうかは道徳には無関係だと主張する。[49] こうした考え自体はたとえば中世のアベラール（一〇七九〜一一四二年）などにも見られるが、カントはその徹底した思考によって、「（道徳的に）よい」という評価は運が介在した結果に対して言われるのではなく、よい結果をもたらそうという意志それ自体に対して言われる、という見解を強固なものにしたのである。

また、そうした哲学的な理論の蓄積と平行して、法学においても、特に近現代の欧米や日本などにおいては、責任や義務というものと運とを切り離そうとする傾向が強い。たとえばかつては、故意や過失の有無にかかわらず、生じた結果に対して誰かが責任をとるという、いわゆる**結果責任**を認める制度が広く存在した。その代表格は、「連帯責任」とか「連座（縁座）制」などと呼ばれる制度である。この制度においては、自分の全く与《あずか》り知らないところで親族や近隣住人が罪を犯した場合にも、自分も文字通りとばっちりを食って責任を追及され、刑罰を受けることになる。しかし現在では、当人にはコントロールできなかったことに関してその人を責めるのは合理的でないと考える人が多いし、実際、そうした純然たる連帯責任を課す法制度はあまり見られないようになってきている。（しかし実際には、選挙における連座制など、少ないながらも存在する。このことに関しては3－6－3以降に主題的に取りあげる。）

このように、特に近代以降、道徳的にであれ法的にであれ、義務を課し責任を追及する実践から運という要素をいわば「不純物」として排除する傾向が増しているのは確かである。非難や罰に値するのは当人が結果をコントロールできた行為だけであるという考え方が広く行き渡っているのである。そして、この考え方に従うならば、過失を非難や刑罰の対象にしたい場合には、「過失を犯した行為者にもコントロール可能性が存在した」と言えなくてはならないことになる。言い換えれば、「過失を犯した行為者は、事故を回避しようと思えば回避できた」ということが保証されない限り、その行為者を非難したり罰したりするのは合理的でない、ということになる。それゆえ、「回避できた」を「回避する能力をもっていた」と同一視することによって、「過失を犯すかどうかは行為者の意のままになったことだ」と、何とか言いたいのである。これはつまり、意図的行為——まさに行為者が意のままに行った行為——に対して責任を負わせるのと根本のところでは同じ思想の下で、過失に対しても責任を負わせようとすることだと言えるだろう。

しかし、こうしたそれ自体道徳的な考え方が、我々の生きる世界の実情を描いているとは限らない。むしろ、先に確認した通り、過失という行為の成立には実際には運が大きく関わりうる。どのような悪い出来事が生じてしまったのかという、結果の中身や重要性に応じて、誰が何をしてしまったのかも輪郭づけられる場合があるということである。カントに代表される考え方が覆い隠そうとする義務や責任と運との緊張関係は、過失という行為をよく考えることによって、如実に露わになるのである。

たとえば、過失を非難して実際に刑罰を科す必要がある刑法等の運用の現場では、この緊張関係がまさに避けがたく表面化してくる。すでに触れたように、過失においては（少なくとも日本の刑事司法では）未遂犯というものは存在せず、事故などの結果が発生してはじめて、そこから過去に遡るかたちで誰に責任があるかが追及されることが大半である。逆に言えば、不注意であったというだけではまず犯罪とはさ

〔49〕　カント『道徳形而上学の基礎づけ』宇都宮芳明訳、以文社、一九八九年、八四～一四七頁。

れないのである。（もし犯罪とされてしまえば、日頃不注意を重ね続けている我々は、際限なく処罰の対象となってしまうことだろう。）この点に関して、刑法学者の井田良による印象深い一節があるので、少し長くなるが引用しておきたい。

現行刑法の過失結果犯については、その未遂は処罰されていない。いかに落度ある危険な行為が行われていても、結果が発生しなければ犯罪にならない。道路交通の領域においては、それ自体として不注意な行為が日々無数に行われるであろうが、そのほとんどは問題とされず、ごく例外的に、結果を発生させたものだけが犯罪となる。その意味で、過失結果犯の処罰は、**偶然的処罰**ないし**見せしめ的な処罰**の側面をもつ。しかし、そういうデメリットをもちながらも、不注意な行為そのものをそれだけで一般的に処罰することを伴う処罰範囲の曖昧化・拡大化を回避できるというメリットをもつところから、過失結果犯という形態による処罰は、これをやめてしまうことができないのである。〔強調（ゴシック体）は原著者〕[50]

3-3-5 「完全無欠の道徳的行為者」というファンタジー

「非難や罰に値するのは、当人が結果をコントロールできた行為だけである」という考え方と、「過失という行為は非難や罰に値する」という考え方は整合しない。これを無理に整合させようとすると、「過失ですら、行為者当人が結果をコントロールできた」ということになるから、過失であれ意図的行為であれ行為の成立には運が全く関与しないという、非現実的な主張を推し進めなければならなくなる。言い換えれば、行為が行為である限りは運の影響というものは一切なく、すべては行為者の予測の範囲内であり、対処する能力の内にあった、と言わなければならなくなる。これは繰り返すように、現実の我々に対して課される義務としてはあまりに過大なものである。それゆえ、たとえばウィリアムズは、そうした過大な義務を実際に履行できる主体――すなわち、一般通常人に期待される能力の範囲内で、周囲の状況を隈なくコントロールし、みずからの行為がもたらす結果を正確に予測し、非難や罰の対象となる行為を行わず、道徳的に正しい行為のみを行う、いわば「完全無欠の道徳的行為者」――なるものは、救いがたいファンタジーだと断じている[51]。

ただしこれは、過失に対して非難を向けたり罰を与えたりするのは合理的でない、ということを意味するわけではない。仮に、不注意で交通事故を起こした人の責任を一切問わないということになれば、脇見運転や漫然とした運転をたびたび行うような人が増え、交通事故は現在よりも増加することだろう。ドライバーたちがそうしたある程度悪質な過失を犯すことを未然に抑止し、意識の高い運転を促す効果があるという意味で、過失運転に対して責任を問うことには合理性があると言える。また、過失運転によって被害を受けた人やその家族等の感情および損失を考えれば、加害者であるドライバーが謝罪をしたり、補償を行ったり、あるいは刑罰に服したりするなど、何らかのかたちで責任をとることは正当化されると言いうるだろう。

しかし、ある事柄を過失という行為として認定し、責任を負わせることと、「完全無欠の道徳的行為者」というファンタジーを現実と混同することは同じではない。ここに至って問題とすべきなのは、我々

〔50〕 井田良『講義刑法学・総論』有斐閣、二〇〇八年、二一八～二一九頁。
〔51〕 Williams, B., "Voluntary Acts and Responsible Agents" in his *Making Sense of Humanity*, Cambridge University Press, 1995, p.27.

は本当に、そうした理想的ないし空想的な行為者像を基準にして過失という行為を理解しているのか、ということである。我々は本当に、「（図らずも）やってしまった」ということの意味を、「コントロールできた（意のままになった）」ということのみから取り出しているのだろうか。

前節、前々節と、「意図せざる行為」の正体を探るため、過失という行為について検討してきた。その中で明らかになったのは、「悪質な過失」や「ある程度悪質な過失」だけでなく、「純然たる過失」であっても、義務を課し責任を問う実践と絡み合う中で、非難や処罰等の根拠として「コントロールできた（意のままになった）」ということを持ち出す考え方――つまり、できるだけ意図的行為に近いかたちで過失という行為を捉えようとする考え方――が強い影響力をもっている、ということである。しかし、意図せざる行為をそのように意図的行為の延長線上で捉える考え方は、間違っているのではないだろうか。

3-4　意図せざる行為③――悲劇と行為者性

前節の最後に確認したのは、「一般通常人に期待される能力の範囲内で、周囲の状況を隈なくコントロールし、みずからの行為がもたらす結果を正確に予測しきる行為者」なる者は我々ではないということであった。すなわち、運というものと無縁の「完全無欠の道徳的行為者」という理想像は非現実的だということである。それゆえ、この行為者像を基準にして「過失」という意図せざる行為を捉えることも理に適っていない。なるほど、多くの社会では、特に近代以降、そうした「完全なコントロール可能性」という観点から道徳的・法的な義務ないし責任を根拠づける考え方を洗練させる学説が支配的であった。しかし、この考え方は、我々の生きる現実の世界と齟齬をきたしている。

意図せざる行為を、意図的行為と同様の「コントロールできた（意のままになった）」というポイントのみによって説明することは、コントロール可能性をどのような意味で理解したとしても不可能である。それでは、意図せざる行為とは何なのか。この節では、明らかに過失ですらないような行為を取りあげることによって、その説明の穴を埋めていくことにしたい。

3‐4‐1　トラック運転手の悲劇

過失ではないが、「事故を起こした」と言えるような行為の例を、これから見ていこう。それは、すでに本書の「はじめに」において紹介した例と同種のものであり、ウィリアムズが道徳と運との関係を論じる中で提示した例を少し膨らませたものである。[52]

ある真面目な男性が、仕事でトラックを走らせているとしよう。彼はずっと、法定速度を守り、脇見をせず、前方をよく注意し、要するに完璧な安全運転をしていたのだが、道路脇の茂みから急に子どもが飛び出してきて、避けきれず子どもと衝突してしまう。トラック運転手はすぐに車を停めて救急車を呼んだが、治療の甲斐なく、その子どもは数時間後に病院で亡くなってしまった。トラックにはドライブレコーダーが搭載されており、事故の様子が記録されていた。それを誰がどう見ても、子どもが飛び出すことをトラック運転手が予測することは不可能だったし、衝突を回避することも不可能だった。それゆえ、彼は誰にも非難されず、罪にも問われなかった。しかし、彼はひどく落ち込み、「私はなんてことをしてしまったんだ」とか、「子どもを轢いて死なせてしまった」などと思う。責任を感じた彼は、子どもの葬儀に

〔52〕 Williams, B., "Moral Luck" in his *Moral Luck*, Cambridge University Press, 1981, p.28.

出席し、遺族に謝罪した。

このとき、我々がたとえば彼の友人であったとすれば、彼にどう接するだろうか。どういう言葉を彼にかけるだろうか。ウィリアムズは次のように述べている。


このトラック運転手に対して人々は、疑いなく、そして正しくも、彼を慰めようとして、彼の心の状態を、後悔を抱いている状態から傍観者的な心境に近い状態まで移行させようと試みるだろう。しかし重要なことは、我々はそうした慰めを試みることを必要と見なす一方で、その運転手があまりに淡々とたやすく傍観者的な立場に移るようであれば、彼に対して何らかの不信を感じるだろう、ということである。我々はその運転手を気の毒に思うが、その感情は、「この出来事に対する彼の反応には何か特別なところがある。それは、単に『自分の過失ではない』と考えることによっては取り除くことができないようなものだ」ということと共存しており、実際のところ、このことを前提にしているのである。[53]

このトラック運転手は、紛れもなく不運に巻き込まれた人である。もし彼が落ち込んでいて、「私はなんてことをしてしまったんだ」と悔やみ、責任を感じているならば、我々は当然、「君のせいではない、自分を責める必要はない」と慰めるだろう。しかし、ウィリアムズが言うように、我々は彼をそう慰めるべきだと見なす一方で、その慰めによって彼がすぐに納得し、「そうだよね、不幸な出来事が起こっただけだよね」とケロリと立ち直るとすれば——つまり、傍観者が抱くような心境に簡単に移行してしまうとすれば——、それはそれで、彼に対してある種の不信を向けるだろう。

これは、我々が単に一貫していないとか、頭が混乱しているといった話なのだろうか。つまり、彼に対して「責任を感じるな」と「責任を感じろ」という相反する要求を知らずに行っているにすぎないのだろうか。

　そうではない。右の引用の最後でウィリアムズが強調しているように、特定の出来事を振り返って行為者当人が抱く「やってしまった」「これは私のしたことだ」という認識には、「自分の過失ではない」と考えることによっては消失しない独特のものがある。その認識は、たとえば仮に先のトラックの助手席に人が乗っていたとしても、その人ですらもちえない認識――まさしく行為者のみがもちうる認識――なのである。そして、我々はそのことをよく理解しているから、傍観者として事故を振り返ると同時に、行為者であるトラック運転手が他の誰とも異なる独特の振り返り方をしていることも慮《おもんぱか》り、また、「自分がトラックを運転していたなら、どれほど落ち込むことだろう」などと想像したりもするのである。我々は、こうした理解を前提にしてトラック運転手を慰める。それゆえ、その慰めによって彼が「自分が子どもを轢いてしまった」「死なせてしまった」という行為者的な回顧の仕方ではなく、「不幸な出来事が起こってしまった」「子どもが轢かれ、死んでしまった」という傍観者的な回顧の仕方にあまりにもたやすく移行してしまうのであれば、我々は、それはちょっとおかしいのではないかと思い、彼に不信を抱くのである。

　ここで重要なのは、行為者的視点と傍観者的視点の違いの内実を見通すことであり、とりわけ、特定の出来事を回顧した際に行為者当人が抱く「これは自分のしたことだ」という認識の内実を明らかにすることである。そのことによって、行為者的視点から傍観者的視点にたやすく移行する人に対して我々が向ける「ある種の不信」とは具体的にどういうものか、「それはちょっとおかしい」という我々の評価は具体

[53] Ibid.

的に何に由来するのかを、より鮮明にすることができるだろう。

3―4―2　後悔と、義務なき責任

まず、傍観者的視点から事故を振り返ることの方から見ていこう。助手席に座って事故を目の当たりにした人も、後で事故のことを聞いた人も、その不幸な出来事が起こったことを残念に思い、「もしも、トラックが通る瞬間と子どもが飛び出す瞬間が少しでもずれていたら……」といった、反実仮想的な願いを抱くだろう。そして、事故の当事者たちを気の毒に思うだろう。この感情は、一言で言うなら、**遺憾**の感情と呼ぶべきものである。

　この「遺憾」という感情は、傍観者同様、行為者も抱くものである。しかし肝心なことは、行為者の場合には単に事故が起こったことを残念に思うだけではない、ということである。行為者はさらに、「あのとき、自分があの道を通らなかったとしたら……」とか「あの日に運転さえしなければ、事故は起こらなかっただろう」といった種類の反実仮想的な願いを抱くだろう。そして、事故の原因となった自分の行為に対して「あのとき、あの道を通らなければよかった……」とか、「あの日に運転をしなければよかった……」といった思いを抱くだろう。こうした感情は、まさに**後悔**の感情と呼ぶことができる。つまり行為者は、傍観者とは異なり、単に「出来事が別の仕方で起こっていたら……」と回顧するだけでなく、「別の仕方で行為していたら……」とも回顧するのである。

　そして、先の例のトラック運転手の場合には、運転をしたことや、あのときにあの道を通ったことなどを後悔することが、責任を感じることに密接に繋がっている。彼は、ひどく落ち込み、子どもの葬儀に出席して、遺族に謝罪した。それらは、彼が責任を感じていることの表現であり、特に、葬儀への出席や遺

族への謝罪は、単に責任を感じるだけでなく責任をとることだと言えるだろう。

ここで、重要なポイントを二つ取り出すことができる。一つ目は、トラック運転手が後悔を感じている行為とは、「子どもを轢いた」とか「事故を起こした」という行為ではなく、それに因果的に先立つ自身の意図的行為だということである。つまり、彼は、自分の意志であのときにあの道を通ったことや、あの日に運転したことなどを後悔し、それによって重大な事故が引き起こされたことに対して責任を感じているということである。これが、たとえば「純然たる過失」の場合であれば、行為者は運転したこと等を後悔するだけでなく、事故を起こしたことそれ自体を後悔することもあるだろう。そのときには彼は、自分には事故を回避する能力があったと認識しているのである。しかし、このトラック運転手の場合は、自分も含めて誰も、事故を回避する能力があったと認識していない。それゆえ、子どもを轢いたことに対して残念に思ったり責任を感じたりはしても、それ自体を後悔するわけではないのである。

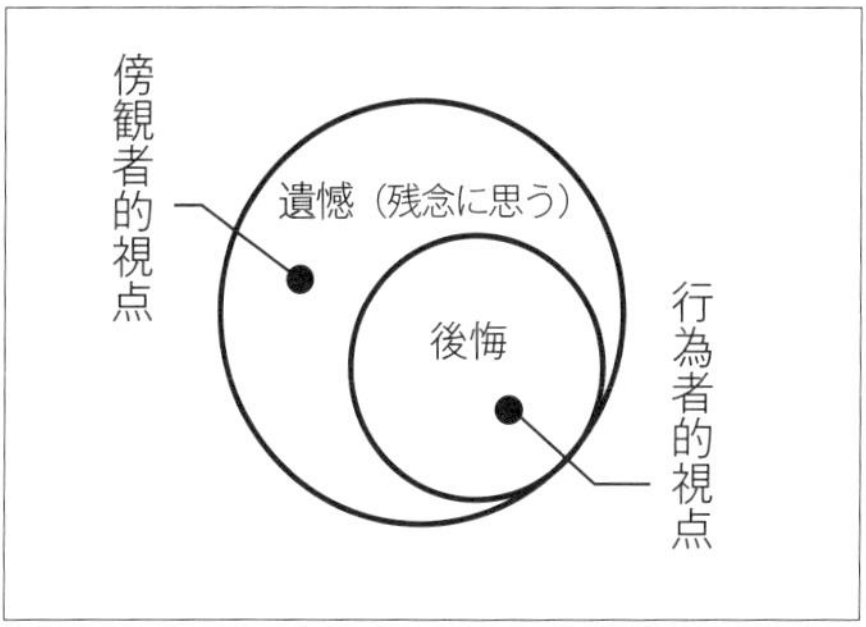

以上の点から、人が自分の意図的行為でも過失でもない行為を「自分のしたこと」として回顧することは、次の二つの条件から構成されていることが導き出される。

(1) 少なくとも当人にとってある程度重大な悪い出来事が起こった。

(2) 当人の意図的行為がその出来事に直結している（その出来事を再記述するものになっている）。あるいは、意図的行為からその出来事に至る因果連鎖が、ある程度シンプルなものに留まる。

まず、（1）について言えば、たとえばトラック運転手が轢いたのは実は子どもの人形だったということになれば、彼はそもそも、「自分はなんてことをしてしまったんだ」という風に回顧することはまずないだろう。ただし、彼が人形の大変な蒐集家であり、その人形が彼にとって極めて貴重なお宝であるならば、やはり「やってしまった」と落ち込むだろう。つまり、当該の出来事が、少なくとも当人にとって一定の重要性をもつ悪い出来事であることが、まず必要だということである。

そして、（2）について言えば、たとえば、トラックの接近によって鳥が驚いて飛び立ち隣の車線の車に衝突して、その車の運転手が思わずハンドルを切って進む方向が変わり、付近にいた子どもをその車が轢いてしまった、といった複雑な因果連鎖が介在する場合には、トラック運転手は「自分が子どもを轢いた」とは考えないだろう。あくまでも、「自分の意志でトラックを運転し、そのトラックが直接子どもと衝突した」という風に、自分の意図的行為が当該の出来事に直結している（当該の出来事を再記述するものになっている）か、少なくとも、両者の因果連鎖がある程度シンプルなものに留まっている点が重要である。だからこそ、彼は事故を「これは自分のしたことだ」と回顧し、後悔をして、子どもの死に責任を感じるのである。

ただし、この（1）と（2）の条件は、起こった出来事がある程度重大であるとか、因果連鎖がある程度シンプルである、という風に、極めて曖昧なものである。これは言い方を換えれば、何を重大な出来事と見なし、因果連鎖がどの程度シンプルなものをみずからの行為として認めるのか、というのは、人によって、事情によって、相当異なるものになりうる、ということである。

そして、ここまでの議論から取り出されるもうひとつの重要なポイントは、彼が責任を感じ、責任をとることは、法的な責任とは直接関係がないということである。彼は、法的な義務に違反したという意味で

過失でないにもかかわらず、人が自分のしたことだと回顧する行為

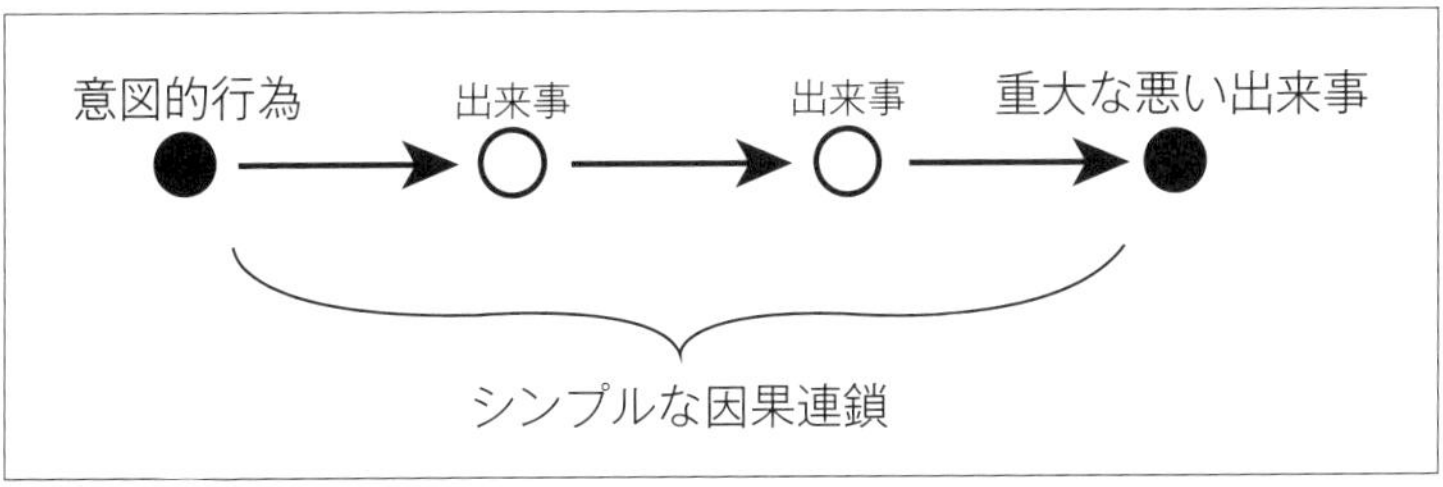

責任を問われるわけでもなければ、刑罰を受けたり賠償を行ったりといったかたちで責任をとる必要もない。また、道徳的な義務というものもここでは関係がない。彼には道徳的に非難を受けるいわれはないし、実際、誰も彼を非難しないどころか、むしろ、「自分を責める必要はない」と慰めているのである。つまり、彼が直面している問題というのは、「法的ないし道徳的な義務に違反していないかどうかを、他人からどう判定されるか」という問題ではなく、「自分のしたことについて、自分自身がどう考えるのか」という問題なのであり、「自分の行為によって損なわれ失われたものに、自分自身がどう向き合うのか」という問題なのである。

法と道徳に共通の特徴は、基本的に万人に等しく同じ義務を課すという、画一性ないし客観性——哲学では一般に「普遍化可能性」と呼ばれるもの——への指向である。[54] たとえば、飲酒運転をしていい人はいないし、物を盗んでいい人もいない。もちろん、「『心神喪失』の状態にあった人には責任を帰属させない」といった様々な例外規定はあるし、法と道徳の間には、その適用範囲や内容に関して様々な違いがある。たとえば、法は国などの一定範囲内に適用されるものである一方で、道徳は文字通り万人に適用されるものと見なされる。また、「悪法もまた法なり」という言葉に代表されるように、道徳的に悪と見なされても有効な法も存在するし、善し悪しの議論が定まっていない問題含みの法も存在する。それでも、行為者当人

が責任を感じていようがいまいが、いわば客観的観点から、他人が責任を問うことができるという点では両者に違いはない。

他方、トラック運転手の例においては、そうした客観的観点から帰属される責任というものは存在しない。あくまでも彼自身の内在的観点において、自分の行為をどう回顧するかというところから、個別的なかたちで責任が問題になっているのである。（この、画一性ないし客観性と個別性との対比は、すぐ後で「悲劇」というものを鍵にして、再度確認する。）

3-4-3 責任概念の二義性

「責任」というものをめぐる問題が前面に出てきたところで、責任とは何かについて、ここでもう少し具体的に見ておくことにしよう。

「責任をとる」というのは、言い換えるなら、損なわれたものや失われたものを償《つぐな》おう（贖《あがな》おう）とする営みのことである。たとえば、遊んで部屋を散らかし、汚くしてしまった場合には、部屋を元のきれいな状態に戻すことが、責任をとることの一環になるだろう。また、誤って他人の時計を壊してしまった場合には、その時計が修理可能ならば修理に出したり修理代を払うことが責任をとることに含まれるし、もしも修理不可能なのであれば、同じ時計を買って返したり、その時計に相当する金額のお金を渡すことが、責任をとることの一環になるだろう。そして、いずれのケースでも、損失を生じさせた当人は相手に謝罪を行うだろう。それによって、部屋を汚くされた人や時計を壊された人の気持ちが晴れるかもしれない。

総じて、「責任をとる」ということには、物的な損失を回復させたり別の仕方で埋め合わせたりするだけでなく、まずもって、謝罪によって損なわれた相手の気持ちを埋め合わせることが含まれる。ただし、時計が親の形見であったりしてまさにとりかえしがつかず、どれだけ謝られても怒りや悲しみが消えない、ということもあるだろう。その場合でも、時計を壊してしまった人は、責任を感じ、責任をとろうとしている限り、必死に謝罪を続けたり、その証しとして謝罪金を払ったりするだろう。謝罪と賠償では損なわれたものや失われたものを文字通りの意味で埋め合わせることはできない場合もあるが、それでも、自分がしてしまったことを後悔し、責任を感じる人は、どうにかして償い（贖い、埋め合わせ）に相当することを行おうとするのである。

これが、法に触れる行為となると、刑罰を受けたり賠償金を支払ったりすることが、責任をとることになる。それこそ殺人や過失致死の場合には、亡くなった人の命が戻るわけでないから、それを償うことは原理的に不可能である。しかし、だからといって、何も償わないでいいという風には我々は考えない。たとえ文字通りの意味では回復させたり埋め合わせをしたりすることができなくても、刑罰や賠償によって

〔54〕もっとも、少なくとも一九七〇年代以降の日本の法学界において、特に刑法の位置づけに関しては、国民に特定の行為を行う義務を積極的に課すものというよりも、最低限の義務を課すもの、あるいは、特定の行為をしないように定めるだけのもの、という見方が主流になっている。その背景には、「犯罪」に対する捉え方の変化がある。かつては、「犯罪とは社会で守られるべき道徳（倫理）に反する行為だ」という見解が有力だった。したがって、刑法の目的も道徳の維持に他ならず、刑罰という手段によって国民が道徳的であるように教化・教育すること、とされてきた。しかし、現在ではこの見解は、少なくとも法学界においては基本的に支持を失っている。「すべて国民は個人として尊重される」（憲法第一三条）社会にあっては、多様な価値観が共存することをできるだけ認めなければならない。それゆえ、一定の価値観に基づく道徳を国民に強制することは国家の任務ではないという考えが次第に浸透してきたのである。こうした事情から、現在では、「犯罪とは、他人の法益（法的な保護に値する利益）を侵害することである」という、いわば控えめな捉え方が支配的になり、したがって刑法の役割も基本的に、「他人の法益を侵害する行為を行わないように定めるもの」と見なされるようになったのである。（より詳しい中身は、山口厚『刑法入門』（岩波新書、二〇〇八年）などを参照してほしい。）

まさに「罪を償う」ことを我々は求めるし、法制度もその要求に応えるかたちになっているのである。

そして、同様のことが、「過失ではないが、やってしまった」行為にも当てはまる。先の例のトラック運転手は、法的な義務にも道徳的な義務にも違反しておらず、刑罰や賠償によって罪を償うという意味で責任をとるわけではない。しかし、彼は責任を感じ、子どもの葬儀に出席したり、遺族に謝罪したりするのである。

ここには、二つの意味に大別される責任概念があらわれている。一つは、「義務とその履行（違反）」としての責任である。たとえば、故意や過失によって人を死に至らしめた場合には、法的な義務を履行せずにそれに違反した責任があるし、また、道徳的な義務に違反した責任もある。それから、嘘をついて人の気持ちを傷つけたり、身勝手に約束を破ったりすることは、それだけでは法的な義務に違反した（つまり、法に触れた）という意味で責任があるとは限らないが、道徳的な義務への違反にまつわる責任はあるだろう。あるいはまた、社会的な地位や身分、役割に応じて課される「社会的責任」とか「社会的義務」と呼ばれるものも、この、「義務とその履行（違反）」としての責任概念に当てはまる。たとえば、チームのリーダーに任命された人にはチームを引っ張っていく責任がある。また、日本の中学校や高校の部活の多くでは、先輩が後輩を世話して指導する責任がある。これらの責任を果たさなくても、法的な義務に違反するわけではないし、道徳的な非難の対象にもならないかもしれない。しかし、リーダーや先輩などは相応の責任を果たしていく社会的な義務を負うのである。

そして、もう一つの責任概念とは、「損失の原因と償い」としての責任である。たとえば誤って時計を壊した人には、時計の損失を引き起こした責任があり、時計の修理などによって責任をとることが求められるのである。

この二つの責任概念は、かなりの程度重なり合っていると言える。たとえば、傷害や殺人を犯した人には、法的・道徳的義務違反にまつわる責任が発生するが、それは同時に、人の身体や命を損なったり奪ったりした原因としての責任が発生するということであり、さらには、法や道徳の秩序を損なった原因としての責任も負うのである。

その一方で、片方の責任概念にしか当てはまらないケースも存在する。たとえば、「損失の原因と償い」としての責任概念にしか該当しないのは、この節でこれまで見てきたトラック運転手の例である。彼は、いかなる意味でも義務に違反していないが、子どもの命が失われた原因としてみずからの責任を感じ、謝罪をするなどして償おうとするのである。また逆に、「義務とその履行（違反）」としての責任概念にしか当てはまらないケースも存在する。たとえば運転時に安全によく注意することは、正しくその義務を履行している限りは何も損なっていないし、それゆえ何も償う必要はない。また、リーダーがチームをちゃんと引っ張り、先輩が後輩をしっかり指導している限りは、社会的義務を履行しているという意味で彼らは責任を果たしているが、それは、「何らかの損失を生み出し、それを埋め合わせる」という意味での責任実践とは関係がない。そうした責任実践は、言うなれば「責任を果たす」という実践なのであって、「責任をとる」という実践――損失の償いをする実践――とは異なるのである。[55]

［55］ もちろん、以上のような仕方で「責任をとる」と「責任を果たす」という言葉の意味を規定するのは、「責任」という概念が孕む複雑な中身を明確に示すために便宜的に行っていることにすぎない。現実にはたとえば、「責任を果たす」が刑罰に服することを言い表す場合や、「責任をとる」がキャプテンシーを発揮することを言い表す場合などもあるだろう。重要なのはあくまで、「責任」という概念が、損失とその償いや義務とその履行（違反）をめぐっていくつかの類型に区別できるという事実である。

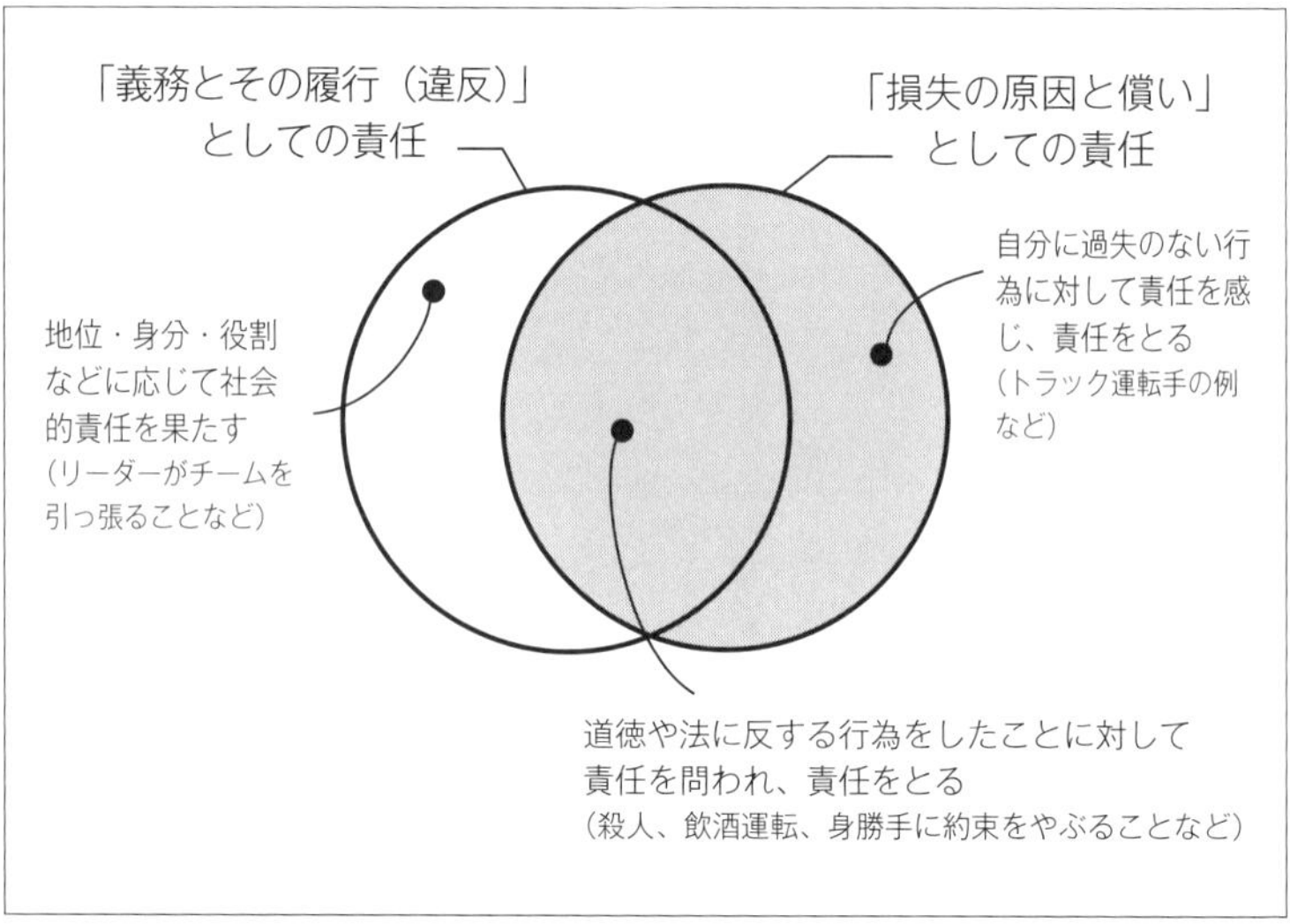
「義務とその履行（違反）」
としての責任
「損失の原因と償い」
としての責任
地位・身分・役割
などに応じて社会
的責任を果たす
（リーダーがチームを
引っ張ることなど）
自分に過失のない行
為に対して責任を感
じ、責任をとる
（トラック運転手の例
など）
道徳や法に反する行為をしたことに対して
責任を問われ、責任をとる
（殺人、飲酒運転、身勝手に約束をやぶることなど）

責任を問われる	損失をもたらした当人だと、他人から認定される
責任を感じる	損失をもたらしたと当人が認め、償いをすべきだと考える
責任をとる	損失に対して償いをする
責任を果たす	義務を履行し、損失をもたらさない

右で規定した意味での「責任を問われる」、「責任を感じる」、「責任をとる」という三つの契機は、しばしば一人の行為者において同時に実現される。たとえば、不注意の結果事故を引き起こしたのであれば、他人から責任を問われ、自分も責任を感じ、謝罪や賠償などによって責任をとる場合が多いだろう。しかし、必ずしもそうなるとは限らない。たとえば、ある重大な事故を引き起こした加害者が逮捕され、裁判にかけられて、刑罰が科せられたとしよう。このとき、その犯罪の被害者や家族、友人などは、加害者がそのように責任をとるだけでは満足しないだろう。加害者に反省してほ

しい、自分のしたことを後悔してほしい、責任を感じてほしい——そう願うだろう。しかし、その加害者が、裁判中も後も、微塵も反省の色を見せないということはありうる。

このように、行為者に責任を問う人々は、多くの場合、その行為者が責任をとるだけではなく、責任を感じることも望むが、必ずしも両契機が同時に実現するとは限らない。責任を感じるかどうかは、行為者が自分のしたことをどのように回顧するかに依存しているのである。そして、いま検討しているトラック運転手の例がまさにそうであるように、逆に他人から責任を問われることがなくとも、自分では責任を感じ、責任をとろうとする場合もあるのである。

3-4-4 「行為者の悲劇」の成立の要件

「責任」という概念が孕む様々な意味合いを確認し、また、その中でトラック運転手が引き受けている責任がどこに位置するかを、いま整理した。これを踏まえて、この例が示す重要なポイントにさらに分け入っていきたい。

先の論点を繰り返すなら、トラック運転手は、傍観者的視点から見れば「不幸な出来事」であるものを、「自分の行為によって重要なものが損なわれ、失われたこと」として回顧し、何らかのかたちでその償いをしようとする。彼は、法的な義務にも道徳的な義務にも（さらには、社会的な義務にも）違反していないが、責任を感じ、責任をとろうとするのである。ここには、悲劇と呼ばれるものの要件が揃っている。

悲劇には、大きく分けて二種類のものがある。一つ目は、「受動者の悲劇」と呼びうるものである。たとえば、地震や台風などによって家や家族を失うことを、我々は悲劇と呼ぶだろう。飲酒運転の結果歩道に突っ込んだ車に轢かれて亡くなった人や、その恋人の無念さを思うときにも、我々はそこに悲劇を見て取るだろう。

悲劇には、もう一つのかたちがある。それをここでは、「行為者の悲劇」と呼んでおこう。トラック運転手の例は、こちらの悲劇に属する。彼は、一方的に被害を受けた側ではない。むしろ、自分の行為によって悪い出来事が引き起こされ、埋め合わせのできないものが失われてしまったのである。その点で、彼の悲劇はいわば能動的な悲劇、行為者の悲劇として特徴づけられる。

行為者の悲劇の中で、おそらく世界で最も有名な例は、古代ギリシアの作家ソポクレス（前四九六頃〜前四〇六年）が描いた悲劇『オイディプス王』だろう。その物語の主人公でテバイの王オイディプスは、「お前はやがて父を殺し、母を娶《めと》るだろう」という予言（太陽神アポロンの神託）を受け、そうなることを避けるために国を離れるが、結局、そうとは知らずに父を殺し、母を妻にして、子もなしてしまう。物語の終盤、はじめてすべての真実を知ったオイディプスは、自分は予言通りの恐ろしい行為をしてしまっていたと叫ぶ。「わしの犯した罪業は、首をくくってもなお、つぐなうことのできぬほどのものなのだ[56]」。「わしを覚えているか？　お前たちの目の前で、わしがどんなことをしたか、そしてその後ここへやって来て、またしても、どんな所業をおかしたかを？[57]」（強調はいずれも引用者）。絶望した彼は、みずから目を潰し、盲目になった。そして、自分をテバイの地から追放するように臣下に依頼し、宮殿を去り、荒野で乞食となるのだった。

傍観者である我々は、オイディプスがどうあがいても破局を避けられなかったことを知っている。オイディプスは、道で言い争いになった見知らぬ男を殺し、王として迎えられた異国の地で妻を娶ったことによって、予言を成就してしまったが、彼が仮にそうした行為を避けたとしても、物語の構成上、予言された結果から逃れることは不可能だっただろう。つまり彼は、自分の意志によるのでなく、そして過失ですらなく、まさに神の力・運命によって否応なく、自分の父を殺し、母と交わるという結果に導かれたと見ることもできるのである。言い換えれば、彼は、一連の不幸な出来事に関していかなる意味でもコントロール可能性をもたなかったということである。そしてそのことは、この物語を見守る我々だけでなく、彼自身も承知している。「こうなったのはアポロンのため、親しき友らよ。それはアポロン――このわしの こんな苦しい受難の運命をもたらしたのは[58]」。

では、なぜオイディプスは、その受難を「自分がやったこと」として回顧し、深い後悔の念に苦しむのだろうか。それは、自分の意志で見知らぬ男を殺し、一人の女性を妻に娶ったから、という以外にないだろう。それが最悪の結果へと因果的に結びついた（というより、結果そのものであった）ことが、たとえ抗いようもない運命であったと分かっていても、それでも彼には、傍観者的視点に移ることができなかったのである。

こうしたオイディプスの例と、それから、先のトラック運転手の例から、この二つの「行為者の悲劇」に共通する特徴として、次の二つのポイントを挙げることができるだろう。

（1）当人にはその出来事を回避する選択肢も回避する能力もなかったにもかかわらず、

（2）その出来事を「これは自分のしたことだ」と回顧して後悔している当人が、責任を感じて責任をとる。

それぞれ簡単に解説しよう。（1）に関して言えば、トラック運転手がたとえば飲酒運転をしていたな

［56］ソポクレス『オイディプス王』藤沢令夫訳、岩波文庫、一九六七年、一一二頁。
［57］同書、一一三頁。
［58］同書、一一九頁。

らば、彼の周りから悲劇的な要素は消え失せる。単に自業自得だと言われるだろう。また、道路脇にいた生き別れの肉親に気をとられたがゆえに子どもを轢いたのであれば、飲酒運転の場合よりは悲劇的要素が増すと言えるかもしれないが、彼に事故を回避する能力があったならば、彼の悲劇と見なさず、単なる過失と断ずる人もいるだろう。それゆえ、いかなる意味でも行為者にはコントロール可能性がなかったということが、悲劇が確実にそれとして成立するための特徴だと言えるだろう。

また(2)について言えば、たとえばトラック運転手が子どもを轢いたことに関して全く責任を感じておらず、「運が悪かった、いい迷惑だ」としか感じていなかったり、何にも責任をとろうとしなかったりすれば、彼にとっての悲劇として見ることは困難になる。行為者的視点からそれほど簡単には離れず、自分の責任に向かい合おうとする人物に対して、我々は行為者の悲劇を認めるのである。

3-4-5 「行為者の悲劇」は何を示すのか

ただし、トラック運転手やオイディプスに行為者の悲劇を認めることは、「彼らのように責任を感じ、責任をとることが、それこそ誰もが履行すべき義務である」ということを示すわけでは全くない。繰り返し確認してきたように、この種の悲劇における責任概念は、「義務とその履行(違反)」としての責任概念と重なり合うものではない。不幸な出来事に対する彼らの向き合い方やけじめのつけ方は、皆が模範とすべき画一的な道徳などではないのである。それゆえ、行為者の悲劇とは、ウィリアムズの言葉を借りるならば、「『こうした事柄についてどのように考えたいと思っているか』という問いを我々に迫るもの[59]」だと言える。我々は、オイディプスが引き受けたような苛烈な責任を、現実の人々——自分や他人——も引き受けることを望むだろうか。我々は、トラック運転手に、どこまで責任を感じ、どのように責任をとることを望むだろうか。こうした問いを、傍観者であるはずの我々個々人に迫るという点に、行為者の悲劇の重要な特徴があるのである。

実際、我々の間で意見は割れるだろう。オイディプスやトラック運転手は責任を感じすぎだ、と考える人もいるだろう。オイディプスの物語はソポクレス以外にも様々な作家によって語られているが、たとえばホメロス（前九世紀～八世紀頃）が『オデュッセイア』の中で描くオイディプスは、自分のしたことを知り、深い苦悩や悲しみに陥りながらも、テバイの地の王であり続けている[60]。ソポクレスの描くオイディプスのように、テバイの地からみずからを追放させて乞食に身をやつす、ということまではしないのである。また、トラック運転手に関しても、子どもの遺族に謝罪をする必要はないし、まして弔慰金などを渡す必要性など全然ない、と考える人もいるだろう。あるいは逆に、弔慰金を渡すのは当然だし、定期的に子どものお墓に参って線香をあげるべきだ、と考える人もいるかもしれない。いずれにせよ、そのように様々な仕方で悲劇の主人公に目を向けるとき、我々は同時に、「自分だったらどうするだろうか」という想像をしている。子どもを轢いたことに落ち込み、苦悩はするだろうが、はたして子どもの葬儀にまで行くだろうか。遺族に向き合って話すことができるだろうか。それよりも、「お前のせいではない、自分を責めることはない」という友人たちの慰めにすがって、不幸な出来事として事故を回顧する視点に、早く移っていこうとするだろうか。——ここには、万人に等しく同じ義務を課す法や道徳の次元を越え出た、個々人の個別的な考慮があらわれている。それは、自分はどういう人間でありたいか、自分が直面した問題にどう向き合い、どういう態度をとる人間でありたいか、という考慮である。そして、そこには基本的

［59］ Williams, B., "Moral Luck" in his *Moral Luck*, Cambridge University Press, 1981, p.30, n.2.

［60］ ホメロス『オデュッセイア（上）』松平千秋訳、岩波文庫、二八九～二九〇頁。

に、どういう人間であると他人から見られたいかということが含まれるだろう。人間は社会の中で、他人との関わりの中で生きる。他人からの目線を一顧だにせず自己像を構築するという人はまずいないだろう。

以上のことを煎じ詰めて言うなら、社会の中で自分はいかに生きるべきかという問いのひとつの端的なケーススタディが、悲劇の主人公を自分に置き換えることだと言えるだろう。悲劇の主人公にとって問題となる責任は、先にも述べた通り、画一性を指向する法的・道徳的な義務とは直接関係がない。それゆえ、（自分の価値観や他人からの見られ方を総合的に勘案して）自分はどうするべきかという個別的な問題が、行為者の悲劇においては目立って先鋭化してくるのである。

「自分はいかに生きるべきか」という問題の領域が法や道徳の次元を越え出ていることは、この問いを、たとえば道徳とは全く無縁の人間であっても問題にしうることでも明らかである。ここで、トラック運転手が完全に利己的な人物――いわば、「完全無欠の利己的行為者」――であった場合を想定してみよう。この場合でも、トラック運転手は自分があの日あの場所で運転したことを後悔するだろう。というのも、自分のことしか考えない人であっても、子どもを轢くことにメリットはないし、むしろ、様々な後処理に時間をとられ、仕事にも支障が出たりして、不利益を被るからである。しかし、彼は他人を慮って責任を感じるということはない。もちろん、社会の中での処世術の一環として、子どもの葬儀に出たり、遺族に謝意を示したりすることはあるかもしれない。しかし、そこには全く気持ちは伴っておらず、まさにかたちだけのパフォーマンスにすぎない。つまり、彼にとって「自分はいかに生きるべきか」という問いは、どのように行為すれば自分の利益を高められるかということに尽きる。彼の中には責任という概念は存在しないのである。これではこの行為は、「過失ですらない行為」であるという点では先の真面目なトラック運転手による行為と変わりはないが、とても悲劇にはならないだろう。

こうした「完全無欠の利己的行為者」が現実に存在しうるかどうかは定かではない。同様に、完全に利他的な人物――それこそ聖人のような人物――というのも、いたとしても極めて稀だろう。実際には我々の大半は、完全な利他性と完全な利己性の中間領域を常に揺れ動く存在である。その中で、個々人の個別的な生き方というものも出てくる。逆に、道徳が描き出し推奨する人間像は、全く没個性的なものだと言える。それは、ここまで何度か確認してきた通り、基本的に道徳というものが、万人に等しく同じ義務を課すものであるからに他ならない。

3-4-6 悲劇的行為についてのまとめ――現実の割りきれなさ

この節では、トラック運転手の例を中心に、いわば「悲劇的行為」と呼びうる行為について分析を行ってきた。我々は、事故を起こした彼に対して「あなたのせいではない、自分を責める必要はない」と慰めるが、彼があまりにもたやすく傍観者的視点に移るようであれば、それはそれで彼に対して不信を抱く。なぜなら我々は、行為者的視点と傍観者的視点の置き換えのきかなさと、行為者的視点に立った際に感じる責任について理解しており、その理解を前提にして彼を慰めるからである。我々は、(1)少なくとも当人にとって重要な悪い出来事が起こり、(2)当人の意図的行為がその出来事に直結している(あるいは少なくとも、その出来事に至る因果連鎖がシンプルなものに留まっている)、という二つの条件が満たされれば、その一連の過程に当人の行為者性を認めうる。そして、当人が「自分がやってしまった」と回顧する際には、(傍観者的な遺憾の感情とは異なる)後悔の感情を抱き、責任を感じるだろう。責任の感じ方や責任のとり方は、個々人によって大きく異なりうる。なぜなら、道徳的な責任概念が要求するような画一性ないし客観性が、ここで言う責任概念には存在しないからである。その意味で、悲劇として捉えられる行為は、個々人の個性や生き方というものが目立って先鋭化してくるケースなのである。

ネーゲルはウィリアムズと同様に、不運というものが本質的に関係する悲劇的行為に着目している。しかし彼は、トラック運転手の例を次のように捉えている。「子どもを轢いたその運転手は、もし彼に少しの落ち度もないのであれば、その事件における自分の役割に関してひどく嫌な感情を抱くではあろうが、自分を責めるには及ばないだろう[61]」。

「自分を責めるには及ばないだろう」というのは、トラック運転手に対する慰めの言葉としては正しい。しかし、ネーゲルは、ウィリアムズが強調する決定的なポイントを取り逃がしているように思われる。トラック運転手は、「その事件における自分の役割に関してひどく嫌な感情を抱く」どころではない。たとえば、あなた自身が車を運転していて、急に道に飛び出してきた子どもを轢いてしまったと想像してみてほしい。損な役回りになってしまったと、ひどく嫌な思いをするだけだろうか。たとえ自分に落ち度がなくとも、程度の差はあれ、幾ばくか責任を感じるのではないだろうか。

他方、ネーゲルの議論に従うならば、道徳的に正しい人間は、子どもを轢いても「ひどく嫌な思い」をするだけで済むし、そうであるべきだ、ということになる。言い換えれば、彼の考える道徳的な人間とは、物事をきちんと考えている限り、自分には予測する能力も回避する能力もなかった事故――つまり、コントロール可能性のなかった事故――に関しては責任を感じることのない人間に他ならない。これは、ネーゲル一人の考え方ではなく、前節でも確認した通り、特に近代以降に強い影響力をもつようになった道徳観である。すなわち、運という要素を「不純物」として行為から排除し、「当人が後悔したり責任を感じたりすべきなのは、その人が結果を理性的にコントロールできた行為だけだ」とする考え方である。たとえばデカルトは、先にも紹介した書簡の中で、「常に理性の教えるところをすべてなすならば、たとえそのあとで、さまざまな出来事がわれわれが誤ることを示していても、悔恨すべきいかなる理由もありません[62]」と述べている。また、「我々の外にあり、我々の自由意志に依存していないものは、すべてこれを軽視すべき」とした上で、こう続けている。

このやり方でわれわれは、外からやってくるすべての悪が、どんなに大きいものであっても、役者がわれわれの前で何かとても痛ましい場面を演ずるときに引き起こされる悲しみ以上に、われわれの心に入って来ないようにすることができます。[63]

デカルトは、自分の自由意志に依存していないもの——外からやってくるもの——を自分自身から切り離すことを勧める。我々は結果を理性的にコントロールできた行為に関してのみ後悔をし、責任を感じるべきであって、それ以外の出来事に関しては、たとえそれがどれほど痛ましいものであっても、悲劇を鑑賞する傍観者が抱く悲しみ以上の感情を抱くべきでないし、実際に抱かないようにすることができる——そうデカルトは主張するのである。

このようにコントロール可能性によって「後悔」や「責任」の範囲を規定する考え方が仮に正しいとするなら、自分の過失ではない事故に対して後悔をしたり責任を感じたりすることは明らかにこの考え方と

〔61〕 Nagel. T., "Moral Luck" in his *Mortal Questions*, Cambridge University Press, 1979.（トマス・ネーゲル「道徳における運の問題」『コウモリであるとはどのようなことか』永井均訳、勁草書房、一九八九年、四七頁。）
〔62〕『デカルト＝エリザベト往復書簡』山田弘明訳、講談社学術文庫、二〇〇一年、九九頁。
〔63〕同書、一七五頁。

整合しない。それゆえ、そうした感情は合理的なものではなく、一時的な混乱にすぎないことになるだろう。

しかし、この考え方が我々に求めるものは、一方では過大であり、他方では過小である。過大というのは、これも前節ですでに見たように、一般通常人に期待される能力の範囲内で常に結果を正確に予測して有効な回避手段をとりきる「完全無欠の道徳的行為者」であること――デカルトが言うところの「常に理性の教えるところをすべてなす」こと――を我々に求めるからである。それは言い方を換えれば、一般通常人に期待される能力を発揮しきれなかったケースがすべて義務に対する違反となり、潜在的には非難を受け責任を問われる対象になるということである。しかし、現実の我々がそうした行為者像とはあまりに落差のある「不完全な道徳的行為者」であることを鑑みれば、この要求はまさに過大なものである。

そして、過小というのは、この節でここまで見てきた通り、コントロール可能性がなかったケースに関してはこの考え方は責任概念を要求しないからである。たとえば件《くだん》のトラック運転手は、事故や子どもの死を残念に思うだけで済ますべきであり、また、オイディプスは、父を殺して母と交わったことに関して後悔すべきいかなる理由もなく、「嫌な感情を抱く」だけで済ますべきだ、ということになる。もし彼らが後悔をし、責任を感じているとすれば、それは単に混乱をしているにすぎないのであり、合理的な態度とは言えない、というわけである。しかし、ここで言われている「責任」は、この言葉で我々が理解しているものに比べていびつなものであるように思われる。

もっとも、繰り返すように、他人がトラック運転手やオイディプスに対して、「あなたのせいではない、自分を責めるには及ばない」と慰めるのは自然な反応である。言い換えれば、彼らが非難の対象ではないということには何の問題もない。重要なのは、「他人から非難を受けること」と「みずから責任を感じる

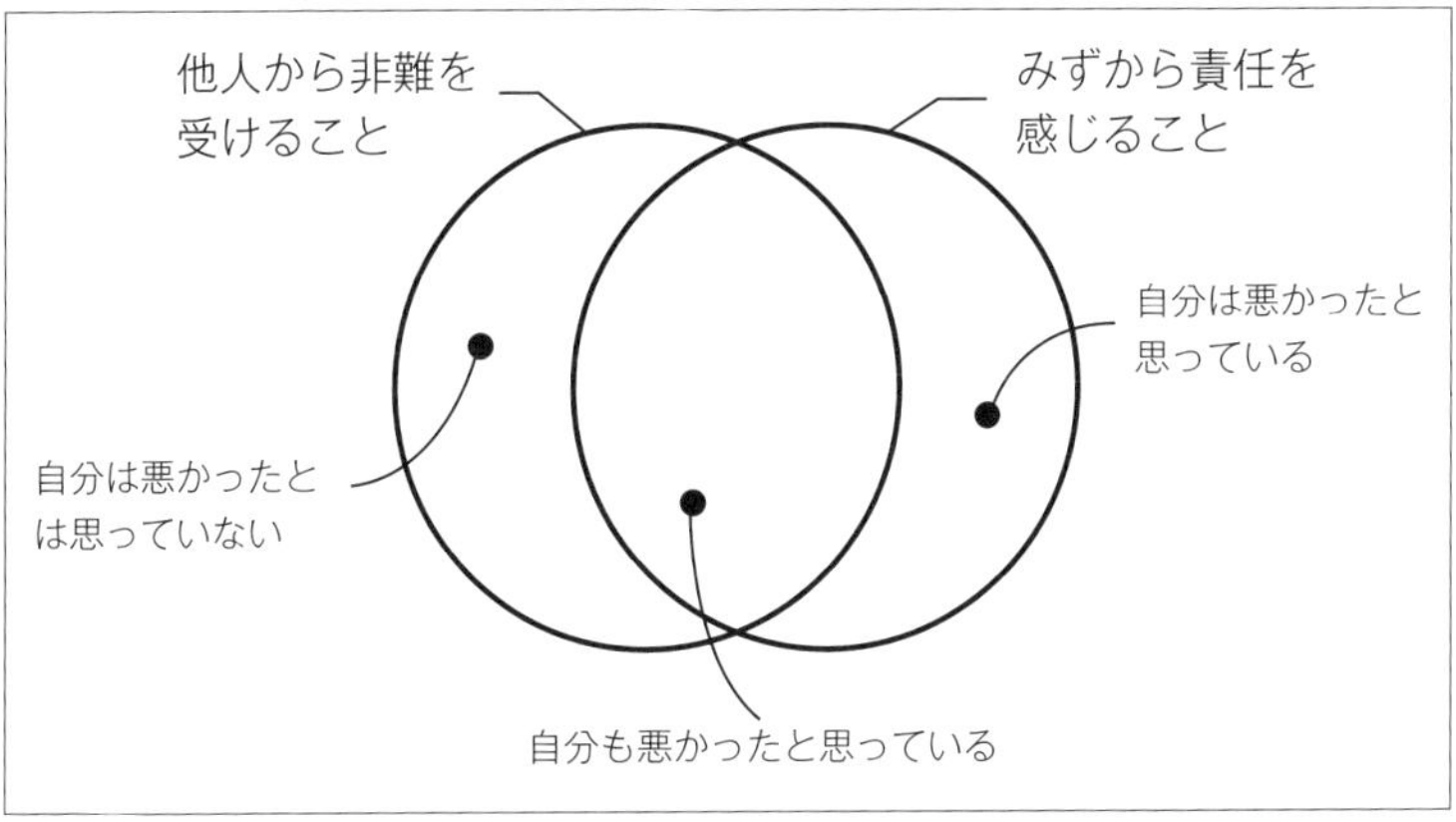
他人から非難を受けること
みずから責任を感じること
自分は悪かったと思っている
自分は悪かったとは思っていない
自分も悪かったと思っている

こと」は必ずしも一致しない、ということである。それは、他人に非難されても一向に自分は責任を感じない（悪かったと思っていない）場合があるということでもあるし、逆に、他人に非難されなくても責任を感じる場合があるということでもある。トラック運転手らの例は、まさに後者の場合に当てはまる。自分の意志で行った行為からある程度シンプルな因果連鎖を経て、死亡事故などの重大事が起きたときには、人はそれを「自分のしたこと」として回顧し、後悔の感情をもちうる。その場合、人は、他の誰とも異なる独特の視点から、その不幸な出来事を捉えているのである。そして、それこそ「完全無欠の利己的行為者」でもなければ、その後悔には幾ばくか、責任を感じることが伴うだろう。

　コントロール可能性および非難可能性という客観的な条件と強力に結びつき、それらの条件によって有責性を規定する考え方（義務に違反したことと責任があることとを同一視する考え方）は、ひとつの出来事に対する個々人の間の視点の違いというものを――いわば、出来事に対する距離感の違いというものを――全く扱うことができない。「道徳」という観念によって代表されるこの考え方においては、たとえばトラックを運転していた人であっても、他の傍観者と全く同じ仕方で、客観的な基準からコントロール可能性を合理的に判断し、責任の有無を決定することになる。あたかも、行為者が自分自身から抜け出し、遙か上空へと飛翔して、完全に偏りのない俯瞰的な視点から当該の事故を眺められるかのように。――こうした、いわば均質な世界として我々の生きる世界を捉える道徳的な世界観を、ウィリアムズは、「すべての出来事とすべての人間が等距離にあるような世界観[64]」と特徴づけている。その均質な世界では、他ならぬ自分が運転していたという事実、事故に対する自分と傍観者の距離の違いは、どこかにかき消えてしまうのである。

　この均質な世界は、我々が現実に生きている世界ではない。我々はそれぞれ、常にいま・ここから――つまり、自分だけが占める立ち位置から――様々な出来事や人々に向き合っている。その経験は、文字通りの意味で他人と置き換えのきかないものであり、そしてそのこと自体が、我々が自分たちの生きているこの世界に対してもっている理解の一部を構成しているのである。我々は、この世界が様々に異なる人々によって成り立っており、それぞれの経験にはかけがえのない実質があることを、よく理解しているのである。

　もちろん、我々は自分自身を客観的に見る視点も備えているから、「あなたの責任ではない」という他人からの慰めも理解できる。だからこそ、その慰めによってある程度救われもする。しかし、苦しみや悲しみから簡単には解放されないだろう。言い換えれば、行為者的視点（主観的視点）と傍観者的視点（客観的視点）の割りきれなさが残るだろう。逆に、デカルトやネーゲルらが描く「きちんと合理的に考えられる道徳的な人間」のように、割りきれなさをすぱっと割りきってしまうことは、それ自体合理的な思考とは言いがたい。割りきれなさを感じることは、自分の経験が他人とは置き換えのきかないものであるという、我々の人生において本質的に重要なポイントを、むしろきちんと理解しているがゆえに覚える感情だからである。
こうした「割りきれなさ」は、行為者だけでなく、傍観者も同様に抱えているものである。傍観者も、たとえば事故の際に運転していた人（行為者）と助手席に乗っていた人（傍観者）の経験が置き換えのきかないものであることを理解しているし、「自分が運転していたら……」とも想像するだろう。それゆえ、たとえば運転していた人を慰めるとしてもそれは、「責任を感じるなんて理解できない、不合理だ。あなたは混乱している、早く割りきれ」と考えるからではない。そうではなく、その人が責任を感じることが理解できるからこそ、慰めるのである。たとえば、トラック運転手の友人たちは、「つらいだろうな、多少なりとも責任を感じているだろうな」と思うから、彼を慰めようとする。君は非難に値しないと伝え、さらに、もう責任を感じなくていいんだと諭す。しかし、そこに割りきれない思いがあることも、同時に理解している。だからこそ、慰める相手が実際にすぐに割りきってしまえば――あまりに淡々と、たやすく行為者的視点から傍観者的視点に移ってしまうのであれば――、それはちょっとおかしいのではないかと思い、彼に対して不信を抱くのである。

3-5　意図せざる行為の全体像

3-5-1　行為の意味づけや責任の帰属に対する運の関与

前節では、過失ですらないような悲劇的行為について分析を加えることによって、「意図せざる行為」

［64］　Williams, B., "Moral Luck" in his *Moral Luck*, Cambridge University Press, 1981, p.37.

の特徴を浮かびあがらせた。その中で、我々の生きる世界は「均質な世界」――すべての出来事とすべての人間が等距離にあるような世界――ではない、という点が焦点化してきた。自分の意図的行為の結果として何らかの重大な悪い出来事が起こったと認識したとき、たとえそれが自分のコントロール能力を越え出ていたとしても、自分はその出来事に対して、他人とは置き換えのきかない位置――いわば、その出来事に対して最も近い距離――に立ちうる。そこで自分が抱く後悔と申し訳なさは、単に「自分には落ち度はない、自分の過失ではない」と考えることによっては取り除くことのできない感情である。その出来事から距離をとり、他の人々と同じ位置に立とうとしても、容易に割りきることはできない。そうした、行為者的視点と傍観者的視点の割りきれなさの中で、苦悩が刻まれることになる。「行為者の悲劇」とは、そうした割りきれなさや悲しみを傍観者もそれとして理解するときに成立するのである。

この点に絡んで重要なのが、オイディプスの悲劇の普遍性である。ソポクレスの『オイディプス王』は、およそ二千五百年の間、洋の東西を問わず、人々を惹きつけてきた。時代や文化に関係なく、「運によって翻弄されつつも、結果を引き受けて、行為者として責任と向き合う」というあり方が、頭の混乱や不合理な態度としてではなく、一個の人間の生き方として理解されてきたのである。ただしそれは、皆がオイディプスに共感し、その責任のとり方に納得するからではない。また、ただオイディプスが可哀相だと思うからでもない。むしろ、万人が納得するような答えなどないし、そして、そのこと自体を我々は理解しているのである。

すでに確認したように、行為者の悲劇は、「こうした事柄について、あなたはどのように考えたいと思っているか」という問いを我々個々人に迫る。しかも、道徳的教説のように万人に共通する定まった答えがそこにあるわけでもない。それから、個々人の中であっても、答えを絞ることはなかなかできない。オイディプスほどの苛烈な仕方で責任をとるとまではいかなくても、「自分がしたこと」として引き受け続けるのをよしとするべきだろうか。それとも、自分は不運に巻き込まれた被害者の一人にすぎないという視点に、早く移るべきだろうか。――その割りきれなさの中で、無理をしてどう区切りをつけようとしても、父をこの手にかけ、母と交わってしまったことに対する遣りきれない思いが残るだろう。我々個々人がどのように考えるのであれ、その割りきれなさ（遣りきれなさ）に対する理解という点については我々の大半が一致しているから、オイディプスの物語は極めて長きにわたって普遍的に悲劇として受けとめられてきたのである。

もっとも、悲劇的行為がそれとして普遍的に理解されるものであるといっても、トラック運転手やオイディプスの例のような、過失が一切認められない行為というのは、行為全般の中では稀なケースであることはここで強調しておくべきだろう。たとえば、我々が実際にトラックを運転していて、車道に飛び出してきた子どもを轢いてしまったとしたら、いつも通りの安全運転をしていた自覚があったとしても、「前方をもっと注意することができたのでないか」とか、「もっとスピードを落として走っていればよかったのではないか」などと考えるかもしれないし、他人からそのように責められるかもしれない。

しかし、この傾向はそれ自体、行為の意味づけや責任の帰属が結果に関する運によって左右されることを、再び如実に物語っている。つまり、3‐3‐3でも詳述したように、何が「不注意」であり、道徳的ないし法的な義務に対する違反であったかは、何らかの重大な悪い出来事が起こった後に遡及的に輪郭づけられる部分が大きいということである。そしてこれは、そうして輪郭づけられた「不注意」が捏造だということを意味するとは限らない。あくまでも、何か問題が起こってから「不注意」の内容がそれとして特定される順番になっている、ということである。そして一般に、起こった問題の重要性が高ければ高いほど、「不注意」に数え入れられるものは増加する。それゆえ、たとえいつも通り安全運転をしていたのであっても、子どもを轢いて死なせてしまうといった重大事が起こった場合には、「前方をもっと注意することができたのではないか」という風に、過失として回顧される場合もある、ということなのである。

3-5-2 「やってしまった」－「起こってしまった」＝？の解答

以上の探究によって、この章の冒頭に掲げた問い、すなわち、「（図らずも）やってしまったことから起こってしまったことを引いたら、後には何が残るのか」という問いに対して、解答を与える準備が整った。

ここまで見てきたように、「やってしまったこと」、すなわち「意図せざる行為」（あるいは「意図性の薄い行為」）の中身は、かなり幅広いものでありうる。

（1）他人からの強制に従う行為

（2）（道徳・法・社会的義務に反した）悪質な過失

（3）（道徳・法・社会的義務に反した）純然たる過失

（4）過失ですらない行為のうち、悲劇になるもの

（5）過失ですらない行為のうち、悲劇にならないもの

これらのものが、「やってしまったこと」の中に括られうる。ただし、（1）は「自由」の捉え方によっては意図的行為として見ることもできるし、（2）も意図的行為との境界線が曖昧である。それゆえ、明確に意図せざる行為だと言えるのは（3）～（5）だと言えるだろう。

いずれにせよ、「やってしまったこと」のこうした多様性ゆえに、そこから「起こってしまったこと」を引いた場合に出てくるものを挙げるのは、一筋縄ではいかない。たとえば、（1）や（2）の意味で

「やってしまったこと」－「起こってしまったこと」＝？の個別的解答

	（1）他人からの強制	（2）悪質な過失	（3）純然たる過失	（4）悲劇的行為	（5）非悲劇的行為
意図[※1]	○	△	×	×	×
コントロール可能性	○	○	△[※2]	×	×
責任	△[※3]	○	○	○	×
後悔	×	△[※4]	○	○	○

※1　ここでは、「自由」を「選択肢がある」という弱い意味でとった場合の意図を指す
※2　コントロール可能性を「実際に予測・回避できた」という意味でとるなら×、「予測・回避する能力があった」という意味でとるなら○
※3　強制の度合いや、やったことの重要性など、文脈次第で責任も発生しうる
※4　自暴自棄で危険運転をしていて事故を起こした場合などには、後悔しないこともありうる

「やってしまったこと」を解釈するなら、「手をあげる－手があがる＝？」の引き算と同じく「意図」が残りうるが、（3）以降の意味で解釈するならそれは残らない、といった具合である。ここで、それぞれ個別に引き算を行った場合の解答を示してみよう。

　上の表にまとめたように、「やってしまったこと」の意味次第で、引き算の解答となるものは様々に異なりうる。それは言い方を換えるなら、すべての「意図せざる行為」に共通する本質的な特徴なるものは存在しない、ということである。

　とはいえ、ここで敢えて、すべての「意図せざる行為」に共通する要素を挙げようと思うなら、ひとつだけ挙げることができるかもしれない。それは、やってしまった当人、すなわち行為者である。「起こってしまったこと」は、それだけでは必ずしも行為者がいることを含意するとは限らない。もちろん、たとえば殺人事件が起こってしまったのであれば、殺人を犯した行為者が存在する。しかし、地震が起こってしまったという場合には、地震を起こした行為者なるものはどこにも存在しない。

他方、「やってしまったこと」の場合には、当然のことながら、必ず行為者が存在するのである。

ただし、この「行為者の存在」、すなわち、「それは私がしたことだ」と認めている人の存在というのは、「意図的行為」も含めたあらゆる行為にとって前提となる事実であり、特に「意図せざる行為」に限定されるものではない。言い換えるなら、「行為には、必ずそれをする行為者がいる」と言っているにすぎない。しかし、この、一見するとあまりに当たり前の事実は、意図せざる行為の場合には一定の重要性を帯びてくる。というのも、意図せざる行為において問題となるのはもちろん意図の内容ではなく、誰がやったかであり、誰に責任があるかや、誰が非難や処罰の対象となるか、誰がどれほど後悔をし、責任を感じるか、等々であるからである。言い換えれば、行為者の置き換えのきかなさ、かけがえのなさというものが——つまり、誰かが、焦点となっている出来事に対して他のどの人間とも異なる視点に立つということが——意図せざる行為においては中心的な問題になってくるのである。（ちなみに、行為には個人が単独で行うものだけではなく、複数の人間が共同で行うものも数多く存在する。そうした行為の場合には、「他の人間と置き換えのきかない行為者」が複数いることになる。この点については、本章末尾の「**コラム③　共同行為について**」を参照してほしい。）

3-6　行為の全体像

この章の冒頭の問いに区切りをつけたところで、我々はいま、行為の全体像を見渡せる場所に立っている。いよいよ、「行為とは何か」という、最も一般的な問いに進むことにしよう。

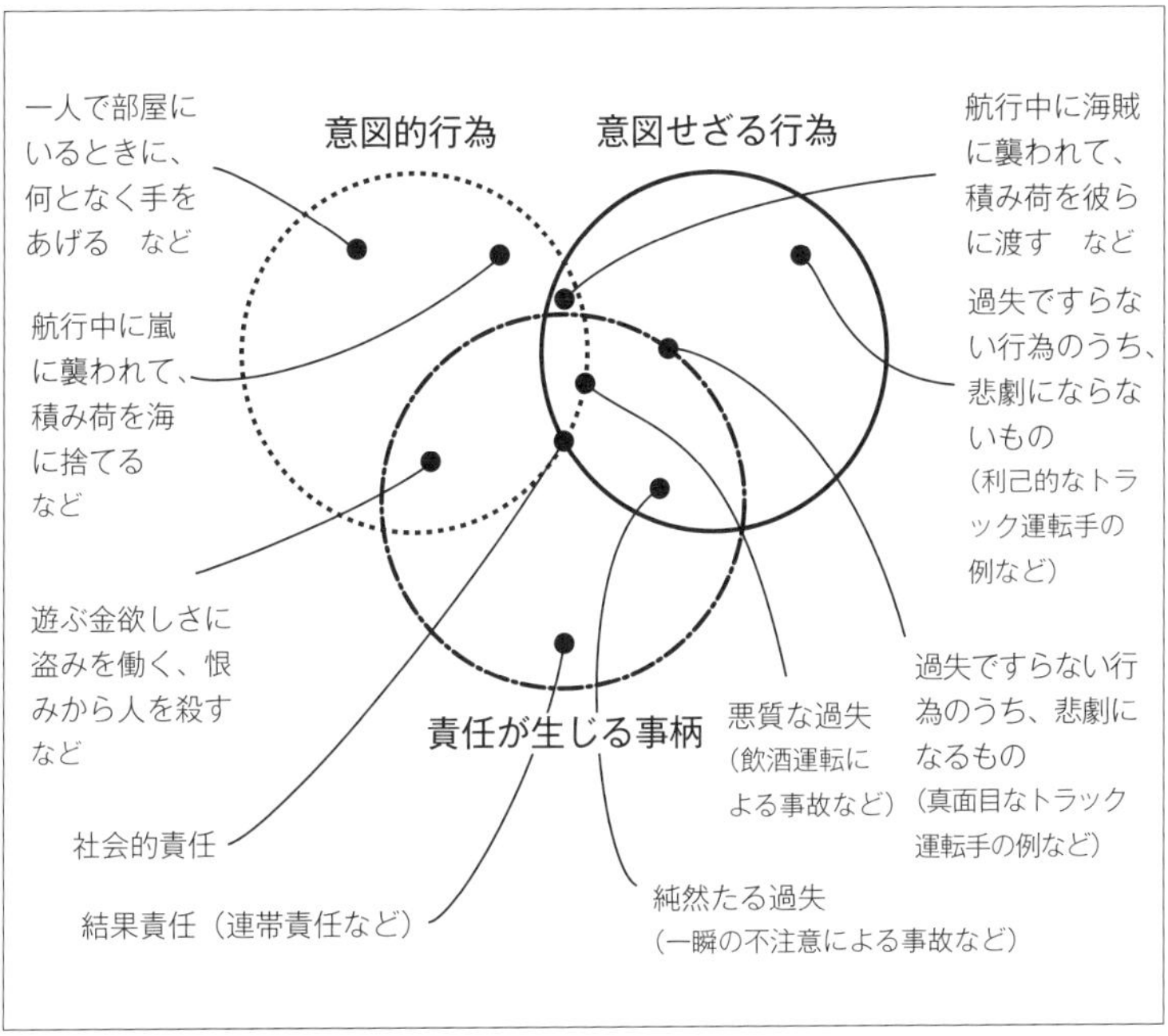
意図的行為
意図せざる行為
責任が生じる事柄
一人で部屋にいるときに、何となく手をあげる　など
航行中に海賊に襲われて、積み荷を彼らに渡す　など
過失ですらない行為のうち、悲劇にならないもの（利己的なトラック運転手の例など）
航行中に嵐に襲われて、積み荷を海に捨てる　など
遊ぶ金欲しさに盗みを働く、恨みから人を殺す　など
社会的責任
結果責任（連帯責任など）
悪質な過失（飲酒運転による事故など）
過失ですらない行為のうち、悲劇になるもの（真面目なトラック運転手の例など）
純然たる過失（一瞬の不注意による事故など）

3-6-1　意図と行為と責任をめぐる諸相

「意図せざる行為」の検討から浮かびあがってきた論点を「意図的行為」へと接続する前に、ここで一旦、本書で提示してきた様々な行為の例と、行為ならざる出来事の例が、「意図的行為」、「意図せざる行為」、「責任が生じる事柄」という三つの記述のあり方のどこに位置づくかを確認しておくことにしよう。それによって、本書のここまでの議論を振り返ることもできるだろう。

【○意図的行為　×意図せざる行為　○責任】　たとえば、単純に遊ぶ金欲しさに物を盗んだ場合や、恨みから人を殺した場合には、それらの行為は明確に意図的行為であり、かつ、相応の責任を負うことになる。

【○意図的行為 ×意図せざる行為 ×責任】この章の冒頭で取りあげた、嵐に襲われて船員たちが積み荷を海に捨てるという行為は、責任が伴わない意図的行為として記述されるものである。難破を避けるためには積み荷を海に捨てるのはやむをえないことであり、責任が問われることはないだろうし、船員たちも責任を感じないだろう。しかし、積み荷を捨てなくても難破をしない可能性に賭けることはできたし、他人から「積み荷を捨てなければ殺す」などと強制されていたわけでもない。それゆえ、アリストテレスをはじめとして多くの人が、これを意図的行為と判断してきたのである。また、一人で部屋にいるときに何となく手をあげたという場合には、そのことに責任を感じることはまずないし、責任を問われることもないだろう。それから、小さな子どもがテーブルにクレヨンで落書きするといった場合にも、他人から責任を問われることはないし、自分が責任を感じることもないだろう。

【○意図的行為 ○意図せざる行為 ×責任】それから、自由という概念の捉え方や回顧の仕方によっては意図的行為とも意図せざる行為とも解釈できる行為のうち、責任を伴わない行為として記述されるものもある。たとえば、海賊に脅されて船員たちが積み荷を渡す行為の場合には、他人に強制されて仕方なく行っているという意味では自由がなく、それゆえ意図せざる行為だと言える。しかし、海賊に殺される危険を冒してでも抵抗するという選択肢はあるにはあるのだから、その意味では自由な意志に基づく意図的行為だと言うこともできる。そして、どちらの意味で自由を捉えた場合にも、船員たちに責任はない。「君たちは殺されてでも抵抗することができたし、そうすべきだった。だから責任を問われるべきだ」と言う人はいないだろう。

【△意図的行為 ○意図せざる行為 ○責任】本書で「悪質な過失」と呼んだもの（3－2参照）は、責任が問われる行為、しかも、場合によっては意図的行為とも解釈される「意図せざる行為」だと言えるだろう。

たとえば、たくさんお酒を飲んで泥酔状態のまま車を運転し、死亡事故を起こした人の場合には、「人を轢き殺そう」という積極的な意図がなかったという意味では意図せざる行為であったと言える。しかし、飲酒運転が事故を起こす確率を飛躍的に高めることは当然そのドライバーも知っていたはずであり、それゆえ、事故を引き起こす可能性が高い行為を、それと知りながら意図的に行ったことになる。このことから、「事故を起こしたっていい」という消極的な意図（未必の故意）があったも同然だという非難が、このドライバーに対しては存在しうる。しかし、少なくとも法的には消極的な意図が（現在のところは）認定されない。その意味で、この種の悪質な過失を意図的行為として捉えることができるかどうかは微妙だと言えるだろう。

【×意図的行為 ○意図せざる行為 ○責任】明確に意図性がなく、かつ責任が伴う「意図せざる行為」としては、本書で「純然たる過失」と呼んだもの（3－3参照）を挙げることができる。お酒を飲んだわけでもなく、ずっと安全運転を続けていたのに、ふと道路脇にいた生き別れの双子の弟に気をとられたことによって、横断歩道に飛び出した子どもを轢いて死なせてしまった、といった場合には、消極的な意図すら認定される可能性はないが、過失として責任を問われるのである。

【×意図的行為 ○意図せざる行為 △責任】前節で取りあげたトラック運転手の悲劇的行為は、意図せざる行為のうち、責任の有無に関して微妙さが残る行為である。彼は「なんてことをしてしまったんだ」と後悔し、責任を感じて、轢いて死なせてしまった子どもの葬儀に出たり、遺族に謝罪したりする。しかし、彼には何の過失もないわけであるから、誰も彼を非難しないし、「自分を責めることはない」と慰めるだろう。しかし、そう慰める人も、そして彼自身も、割りきれない思いを抱えている。彼が少なくとも事故当初に責任を感じることそれ自体は、混乱した不合理な態度などではない。行為者的視点と傍観者的視点が置き換えのきかないものであること——車を運転していた彼が、事故に対して他の誰とも異なる独特の距離にあること——を、我々はよく理解しているのである。

【×意図的行為 ○意図せざる行為 ×責任】他方、そのトラック運転手が完全に利己的な人物であると想定した場合には、事情が変わってくる。まず彼は、運転をしたことを後悔はするだろうが、子どもの死に関して責任を感じることはない。事故の後処理に時間をとられることなどの不利益を実感するだけだろう。また、彼が非常に注意深い人物であり、他人から反感を買うような振る舞い（事故のことを明るい調子で振り返る、子どもをなじる、等々）をしないのであれば、他人も、彼の責任を問うことはないだろう。それゆえ、この場合には責任概念は消失すると言えるだろう。

【×意図的行為 ×意図せざる行為 ○責任】それから、出来事の中には、責任はあるが行為ではないものとして記述されるものがある。かつては「連帯責任」とか「連座（縁座）制」といった制度が広く存在したことからも明らかなように、責任という概念は必ずしも行為と結びつくわけではない。自分の全く与《あずか》り知らないところで親族や近隣住人が罪を犯した場合にも責任を追及され、刑罰を受けることがあったのである。現在ではこうした制度は少なくなっているが、なくなったわけではない。また、学校の部活などの特殊な環境においては、連帯責任や他の結果責任を問うことが堂々と行われるのもしばしばである。（なお、日本において現存する連帯責任や、「無過失責任」と呼ばれる結果責任の例は、後でもう少し詳しく触れる。）

【△意図的行為 △意図せざる行為 ○責任】最後に、「いずれにしても責任は発生するが、行為であるかどうかは微妙な出来事」として記述されるケースを見ておこう。これに該当するのは、社会的な地位や身分や役割に応じて責任を負うというケースである。たとえばリーダーにはチームを引っ張っていく責任がある。きちんとそうした行為を行っている限りは——すなわち、責任を果たしている限りは——責任は問われない。しかし、チームが目標を達成できなかったといった場合には、責任をとることになる。そして、こうした社会的責任は、たとえ当人が（少なくとも見かけ上は）何も行為していなくても発生することがある。たとえば、ある学校の生徒が傷害事件を起こしたために、その学校の校長が世間や被害者に対して謝罪を行うことがある。また、会社の部下が飲み会の席で酔って取引先に対して失礼をしてしまい、後でそのことを知った上司が取引先に出向いて謝罪することもある。こうした場合、校長は生徒たちをきちんと指導していなかったであるとか、上司は部下を十分監督していなかった、と非難されたりもする。つまり、校長や上司には過失があったから責任を問われるのだ、というわけである。しかし、現実問題としては、「校長は生徒の傷害事件を止めることができた」とか「上司は部下が酔って失礼をすることを未然に防ぐことができた」と見なすことには無理があると考える人も多いだろう。実際、校長や社長など、地位や身分が高くなればなるほど、生徒や社員がしでかした事件や事故のうち、とても予測可能性や回避可能性はなかったと多くの人が思うものに関しても、会見での謝罪や減給、「引責辞任」等々のかたちで責任をとる必要性が高くなってくる。そうしたケースを校長や社長の過失と見なすか、それとも純然たる結果責任と見なすかを、明確に線引きすることは難しいだろう。

以上、「意図的行為」と「意図せざる行為」と「責任が生じる事柄」という、三つに大別される出来事の記述の仕方を軸に、様々な例の分類を行ってきたが、最後に二点補足をしておきたい。一つ目は、個々の行為が以上の分類の中のどれに当てはまるかは文脈によって変わってくる、ということである。たとえば、「手をあげる」という行為について言えば、学級委員に立候補するために手をあげたのであれば、その行為には責任が伴うことになるだろう。しかし、いじめっ子に陰で脅されて「手をあげろ」と命令されたから手をあげたのであれば、責任は伴わないだろう。また、部屋で一人でいるときにただ単に何となく手をあげたという場合も、もちろん責任は発生しないが、路上で何となく手をあげたらタクシーが止まってしまった場合には責任が発生し、そのタクシーの運転手に説明をしたり謝ったりするなどして、責任をとらなければならなくなるだろう。

もう一つは、「意図的行為」と「意図せざる行為」と「責任が生じる事柄」という三区分を軸にした分類は、以上に示した十通りだけとは限らないということである。それこそ他人から強制されて行ったことであっても、やったことの重要性や強制の程度・種類など、文脈次第では責任が問われることもある。たとえば、ある政府の高官が他国の工作員から不倫の証拠を基に脅しを受けて、重大な国家機密を漏洩したとしよう。この場合には、確かに「他人から強制されて嫌々行為した」のであるが、責任を問われることになるだろう。このように、先の分類に適合しないケースは他にも様々に示すことができる。とはいえ、ここで差し当たり重要なのは、可能な分類（〇と×と△の三通り×三領域＝二十七通り）に適合するケースを延々と挙げきることではなく、「行為」という概念の奥行きを実際に見て取ること――とりわけ、「意図」および「責任」という概念とどのように重なり合い、どのように分かれるのかを具体的に見て取ること――である。そのためには、これまで本書で示してきた様々な例と、それが適合する分類を挙げるだけで、差し当たりは十分と言えるだろう。

3-6-2　行為における運の重要性

さて、「意図的行為」と「意図せざる行為」と「責任が生じる事柄」が部分的に重なり合う全体像を見渡したところで、「意図せざる行為」から「意図的行為」へ、本格的に接続を試みていくことにしよう。

悲劇的行為だけでなく、過失に関しても「運」という要素が深く結びついていることは、これまで繰り返し強調してきた。ここでさらに指摘できるのは、意図的行為に関してもある程度同様のことが言える、ということである。もっとも、「何気なくさっと手をあげる」程度の行為であれば、完全に自分の意のままになる（コントロールできる）と言えるだろう。内語することやイメージすることもそうだろう。すなわち、前章2－1－4で定義した「意図的基礎行為」であれば、少なくとも結果に関する運の要素はまず入り込まないと言える。しかし、時間的なスパンの長い行為――完成するまである程度時間がかかる行為――であればあるほど、次第に運の要素が大きな役割を果たすようになる。たとえば、夕飯は秋刀魚の塩焼きにしようとスーパーに行ったが、秋刀魚は売り切れてしまっているかもしれない。あるいは、スーパーに行く途中に携帯電話に先輩から電話が掛かり、飲み会に否応なく呼び出されて、夕飯を用意することができなくなるかもしれない。

そして、「夕飯を用意する」というささやかな計画ではなく、それこそ自分の人生をかたちづくるような大掛かりな計画になれば、運の要素はさらに増してくる。ある大学を志望しても、本当にそこに入れるかどうかは確実ではない。家計が急に傾いて受験することができなくなったり、試験問題の傾向が急に変わって、これまで勉強した成果が出せなくなったりするかもしれない。また、憧れの企業に入りたくても、面接試験に受かるかどうかは分からない。面接官との相性が悪かったり、急に体調が悪くなったりするかもしれない。それから、たとえその企業に入れたとしても、そりの合わない上司に当たったり、自分の長所を活かせない部署に配属されたりして、思い描いていた仕事ができないかもしれない。結婚して子どもを妊娠しても、もしかしたら、流産や死産になってしまうかもしれない。人生にとって重要な大掛かりな計画には、このように、多かれ少なかれ賭けの要素が生まれてくる。すなわち、行為が完成するかどうか、そして、その行為が正しい選択であるかどうかということに、運が深く関与してくるということである。もちろん、計画の成功を運が完全に決定するわけではない。たとえば、オーボエ奏者がオーケストラの一員として成功するためには、長年の地道な努力や勇気ある決断、あるいはもって生まれた才能といったものが非常に重要であることは言うまでもない。しかし、自分を支えてくれる人々と出会うこと、どこかのオーケストラにオーボエ奏者のポストが空くことなど、様々な運の要素が関わることも、また確かなのである。

さらに言えば、「意図的基礎行為」ですら、運によって左右されていると言うこともできる。先に述べたように、この種の行為は結果に関する運にはまず左右されない。言い換えれば、身体を拘束されたりしていない限り、手をあげようと思ったら必ずあげることができるだろう。しかし、不慮の事故で手を失った人は、手をあげようと思ってもあげることができない。これを「不幸」と呼ぶべきかどうかは見方によるだろうが、少なくとも、ひとつの行為をしようと意図するそもそもの機会を運によって失い、日常生活において不便があることは確かだろう。この種の運を、ここでは**構成的運**と呼んで、結果に関する運と区別することにしよう。すなわち、行為やその意図が構成（形成）されるそもそもの可能性に関する運、という意味である。

「構成的運」は、まさに行為全般に広がっているものである。非常に貧しい家庭環境に生まれたために、私立の学校に入ったり楽器の演奏を学んだりしようと意図することがそもそもできない人もいるだろう。また、両親が離婚して母親に引き取られたために、父親とキャッチボールをしたり一緒に釣りに行ったりできる可能性がそもそもない人もいるだろう。

ただし、どのような事柄を構成的運に数え入れるべきかは、それ自身、極めて難しい問題である。明治〜戦前の日本を代表する哲学者の一人である九鬼周造は、たとえば豊臣秀吉が虫でも鳥でも獣でもなく人間に生まれたこと、アメリカでもエチオピアでもなく日本に生まれたこと、それから、京都でも大阪でもなく尾張の中村（現在の名古屋市中村区）に生まれたことなども、すべて一種の偶然として扱っている[65]。しかし、これは奇妙に響く。豊臣秀吉が人間であり、日本の尾張の地に生まれたことは、たまたまのことではなく、まさに必然的とも言いうるように思われるのである。虫であるような豊臣秀吉や、アメリカ人であるような豊臣秀吉など、我々は想像できないのではないだろうか。

ひとつ、偶然や運と呼べるかどうか微妙な例を出してみよう。一九四〇年代前半の日本で二〇代だった男性の多くは、否応なく戦場に行かなくてはならなかった。彼らははたして「運が悪かった」と言えるだろうか。また、逆に、現在の二〇代の日本人男性の多くは戦場に行かずに済んでいるし、徴兵されることすらない。これは「運がよい」という話なのだろうか。

人の選択肢や生き方が時代や地域の文脈によって制約を受けていること、それから、「人間である」とか「日本に生まれた」といった条件（さらには、特定の身体的特徴や遺伝子等）の下で世に生を受けることなどを、すべて「運」や「偶然」という概念の下で括ることが適当かどうかは明確ではない。個々のケースについて、より細やかな分析を行うことが必要だろう。本書では、構成的運とそうでないものとの境界線をめぐる問題にはこれ以上立ち入らず、現実のこの社会において明確に「運」として扱われているものに、構成的運の範囲を限定しておくことにしたい。すなわち、機会の不均等と呼ばれるもの（家計の収

〔65〕 九鬼周造『偶然性の問題』第三章。

	構成的運	結果に関する運
特徴	特定の行為をしようと意図することができるかどうか自体に影響を与える	意図した行為が成立するかどうかや、ひとつの意図的行為ないし不注意がどのような結果をもたらすかに影響を与える
具体例	機会の不均等、いわれなき災いの影響 …ただし、どこまでが「構成的運」かどうかは不明瞭である（成育した環境や、もって生まれた身体的特徴、受け継いだ遺伝子なども「構成的運」と呼ぶべきかどうかは明確ではない）	・秋刀魚を買いにスーパーに行ったときに、秋刀魚が売っているか否か ・不注意の結果、大事故に至るか、それとも、何も事故が起こらずに済むか　など
影響の範囲	「意図的基礎行為」を含む、行為全般に及ぶ	「意図的基礎行為」には影響を与えない →基本的に、時間的なスパンが長い行為であればあるほど、影響を与えやすい

入が低いがゆえにそもそも特定の事柄を行おうと努力することすらできない、等々）や、いわれなき災いに起因するもの（自分に落ち度のない事故によってハンディキャップを背負い、できることが制限されるようになった、等々）である。[66]

ともあれ、いま確認したのは、行為全般が結果に関する運や構成的運によって幅広く影響を受けているという、当たり前と言えば当たり前の事実である。しかし、この事実は、コントロール可能性というもののみによって行為を特徴づける考え方に強く再考を促すものである。

近代以降に特に支配力をもつようになったこの考え方によれば、意図的行為とは、徹頭徹尾自分の完全に自由な意志でみずからの身体や周囲の状況をコントロールして、意図した結果をもたらすことを言う。また、過失も、結果を予測して回避する能力の範囲内であったという意味で、コントロール可能性によって特徴づけられる。この考え方が依拠しているのは、「一般通常人に期待される能力の範囲内で、周囲の状況を隈なくコントロールし、みずからの行為がもたらす結果を正確に予測し、道徳的に正しい行為のみを行う」という、「完全無欠の道徳的行為者」としての行為者像である。すなわち、我々は完全無欠の道徳的行為者であるべきだし、実際にそうなれるから、みずからの意図的行為や過失に関して責任を引き受けなければならない、というわけである。

しかし、この理由づけは正当なものではない。というのも、果たして我々は「完全無欠の道徳的行為者」であるべきか否か、という以前に、我々はそもそもそのような行為者にはなれないからである。不完全な道徳的行為者である我々が、自分の意図的行為や過失を——さらには過失ですらないものも——「自分のしたこと」として回顧し、責任を引き受けるのは、単にコントロール可能性があったと認めるからだけではない。そうではなく、起こった出来事の重要性の認識や、その出来事に対して自分だけがとっている距離の近さ（あるいは、距離のなさ）、それから、自分の価値観や生き方ゆえでもある。そして、そこでは運の要素は排除されないどころか、場合によっては決定的な役割を果たすことすらあるのである。（逆に、「運の要素が入り込めば、それはもはや行為とは言えない」として、コントロール可能性が完全にあ

〔66〕 構成的運とそうでないものの境界線をめぐる問題は、政治哲学上の重要問題、とりわけ、正義と平等をめぐる問題に直結する。たとえばジョン・ロールズは、財産や才能、さらには努力しようとする姿勢さえ、幸福な家庭と社会環境に依存し、それゆえ構成的運の産物だと主張する。そして、そうした「運」によって達成された道徳的功績に報いることは真の「分配の正義」とは言えないと結論づける。他方、マイケル・サンデルは、そこまで「構成的運」を拡大解釈させて個々人から道徳的功績を引き剥がすなら、道徳的人格としての「自己」というものは空っぽになってしまうと批判する。彼らの議論の詳細については、以下を参照してほしい。——マイケル・サンデル『これからの「正義」の話をしよう』鬼澤忍訳、ハヤカワ・ノンフィクション文庫、二〇一一年、第六章。ジョン・ロールズ『正義論』川本隆史・福間聡・神島裕子訳、紀伊國屋書店、二〇一〇年。サンデル『リベラリズムと正義の限界』菊池理夫訳、勁草書房、二〇〇九年。

ったと言えるかどうかを個別のケースに関して具体的に突き詰めていくとするなら、そこに介在するはずの様々な環境的要因のために、自由意志の存在に疑問符を打つ懐疑論や、さらにはその存在を否定する独断論にすぐに嵌《はま》り込んでしまうだろう。第1章で批判的に検討した決定論の主張は、そうした独断論のひとつのバリエーションとして捉えることもできる。)

3-6-3　ままならない世界の行為者

意図的行為も過失も等しくコントロール可能性のみによって特徴づけることは、過失も意図的行為の延長線上で捉えようとすること――できるだけ「意のままになった」という意図性を帯びた性格によって行為全体を捉えようとすること――である。それは言い方を換えれば、我々が個々の人生において経験することの中身を、「意図的にしたこと(に類すること)」と「自分の身に降りかかったこと」とに峻別することに他ならない。しかし、行為概念はそのようにきれいな二分法によって整理できるようなものではなく、それより遥かに曖昧で複雑なものなのである。

ウィリアムズは、コントロール可能性に傾斜して行為概念から運の要素を排除しようとする考え方を繰り返し批判している。彼によれば、そうした考え方は現実のこの世界のあり方と一致するものではないし、現実の生活の中で我々がもっている「行為」や「行為者」についての理解とも一致しない。「……後悔を消去しえないということ、人生は『意図的にしたこと』と『他の、単に自分に起こっただけのこと』とに区分けできるようなものでないということは、行為というものの本性に存することである」[67]――そう彼は強調するのである。

彼自身の議論の要点は、以下の引用に凝縮されていると言えるだろう。

……きちんと頭脳明断に自分自身を管理し、我々の行為における意図せざる側面を我々自身から完全に切り離し、そのコストをたとえば保険基金などに任せて、それでも行為者としての我々のアイデンティティや性格が維持される、と考えるとすれば、それは大きな誤りである。いかなる意志の産物も、意志の産物でないものによって取り囲まれ、支えられ、部分的にはそれらによって構成されており、それらは一個の網の目を形成している。人間の行為者としての履歴は、そうした網の目に他ならないのである……。[68]

仮に我々が、デカルトがそう勧めるように、いわば「合理的」にものを考えて、意図せざる側面（意のままにならなかったこと）から自分自身を完全に切り離すことができたとしよう。このとき、我々はたとえ事故の当事者になったとしても、自分にコントロール可能性がなかった場合には、損失の償いは完全に保険基金などに任せて、自分が償う（謝罪する、説明する、等々）必要はない、ということになるだろう。しかし、このとき我々には、「自分のしたこと」として何が残るのだろうか。運の要素が一切排除された「意図的基礎行為」しか残らないのではないだろうか。いや、それだけではない。すでに述べたように、「意図的基礎行為」ですら、何を構成的運に数え入れるかによっては、運の影響があると言うこともできる。少なくとも、我々がみずからの行為としうるものが極めて貧しいものにまで切り詰められてしまうのは確かだろう。

[67] Williams, B., *Shame and Necessity*, University of California Press, 1993, p.70.
[68] Williams, B., "Moral Luck" in his *Moral Luck*, Cambridge University Press, 1981, p.29.

他方、我々の実際の人生を顧みるならば、その営みの大半が、大なり小なり運によって損なわれ、また、運によって恩恵を受けているのは明白である。我々が何らかの計画を自分の意志で立ちあげられるのはそもそも構成的運によるものが大きいし、その計画を成功裡に終わらせられるかどうかも、結果に関する運によるものが大きい。ウィリアムズが言うように、いかなる意志の産物も、意志の産物でないものによって取り囲まれ、支えられ、部分的にはそれらによって構成されている。我々がそれぞれに辿ってきた行為者としての履歴は、意志の産物によるものと意志の産物でないものとによって織られた網の目として特徴づけられるのである。戦前に活躍した日本の哲学者、三木清の言葉も借りて言うなら、「我々の行為は、我々の為すものでありながら、我々にとって成るものの意味をもっている」[69]ということである。

このことは、ある意味では苦い事実を告げている。それは、「現実の社会では我々は、多かれ少なかれ自分の意のままにならなかったことに関して責任を引き受けている」という事実である。だからこそ、何か悪い出来事が起こったとき、我々はそれを単なる不運として片づけずに、本当に「意のままになった人」――すなわち、その出来事を予測して回避することができた人――を見出し、その人に責任をとらせようとしがちなのである。また、いわれなき不利益や汚名や罪などを防ぐために、構成的運を低減させようとする場合も多い。ハンディキャップを背負った人に配慮したり、収入の低い家庭の子どもに援助を行ったりすることによって、機会の均等を追求することは、その一環と言える。また、貴族や世襲の職業などがもつ既得権益を廃止する動きや、特定の身分であったり特定の宗教の信者であったりというだけで責任を問うことを廃止する動きも含まれるだろう。また、連帯責任などの制度を減らすことも、構成的運を低減させる動きのひとつと言えるだろう。

しかし、運に対するこうした対処は、それ自身の問題も抱えている。まず、悪い結果を不運として片づけないということは、見方を変えれば、「悪い結果には必ず犯人がいる」という予断を働かせるということでもある。たとえば、ワーキングプアや就職難に陥っている人々の状況を一律に「自己責任」として済ますことは、その典型例と言えるだろう。もちろん、明らかに自分のせいでそういう状況になったと認定される人も多いだろう。しかし、家が貧しく大学に進学できなかったり、新卒の年度が企業による採用の極端に少ない「超氷河期」に当たったりするなど、運によって大きな影響を受けた人も多いだろう。そうした多様な条件下にある人々に対して十把一絡《じっぱひとから》げに同様の責任を問うことには明らかに問題がある。もうひとつ、関連する興味深い実例を挙げよう。二〇〇九年四月、イタリア中部のラクイラ地方で地震が発生し、三〇〇人以上の人々が命を落とした。地元の検察当局は、国の専門委員会が地震予知に失敗したことで被害が拡大したとして、地震学者ら専門家七人を過失致死罪で起訴した。そして一二年一〇月、ラクイラの地裁は全員に禁錮六年の実刑判決を下した。以前であれば、地震などの自然災害による被害はそれこそ不運や運命として受け入れられてきたが、科学技術の発展によって「予測可能とされるもの」の範囲が拡がっている現代では、自然災害ですら、「誰のせいで被害が生じたのか」ということが、（その正否はともかくとして）追及されるおそれが出てきているのである。

それから、構成的運を低減させる動きに関しても、「そもそも何が構成的運なのか」という、先にも確認した問題が首をもたげてくる。お金持ちの家に生まれなかったことは不運なのだろうか。身長が低いことは不運なのだろうか。IQが低いこと、運動能力が低いこと、視力が低いこと、太りやすいことは不運なのだろうか。それらを構成的運の問題として見るか、それとも多様性や個性の問題として見るかは微妙

〔69〕　三木清『哲学入門』序論七「哲学」（青空文庫等に所収）。

なところである。実際、生まれつき強度の聴覚異常や視覚異常がある人々の中には、そもそものように「異常」と見なされることに反発し、自分たちは聾《ろう》や盲という「個性」をもっているにすぎない、と主張する人々も存在する。こうした主張が正しいかどうかはともかくとして、少なくとも聴覚異常（聾）や視覚異常（盲）という事柄ですら、それが不運であるかどうかに関して議論が存在するということである。もし、こうした微妙さを無視して、構成的運に数えられる可能性のあるものをすべて排除しようとするならば、遺伝子操作などによって多様性や個性が極端に乏しい均質な人々を生み出すしかないだろう。（そして、人工授精の現場の一部では実際に、「高身長」「高ＩＱ」「金髪」といった均質な特徴をもつ人々の精子や卵を掛け合わす「デザイナー・ベイビー」が生み出されている。）

重要なのは、物事を単純化しないということである。悪い結果には必ず犯人がいるとすることも、構成的運はすべて排除しなければならないとすることも、物事を実際の複雑さよりもあまりに単純に捉えすぎている。同様に、すべては運の産物だとすることも、過度の単純化に他ならない。我々の人生の営みは、部分的には意志の産物であり、部分的には運の産物である。そして、両者は分かちがたい仕方で互いに支え合い、ひとつの網の目を形成している。「不完全な道徳的行為者」である我々には、両者を分離することはできないのである。

実際、我々は部分的には運を歓迎してもいる。もちろん、我々は不運を願ったりはしないが、幸運なら進んで受け入れる。我々は人生の大事な局面で、まさに「神頼み」をして、幸運に賭けることもあるのである。また、先に「現代においては連帯責任を問う制度は減少しつつある」と言ったが、消滅したわけではない。たとえば、日本では現在、公職選挙法の規定に基づき、国政選挙や地方選挙に関して連座制が適用されている。選挙の候補者当人ではなく秘書や後援会幹部などの関係者が買収に代表される重大な違反行為を犯した場合にも、候補者当人が関知できたかどうかに関係なく、当選を取り消すなどの処置が与えられるのである。この制度の妥当性に関しては最高裁まで争われてもいるが、「民主主義の根幹を成す公職選挙の公明性や適正性を確保するという、極めて重要な目的を実現するために設けられたものである」という理由で、連座制は合理的であり憲法に違反していないという判決が下っている（最高裁判例平成一〇年一一月一七日）。つまり、たとえ当人にコントロール可能性がなくとも、そして、行為ですらなくとも、結果の重要性次第で責任は問われうると判断されているわけである。

もうひとつ例を挙げよう。日本の現行の大気汚染防止法（第二五条）や水質汚濁防止法（第一九条）においては、たとえばある工場の事業活動に伴って重大な大気汚染や水質汚濁が発生した場合には、たとえ工場の従業員や管理・監督者に過失がなくとも、損害賠償の責任を負うと規定されている。これは、いわゆる「無過失責任」と呼ばれる結果責任の一種であり、この責任を問う大きな根拠はやはり、結果として生じた被害の甚大さを重く見て、被害者の保護を図ることにある。（なお、このように民事において「無過失責任」を問う例は、他の法律の条文にも数多く見出せる。）

これまで何度か確認してきたように、責任という概念は必ずしも行為と結びつくわけではない。言い換えるなら、トラック運転手のケースや小さな子どもの行為のケースがそうであるように、行為者であるからといって、必ずしも責任があるとは限らないし、まして、いまの連帯責任（連座制）や無過失責任のケースがそうであるように、責任があることは行為者であることの直接の根拠にはなりえないのである。つまり、「君に責任がある。なぜなら、君がやったのだから」とは必ずしも言えないし、まして、「君がやったのだ。なぜなら、君に責任があるのだから」とは決して言われない、ということである。

「すべては運の産物か、それとも意志の産物か」という「あれか、これか」のかたちに物事を単純化する代わりに、我々がすべきなのは、「自由」「意志」「意図」「信念」「責任」「義務」「過失（落ち度）」「非難」「罪」「償い」「後悔」「価値観」「行為者」「個性」「生き方」「運」といった様々な概念の関係性を慎重に見て取ることであり、その複雑さの中身を明晰に見通すこと――すなわち、どのように複雑であるかを具体的に理解すること――である。そして、この章でここまで積み重ねてきた議論は、そのひとつの試みに他ならない。

「複雑である」というのは、それらの概念が我々の生活に深く浸透しており、非常に重要な役割を担っていることによる。複雑さから目を逸らして単純化を施しても、それによって出来上がったものは元と同じものではない。哲学でも法学でも、あるいは他の分野でも、我々はそのような間違いを犯しがちである。運に対する完全な免疫をもった責任概念や、非意図的な側面が完全に切り離された行為概念は、我々が実際の生活の中で理解している責任や行為ではない。どれほど理論を精緻に細かくしようとも、「完全無欠の道徳的行為者」なるものはどこまでもファンタジーにすぎないし、運は「不純物」として排除できるようなものではないのである。

世界から「いわれなさ」や「遣りきれなさ」を放逐するために、宗教だけでなく、哲学も、予定調和の物語を――悪く言えば、おとぎ話を――紡ぐ傾向がある。特定の人間に悪い結果が降りかかったことが「いわれなき災厄」であることを否定するために、宗教であれば、「その人間が前世で罪を犯したからだ」とか、「先祖が悪行を行ったからだ」といった理由づけを行うことがある。同様に哲学も、「コントロールできた（意のままになった）」という理由づけによって、「いわれなさ」を解消しようとする傾向がある。しかし、繰り返すように実際の世界は、なかなかままならないものである。この世界は、我々にとって完全に把握可能なものでもなければ、我々の完全なコントロール下にあるわけでもない。そうした「ままならない世界」において我々は、うまく制御しきれない結果を「自分のしたこと」として引き受けていくのである。

そして、これは、「不合理で理不尽な結果を、天命や運命、宿命などとして甘受する」という、もうひとつの予定調和の物語――宗教における予定説的信仰――とも異なるものである。結果を天命などとして甘受するというのは、当該の結果は「神（仏）」という別の主体の意志や「天の理」といった超越的な原理によって引き起こされたもの（予定されていたもの）とすることである。つまりそれは、「神のしたこと」ないしは「おのずから決まっていたこと」として一連の出来事を捉えることであり、その出来事はそもそも「自分のしたこと」ではない、とすることに他ならない。

我々はもしかしたら、そうした物語によって救われ、最終的には行為者的視点から傍観者的視点へと完全に移りきることもできるのかもしれない。しかし、後年の老いたオイディプスがまさにそうであったように、[70] どれほど「神の仕業」だと割りきろうとしても、「あれは自分がやってしまったことだ」という認識と苦悩から完全に離れることは、実際には困難だろう。その割りきれなさの中で、運命を呪いつつ、しかし神々に帰依も屈服もせず、行為者であることをやめないオイディプスの姿――運命によって引き起こされたのではなく、あくまで、それは私がしたことだと過去を回顧する彼の姿――は、紛れもなく、このままならない世界で日々行為者としてあり続ける我々の姿の写し絵なのである。

[70] ソポクレス『コロノスのオイディプス』高津春繁訳、岩波文庫、一九七三年。

3-6-4　我々は不完全な道徳的行為者だが、実質をもつ

この章ではここまで、基本的にウィリアムズの議論を下敷きにしながら、主に「意図せざる行為」の特徴を探究することを通じて、行為概念の全体像に迫ってきた。その中で、責任概念の多様性や、起こった出来事の重要性、意図的行為からその出来事に至る因果連鎖のシンプルさ、行為者的視点と傍観者的視点の置き換えのきかなさと割りきれなさ、個々人の生き方や価値観、そして、世界のままならなさといったものが、行為を輪郭づける新たなポイントとして浮かびあがってきた。

ウィリアムズは、ソポクレスと、彼と同時代の歴史家トゥキディデス（前四六〇〜前四〇〇年頃）が人間に対して向ける眼差しについて、こう評している。「両者は人間を、世界——すなわち、人間の活動からすれば部分的にしか理解可能でなく、また、それ自身は倫理的な願望に適合するように必ずしも調整されていないような、そうした世界——に対して、ときに賢く、ときに愚かに、ともすれば破滅的に、あるいは気高く、対処していく者たちとして描き出している」[71]。そこには、それこそソクラテス（前四七〇／四六〇〜前三九九年頃）以来の哲学的な議論の洗練によってかえって覆い隠されがちになっている、人間と世界の実相に対する眼差しがある。

不完全な道徳的行為者である我々にとっては、自分たちと世界との関係は調和に満ちたものとはとても言えない。人間のほとんどの行為は運の影響を受けて、当人のコントロールを越え出ていく。我々はしばしば、結果を思い通りにできないだけでなく、結果が何かということ自体を知ることができない。当初の意図が挫折を余儀なくされる一方で、意図しなかった結果が身に降りかかることになる。しかし、そうした結果も「自分のしたこと」として捉え、ときに賢く気高い仕方で、ときに愚かで破滅的な仕方で、もが

きながら対処し続けていくからこそ、我々の人生はそれぞれの実質をもちうる。個々人の生き方は、部分的には、自分がこれまで何をしてきたのか――つまり、何を「自分のしたこと」として引き受けてきたのか――という履歴によって形成されるのである。

逆に言えば、完全無欠の道徳的行為者の人生はそうした実質をもちえないということである。その空想上の人物は、一般通常人に期待される能力の範囲内で、自分が置かれた状況を正確に把握し、誰もがすべき道徳的義務を履行する。常に、誰にとっても最善であるような選択肢を選び取り、それに従って行為を貫徹することができるのである。しかし、それだけである。その人物は、選択肢を誤ることはないし、自分の意志の弱さに悩むこともない。利己性と利他性の間で葛藤することもなければ、過失を犯すこともない。悲劇も幸運も訪れない。たとえば、不注意で事故を起こしたドライバーや、否応なく子どもを轢いてしまったトラック運転手のように、特定の出来事に対して他の誰とも異なる地点に位置することはない。彼らは、一定の条件下における一般通常人（ドライバー、外科医、等々）の能力に見合った道徳的義務を完全に履行できるから、そもそも不注意であることはないし、自分のコントロール下になかった出来事についても、自分の行為として後悔するようなことはなく、割りきることができるのである。また、他人の行為や他人の身に降りかかる出来事に関しても、一般通常人の能力に見合った道徳的義務とコントロール可能性の有無という観点から、客観的な評価を貫くことができる。彼らは世界の中のすべての出来事に対して等距離に位置し、全く偏りのない公平な視点からそれらを見て取るのである。しかし、繰り返すようにそうした人生は、我々が実際に送る人生とはあまりにもかけ離れている。

〔71〕 Williams, B., *Shame and Necessity*, University of California Press, 1993, p.164.

我々の個々の人生の実質は、「意志の産物とそうでないものとの網の目」というかたちで形成される行為者としての履歴に、多くを負っている。そしてその履歴は、この私がいま・ここから眺める、文字通り偏った視点からの内容が不断に織り込まれたものである。もっとも、我々の多くは「完全無欠の利己的行為者」などではなく、不完全ながらもできるだけ道徳的であろうとするから、偏りのない公平な視点を尊重し、その視点に立とうと努力もする。しかし、人は実質的な生活を送る以上、不可避的に、そうした視点とは両立しない偏った視点――この私がいま・ここから眺める視点――にも同時に立つ。そうした、偏った視点と公平な視点との葛藤の中に、この世界に生きる行為者としての人間の真の姿があるのである。

コラム③　共同行為について

英語圏の哲学の行為論においてはこれまで、主に個人が単独で行う行為に限定したかたちで議論が交わされてきた。しかし、行為の中には単に個人的に行われるものだけではなく、共同で行われるものも無数に存在することは明らかであるように思われる。そして、後者の種類の行為は、しばしば「共同行為（joint action, collective action, shared action）」と呼ばれている。たとえば、一緒に散歩をすることや、協力して机を運ぶこと、さらには、チームを組んでサッカーをすること、一大プロジェクトを組んでビルや橋を建てること、等々である。

しかし、個人的行為と共同行為が具体的にどのような点で異なるのかを明確にすることは、それほど簡単な作業ではない。以下では、一九八〇年代以降に次第に活発になってきた英語圏における共同行為に関する議論も一瞥しながら、共同行為とは何かについて概観することにしたい。

「相互依存性」から共同行為を捉える

「行為の中には単に個人的に為されるものだけではなく、共同で為されるものも存在する」というのは、必ずしも自明なことではない。それは、あらゆる行為を個人の内で完結した行為として捉えることが可能かもしれないから、というよりも（そのように想定することは明らかに困難だろう）、むしろ、あらゆる行為に対して容易に何らかのかたちの共同性を見出すことができるからである。実際、徹頭徹尾個人の内で完結するような営みはそもそも行為ですらない、という立場はありうる。（たとえば、和辻哲郎の行為論（『倫理学（一）』岩波文庫、二〇〇七年、三五四～三九八頁）は、その典型例だと言えるだろう。）この立場からすれば、行為とは端《はな》から共同的なものなのであるから、行為を共同行為とそれ以外の行為とに腑分けすることは不必要なだけでなく不適切な作業ということになるかもしれない。

たとえば、私が一人で本を書く行為であっても、厳密に言えばこれは私個人の内で完結した行為ではなく、他の学者の諸々の行為――先行文献となる本を書く、関連する文献を翻訳する、草稿を検討してコメントする、等々――に依存したものである。また、そもそも書くという行為は私が発明したものではなく、親や教師などから訓練を施されて行うようになった行為に他ならないし、書くために使う文字やペンやパソコンも他人がつくったものである。それから、「手をあげる」としか記述できないような「意図的基礎行為」（本書第2章2-1-4参照）ですら、「手」や「あげる」という日本語の概念は親などの他人から教わったものに他ならない。つまり、私が自他のある特定の振る舞いを「手をあげる」という記述の下で捉えることができるのは、第2章2-5でも述べたように、「手」や「あげる」およびそれと関連する広範な日本語の使用法の伝統に参与することにおいてなのである。その意味で、あらゆる行為は常にすでに共同的である、と確かに言うことはできるだろう。

それでは、行為という概念の中にさらに「共同行為」なる特殊な概念を措定するのは意味を成さない、ということになるのだろうか。しかし、上述の意味での行為全般の共同性と呼びうるものを認めてもなお、共同行為とそれ以外の行為とを区別するポイントは存在すると思われる。それは、特定の行為の成立に関して、複数人の間の依存関係が相互的でない場合がありうる、ということである。

たとえば、過去の人間の「論文を書く」という行為の成立は、それにさらに先立つ人々の様々な行為や、それらにまつわる諸々の技術および知識の伝授に依存している。しかし、現在の我々の行為には依存していない。つまり、我々が何をしようとも――それこそ、論文を書くことを一切やめてしまうとしても――過去の人間の「論文を書く」という行為はすでに成立しているのである。また、今後も、たとえば世界が滅亡してしまい、たった一人生き残った人間が論文を書く行為を行う可能性がある。この人は論文作成の技術を他人から伝授されているが、もはやそれを誰にも伝えることができない。しかし、論文を書き続けることはできるのである。

これに対して、たとえば「友人と協力してペンキを塗る」という行為の場合は、まさに友人が一緒にペンキを塗ってくれなければ成立しえない。また、「共著で本を出す」という行為も、相手が共に書いてくれ、スケジュールや書く内容等々を互いに調整し合わなければ、成立不可能である。行為の成立に関して、複数人の間で相互的な依存関係が存在するということが、共同行為をそれとして特徴づけるための、最も大枠の枠組みとなるのである。

「意図せざる共同行為」の重要性

いま確認したのは、共同行為は大枠としては「複数人の間の行為の相互依存性」という観点から特徴づけられるということであった。

しかし、マイケル・ブラットマン（Michael Bratman）やマーガレット・ギルバート（Margaret Gilbert）、ジョン・サール（John Searle）、ライモ・トゥオメラ（Raimo Tuomela）など、共同行為に関する英語圏の代表的な論者は総じて、共同行為を個々人の（行為ではなく）意図の相互依存性という観点から特徴づける方向で議論を行っている。

たとえばブラットマンは、「手をあげること」から「手があがること」を引いたら後には何が残るのか、という、ウィトゲンシュタインの引き算を下敷きにして、次のような問いを立てている。すなわち、「複数の人間が協力してペンキを塗る共同行為を行うこと」から「複数の人間がたまたま同じ壁に同時にペンキを塗るだけのこと」を引いたら、後には何が残るのか、と。ブラットマンの答えは、「意図を共有していること」が残る、というものである。（"Shared Agency" in *Philosophy of the Social Sciences : Philosophical Theory and Scientific Practice*, edited by C. Mantzavinos, Cambridge University Press, p.42.）

ただし、「意図を共有している」というのは、単に「同じ意図をもっている」ということではない。たとえば、急に雨が降ってきたために、外にいた人々が建物の中に駆け込んだとしよう。このとき、彼らは「雨を避けよう」という同じ意図をもっていたことは確かだが、示し合わせて共に行為したわけではない。あくまでも、たまたま同時に同じ意図をもっていただけなのである。それゆえ、「意図を共有している」と言うには、同じ意図をもっていること以上の何かを意味するのでなければならない。ブラットマン自身は、当該の意図やそれに関連する他の様々な意図が複数人の間で相互的な依存関係にあるという点に、「意図を共有している」ということの内実を求めている（ibid., pp.46-54）。また、他の論者の議論も基本的に、個々人の意図の絡み合いによって共同行為が構成されるというものになっている。

ここでは、彼らの個々の議論の妥当性について詳細に立ち入る余裕はない。その代わりに、次のポイントを強調しておきたい。すなわち、個人的行為にも「意図的行為」と「意図せざる行為」があるように、共同行為に関しても、彼らが着目する「意図的行為（共有された意図による行為）」だけでなく、「意図せざる行為」も存在する、ということである。たとえば工場の事故のようなケースを考えてみよう。誰か一人に事故の原因が帰される場合もあるが、複数の人間の過失が問われる場合もある。そして、そうしたケースは、共同行為全体の中で決して少なくない割合を占めるだろう。個人が自分の手をあげることのような、ある意味で単純な行為（意図的基礎行為）とは異なり、共同行為は、必然的に他の人々と関わり合いながら行われるものであり、ある程度時間的な幅が広く複雑なものである場合が多い。そのため、個々人の意図やコントロールを越え出るような不測の要素も増加するし、過失に分類されるようなケースも数多くなる。したがって、共同行為という概念の分析を意図的なもののみに局限することは、この概念の射程を実際よりも大きく狭めることになることは間違いない。そうである以上、「意図の相互依存性」といったものによって共同行為を定義することは適当ではない。相互依存的である必要があるのは、あくまで行為なのである。

「集団」を主体とする行為？

ここまでは、個々人の行為（あるいは意図）の相互依存性という観点から、共同行為とは何かについて概観してきた。最後に、こうした特徴づけとは異なる共同行為論の可能性について触れておきたい。

D・P・シュヴァイカートは、共同行為は個々人の行為の相互依存的なあり方として説明できる行為——いわば「連携行為」——と、それでは説明できない、いわば「集団行為」とに分けられる、と主張している。たとえば、一緒にペンキを塗ることや、一緒にサッカーをすること、サッカーで連携プレーを行うことなどは、前者の「連携行為」にあたるものだという。他方、サッカーの得点や、委員会の決定などは、後者の「集団行為」に含まれるという。というのも、たとえばサッカーの得点はチーム内の誰か個人が決める（ボールをゴールに入れる）ものであるが、その得点は彼のものではなく、まさにチームの得点だからである。また、委員会の決定も、委員の誰かが提案し、委員長が裁定を下すものであるが、その決定はまさに委員会という集団の決定に他ならない。（Schweikard, D. P., "Limiting Reductionism in the Theory of Collective Action" in *Concepts of Sharedness: Essays on Collective Intentionality*, edited by H.B. Schmid, K. Schulte-Ostermann, and N. Psarros, Ontos Verlag, 2008, pp.89-117.）

こうした分け方それ自体が妥当なものであるかどうかについては十分に議論の余地がある。とはいえ、我々が共同行為というものについて考える際には、漠然とそうした「チーム」や「委員会」といった集団を立てていることは確かであるし、少なくともその点について考慮することを促しているという点で、シュヴァイカートの議論は重要性をもっている。はたして、行為者としての集団とはどのように特徴づけられるのか、たとえば、「国家」や「国民」、「市民」といったカテゴリーは行為者となりうるのか――「集団行為」をめぐる問いは依然として様々に開かれていると言えるだろう。

以上、共同行為論の概要について簡単に見てきたが、この分野は、一九八〇年代から台頭してきたにすぎない比較的若い分野であるし、様々な論点に関してまだ議論が煮詰まっているとは言えない。今後、さらなる展開が期待される分野であることは間違いないだろう。

【文献紹介】

ブラットマンやギルバートらの共同行為論を邦訳したものは、残念ながらいまのところ存在しない。ただ、以下の日本語の文献には、独自の議論と共に、彼らの議論に対する詳細な言及が含まれている。

■**中山康雄『共同性の現代哲学――心から社会へ』**勁草書房、二〇〇四年。

■**柏端達也『自己欺瞞と自己犠牲――非合理性の哲学入門』**勁草書房、二〇〇七年。

■**『行為論研究』第二号**、行為論研究会編、二〇一一年。（※次のURLで公開中。http://actiontheories.wordpress.com/）

また、手前味噌だが、以下の拙論は、「意図せざる行為」の側面に着目しつつ、共同行為はどのように定義できるかについて論じたものであり、このコラムの内容の詳細版と言えるものである。

■**古田徹也「共同行為の構成条件」**『哲学』第六三号、日本哲学会、二〇一二年、二六五～二七九頁。

エピローグ　非体系的な倫理学へ

そろそろ本書で扱うべき内容は尽きようとしている。このエピローグでは、これまでの議論をより広い視野から振り返りながら、行為論それ自体からは少し脱線をして、「これから」の展望を探っていくことにしたい。

心の哲学と倫理学の間

本書の内容を大雑把にまとめるなら、「意図的行為」を主題にした第2章までの内容は、いわゆる「心の哲学」の一分野に収まるものだった。「痛み」などの感覚や「怒り」などの感情としての心の働きは扱わなかったものの、「意図」や「欲求」や「信念」など、行為を成立させる心の働きがどのように特徴づけられるかに、話が集中していた。

他方、第3章において「意図せざる行為」の検討に入った途端、「責任」や「義務」、「過失（落ち度）」、「非難」、「罪」、「償い」などの概念が次々に登場するようになった。また、第1～2章でも登場していた「自由」の概念も、自然法則による決定論との対比の下で特徴づけられるだけではなく、他人からの強制の有無というポイントが加わり、より複雑さを増している。

第3章においてはじめて登場した（あるいは、複雑さを増した）これらの概念は、基本的に「心の哲学」ではなく、「倫理学」において取り扱われてきたものであり、その意味で、本書が「行為論（行為の哲学）」という名の下で展開してきた一連の議論は、「心の哲学」から「倫理学」への移行の過程としてまとめることもできる。

ただし、行為論がそうした二つの大きな哲学分野に均等に分割できるかと言えば、それは疑わしい。実際、前節で行ったように、「意図せざる行為」の検討から「意図的行為」の中身を照らし返してみると、「責任」や「（強い意味での）自由」等々の概念――いわば「倫理学的概念」――を必要としない意図的行為として記述できるものが極めて限られていることが明白になる。なるほど、たとえば自分以外誰もいない部屋の中で何となく手をあげる場合や、それこそリベットの実験のように、実験室の中で「好きなタイミングで手をあげてください」と言われて手をあげる場合などには、その行為に「責任」等々の倫理学的概念は不要だろう。しかし、それ以外の大半の意図的行為は、倫理学的概念と不可分に結びついている。たとえば、タクシーを止めるために手をあげることには責任が伴われるだろう。（タクシーが止まったのに乗り込まずに去ったりしたら、非難を浴びるだろう。）また、学級委員になるために手をあげた場合も同様に責任が発生するだろう。自分の人生にとって重要な大掛かりな計画となれば、それはなおさらである。

第2章までの議論が倫理学的概念なしで進めていくことができたのは、自由意志の存在を否定する決定論の主張や、心の働きと脳の動きを同一視する立場の検討に話題が集中していたからである。しかし、もしもそれらの検討にけりをつけ、意図的行為を成立させる心の働きをそれとして適切に輪郭づけることができたなら、行為論はそれ以降、心の哲学の領域のみに留まるのではなく、倫理学との密接な結びつきの下で進めていく必要があるだろう。

道徳と倫理

とはいえ、ここで言う「倫理学」は、通常そう呼ばれるものと重要な点でずれがあると思われる。というのも、一般に倫理学は、客観的な責任の有無や非難可能性、万人に課される義務の内容、社会全体の幸福の最大化といった、まさに「偏りのない公平な視点」から人間や社会のあり方について議論するものが主になっているからである。これに対して、第3章以降に確認してきたのは、そうした視点から眺められた「均質な世界」は我々が現実に生きている世界ではない、ということであった。世界には、この私がいま・ここから眺める「偏った視点」からの内容が不断に織り込まれている。行為者として我々個々人が経験するものは本質的に他人と置き換えがきかないものであり、我々はそのこと自体をよく理解している。この世界が様々に異なる人々によって構成されており、それぞれの経験にかけがえのない実質があることは、我々がこの世界に対してもっている本質的な理解の一部なのである。

本書では「道徳」という概念を、基本的に万人に等しく同じ義務（すべきこと、するのが善であること）を課すという、画一性ないし客観性（普遍化可能性）への指向によって特徴づけてきた。それは言い方を換えるなら、偏りのない公平な視点から眺められた均質な世界における「善」のあり方を示すものとして、「道徳」という概念を扱ってきたということである。こうした本書の捉え方からするならば、一般に「倫理学」と呼ばれるものは、道徳の根拠づけや分析を行う分野という意味で「道徳の哲学」と言い換えることができるだろう。（たとえば、後述する「帰結主義（功利主義）」や「直観主義（義務論）」などの倫理学上の諸理論は、客観的に見て正しい（善《よ》い）行為とは何か――そうした行為を万人がすべき根拠はどこにあるか――を提示する、「道徳の哲学」の主要な成果と言える。）

しかし、本書のこの時点で「倫理学」と呼びたいもの、すなわち、偏った視点が不断に織り込まれた均質でない世界において、責任や自由、落ち度といった、人生において重要な概念のあり方をいかにして捉えるかという問題圏は、そうした「道徳の哲学」としての倫理学を明らかに越え出ている。

道徳の哲学を越え出た倫理学は、誰もが「正しい」「善である」と納得するとは限らないものがあることを前提にする。「何をすべきか」あるいは「何をすべきだったのか」ということに対する個々人の個別的な考慮が、必ずしも一致した見解（合意）へと収束するとは限らないことを認める。「生き方」というものの追求が、「誰もが従うべき義務」の履行や「誰もが目指すべき結果」の実現とは別の事柄を意味しうることを重視する。すなわち、「自分はいかに生きるべきか」という問いが存在すること、この問いが重要であること、そして、この問いが必ずしも道徳に縛られるものではないことを、倫理学は議論の領域に含みうるのである。

ここにおいて、「道徳（moral）」と「倫理（ethics）」とを別の概念として区別しておくことは、論点の整理のために有効だろう。本書で言う「道徳」は、繰り返すように、万人に対する義務や社会全体の幸福といった、画一的な「正しさ」「善」を指向する。それに対して「倫理」は、「すべきこと」や「生き方」全般を問題にする。そこにはもちろん「誰もがすべきこと」や「誰もが模範とすべき生き方」も含まれるが、それだけではない。倫理の領域には、他と置き換えのきかない個々人にとっての「自分がすべきこと」や「自分の生き方」という観点も含まれるのである。（こうした意味で「道徳」と「倫理」とを区別するのは、本書で勝手に行っていることであり、実際にはこの両概念は、特に哲学的議論においてはあまり区別されずに用いられていることに注意してほしい。）

この「道徳」と「倫理」の区別を明確にするために、ウィリアムズがトラック運転手の例のほかに同じ論文中で挙げているもうひとつの例を紹介しよう。それは、実在した画家ゴーギャンの生き方である。[72] ゴーギャンは、画家としての人生を歩むために、家族を捨て、タヒチへと向かった。自分の芸術を大成するためにはタヒチに行くことが必要だという信念を確固たるものにし、まだ判然とは見えてこない可能性に賭けたのである。つまり、身勝手に家族を捨てたという点では彼の選択は道徳的なものではないが、自分の生き方の追求だという点では、彼の問題が「倫理」の問題であることは確かなのである。

ゴーギャンはもしかしたら、自分の利益のために他人を傷つけても何とも思わない「完全無欠の利己的行為者」であったかもしれない。しかしここでは、我々の大半と同じく、完全には利己的にも利他的にもなりきれない人物であったとしておこう。その場合ゴーギャンは、家族を捨てることに良心の呵責を感じたはずであるし、甘んじて非難を受け入れただろう。しかし、彼はそれでも、一人でタヒチに行って画業を突き詰めることを選択し、結果として、その地で後世に残る数々の絵画を生み出した。つまり彼は、道徳的考慮を踏まえつつ、「芸術」という一般的には道徳の範疇《はんちゅう》に入らない価値を追求することを、みずからの生き方として選び取った。そして、彼の芸術は最終的に世界中の数多くの人々に認められたのである。

このことは当然、誰もがゴーギャンの生き方を目指すべきである、ということを意味しない。それどころか、芸術の追求など家族を捨てることの理由などにはならない、と憤慨する人もいるだろう。また、ゴーギャンがタヒチで描いた絵画を「数多くの人々」が称賛しているといっても、つまらない絵だと感じて、全く価値を見出さない人もいるだろう。しかし、少なくともゴーギャンのような生き方をする人も存在するということは、誰しも認めるだろう。また、道徳的価値観や芸術的価値観の具体的な中身に関して、人々が様々に異なる見方をもっていることも、我々は認めるだろう。逆に、もしも生き方や価値観に関し

［72］ Williams, B., "Moral Luck" in his *Moral Luck*, Cambridge University Press, 1981, pp.23-25.

て人々の間で全面的な一致が実現している社会があるとすれば、我々はむしろそこに大きな歪みを見て取るのではないだろうか。

そして、ゴーギャンの例のもうひとつのポイントは、タヒチに行くという彼の選択が「賭け」であったということである。つまり、タヒチに行くことで彼の芸術が大成するかどうかは、彼にも他の人々にも明確なことではなかったのである。その意味で、「自分の芸術を大成させるべきだ」という彼の決断には、「自分の芸術を大成させることができる」ということが含意されていたわけではないのである。

前章3-3-2で確認したように、道徳的義務としての「すべき」であれば、「できる」を含意しなければならない、と一般に言われる。というのも、道徳的義務には、それに対する違反が非難に値するということが不可分に結びついているからである。それこそ、泳ぐことのできない人に対して「溺れている人を助けにいくべきだった」と非難することは適当ではない。したがって、道徳的義務としての「すべき」は、「『できる』を含意する」という看板を下ろすことはできない。それに対して、倫理的目標としての「すべき」は、必ずしも「できる」を含意している必要はない。たとえば、名工であった父の後を継いで職人となった娘の人生の目標が、父を上回る仕事をすることであるとしよう。このとき、彼女は本音では、最後まで父を超えることはできないと思っている。それでも彼女は、いわばどこまでも「彼方」にある目標に向かって、懸命に技を磨き、父の仕事に近づこうとするのである。つまり、彼女の計画は、ゴーギャンの計画のようにできるかどうかが明確でないだけではなく、できないと分かっているにもかかわらず、それでも「すべき」と判断され、実際に計画が進められているということである。

そして、「道徳的義務としての『すべき』は『できる』を含意しなければならない」という建前から離れて実情を見るならば、これまで何度か確認してきたように、道徳的義務をすべて履行することは実際に

本書における、道徳と倫理の区別

道徳（moral）	倫理（ethics）
画一的な「正しさ」「善」を指向する →万人に対する義務や社会全体の幸福が問題となる	「すべきこと」や「生き方」全般を問題にする →「自分がすべきこと」や「自分の生き方」という問題も含まれる
非難と強力に結びつく →「すべき」が「できる」を含意する	非難とは必ずしも結びつかない →「すべき」が必ずしも「できる」を含意しない
人々の生活の中で長い時間をかけて定まっていった答えないし価値観が中心となる	答えが定まっていない、現在進行形の重要な問題に対する検討も含まれる
価値を生きること	価値を生きるだけでなく、価値について考え抜くことも含まれる

は過大な要求と言える。つまり、実際には道徳的義務としての「すべき」ですら、「できる」を含意しているとは言いがたいのである。これが、それこそ聖人の教えに従うといった話になってくると、「すべき」と「できる」の乖離はさらに大きくなる。たとえば、いわゆる「山上の説教」において、「誰かがあなたの右の頬を打つなら、左の頬をも向けなさい」と語り、「敵を愛し、自分を迫害する者のために祈りなさい」と勧めるイエスの教えを、文字通りに貫徹することは至難の業だろう。また、煩悩を滅却したブッダの生き方と同じ道を辿りきれる人もまずいないだろう。しかし、そのことによって、彼らの教えに従いきれない人が非難されることはないだろうし、また、彼らの教えには価値がないということにもならないだろう。むしろ、近代ドイツの代表的な社会学者マックス・ウェーバー（一八六四〜一九二〇年）がそう強調するように、「可能なものの彼岸にある不可能なものをつかもうとすることによってのみ、きわめて多くの場合、可能なものが達成された」[73]のであって、たとえ現実にはやりきることができなくても、少しでもそれに近づいていこうという努力を喚起するような人生の目標というものも存在する。非

難可能性と強力に結びついた意味での「道徳」という観点から離れ、いかに生きるべきかという問いを含む「倫理」の観点から「すべき」という事柄を捉えた場合には、「できる」は必ずしも決定的な条件とはならないのである。

最後に、以上のようなかたちで「道徳」と「倫理」を区別するのはそれほど恣意的なことではなく、根拠があると言えなくもない、という点を付言しておきたい。たとえば、脳死臓器移植の問題や尊厳死、安楽死の問題、生命の操作をめぐる問題などのいわゆる「生命倫理」の問題、それから、情報技術や原発などをめぐる「科学技術倫理」の問題などは、「倫理的な問題である」とは言われるが、「道徳的な問題である」とはあまり言われないだろう。このことから窺《うかが》えるのは、まさしく現在進行形の難問――皆が一致するような定まった答えがあるわけではないが、我々の生き方にとって重要であり、考え抜かなければならない問題――を、我々は「倫理」という概念の圏内に位置づけるのではないか、ということである。他方、「道徳」という概念には、共同体の中で比較的長い時間をかけて定着してきた習慣（慣習、風習、習俗）に類したニュアンスがあるように思われる。たとえば、現代アメリカの哲学者アンソニー・ウエストンも、道徳的価値を「自分自身が求め望むだけでなく、他人もまた同じく求め、当然望むはずの価値」として特徴づけた上で、道徳と倫理の違いを次のように指摘している。

> 「倫理」と「道徳」はしばしば同じ意味で使われる。しかし、その違いを念頭に置いておいた方がよいだろう。道徳的価値は、生活の中で時間をかけて吟味され、不都合が見つかったならば必要な修正を施すというかたちで、ゆるやかに身についてきたものである。他方、「倫理」という語はもっと批判的で自覚的な鋭さをもっている。倫理において、価値を生きることから価値について考え抜くことへと、踏み出

すことになる。〔強調は原著者〕[74]

倫理は理論では汲み尽くせない

以上のような意味で「倫理」という概念を特徴づけ、それにまつわる学問的探究として倫理学という分野を捉えたとき、そこには、体系的な理論の構築や理論同士の論争として展開してきた従来の倫理学に対する根本的な批判が含まれることになる。

倫理学においては、特に近代以降、大きく分ければ**帰結主義**（**功利主義**）と**直観主義**（**義務論**）という二つの理論の間で長く論争が続けられてきた。しかしどちらも、「偏りのない公平な視点」のみによって構築されているという点では同じである。たとえば、帰結主義とは、個々の行為が社会に与える結果を重視し、社会全体の幸福の最大化——いわゆる「最大多数の最大幸福」——をもたらすことが行為の「正しさ」や「善」の基準だと主張する立場である。他方、直観主義とは、結果よりも行為者の意志や行為そのものを重視し、結果に関係なく、万人が直観によって「正しい」とか「善である」と判断する行為をすべきだとする立場である。このように、「正しさ」や「善」の基準に関して二つの理論には大きな違いがあるものの、どちらも前提にしているのは、万人が客観的に見て「正しい（善《よ》い）行為」をすべき、ということである。

[73] マックス・ウェーバー「社会学・経済学における『価値自由』の意味」中村貞二訳、『ウェーバー社会科学論集』河出書房新社、一九八二年、三二七頁。
[74] アンソニー・ウエストン『ここからはじまる倫理』野矢茂樹・高村夏輝・法野谷俊哉訳、春秋社、二〇〇四年、一〇頁。

しかし、それゆえに、行為者の置き換えのきかなさ・かけがえのなさというもの——人格の個別性と言うべきもの——が、両理論からは抜け落ちている。ここで、本書の後半の主役であったウィリアムズに、最後にもう一度登場してもらおう。彼は次のような例を出している。ある事故が起こり、男性の眼前で自分の妻と他人が危険に瀕しているが、彼には二人を同時に助けることができないとしよう。このとき、彼が他人ではなくまず自分の妻を助けるとするなら、彼の行為はどのような意味で「正しい」とされうるのだろうか。

もしかしたら、彼がいわば自分自身から抜け出し、遥か上空へと飛翔して、すべてを等しく見渡せるような俯瞰的な視点——「偏りのない公平な視点」——から眺めたとしてもなお、まず妻の方を助けるのが正しいという結論が導かれるかもしれない。すなわち、帰結主義と直観主義のどちらを採用しても、「個々人にとっての自分の妻を助けることが、全体的に見て最善の判断である」という結論に至るかもしれない。しかし、ウィリアムズが強調するのは、こうした理論の適用は「ひとつ余分な思考（one thought too many）」を提供するものだということである。[75] もしも彼の妻が、彼がそうした理由によって自分を助けるように動機づけられたと知ったら、おそらく失望するだろう。つまり、妻が望むのは、また傍観者である我々も望ましいと思うのは、「この種の状況では、各個人にとっての自分の妻を助けるべきである」という客観的な思考を経由して彼が「妻を助けよう」という意志をもつのではなく、まさに彼女が自分の妻だから助けたいと直接動機づけられるということであるだろう。もっとも、敢えて他人の方を助ける、という考え方もありうる。しかしそれも、自分の妻への深い愛情を自覚した上でのことであるならば、人格の個別性というものの存在を前提にしたひとつの倫理的な構えを表していることは言うまでもない。逆に、「特定の倫理学理論を採用し、客観的な思考を経由して、自分の妻を助けるように動機づけられる」

帰結主義 （功利主義）	「倫理的に正しい（善い）行為とは、結果として社会全体の幸福の最大化（最大多数の最大幸福）をもたらす行為である」
直観主義 （義務論）	「結果に関係なく、万人が直観によって「正しい」とか「善である」と判断する行為をすべきである」
相対主義	「人が実際の人生において取り結べる人間関係には限界と遠近があるのだから、万人がいつでも、自分に近しい人々のためになる行為をすべきである」
当事者主権主義	「何をすべきかを判断してよいのは、誰であれ常に、実際にそれを行う人々とそれによって直接影響を受ける人々——すなわち、当事者——だけである」

というのは、倫理的に歪んでいる——もっと言えば、道徳的にさえ歪んでいる——と言えるのではないだろうか[76]。

「何をすべきか」という倫理的な思考は、人格の個別性が消去された公平な視点においてのみ展開されるものではない。我々の人生はそれぞれの歴史を有し、それぞれの実質をもつのであり、人格の個別性というものが、倫理的な思考を構成する重要な要素となっている。とりわけ、いまの例においては、特定の他者への深い愛情というものがそれ自身、公平な視点を同時に体現することが不可能なかたちで、あるいはそうした視点に反するリスクを冒すかたちで、表面化している。前章の最後にも述べたように、人は実質的な生活を送る以上、どこかで、そうした公平な視点とは両立しない偏った視点にも立つのである。

ただし、これは、偏った視点を絶対視することを意味するわけではない。というのも、これも先に繰り返し述べた通り、我々の大半は不完全ながらも道徳的な行為者であり、できるだけ偏りのない公平な視点に立とうとも努力するからである。

それから、どの場合でも常に偏った視点を絶対視する原則を立てるというのは、それ自体、帰結主義や直観主義とは異なる方向の理論化を指向するものである。たとえば次のような種類の**相対**

主義、すなわち、「我々が実際の人生において取り結べる人間関係には限界と遠近があるのだから、我々は皆、いつでも、自分に近しい人々のためになる行為をすべきである」という見解は、偏った視点をどの個別的な事例にも当てはめようとする理論の一種と言える。また、「何をすべきかを判断してよいのは、誰であれ、常に、実際にそれを行う人々とそれによって直接影響を受ける人々――すなわち、当事者――だけだ」といった、いわば**当事者主権主義**と呼びうる見解も、偏った視点のみによって個別的な事例を捉えようとする理論に他ならない。そして、あらゆる倫理的問題に対して帰結主義や直観主義を経由して「…すべき」という結論を導くことが「ひとつ余分な思考」であるように、相対主義や当事者主権主義に依拠することによって答えを与えるのも、「ひとつ余分な思考」が挟み込まれていることに変わりはないのである。

つまり、偏りのない公平な視点からのみ我々の世界を眺めることが間違いであるからといって、極論から極論へと振れ、偏った視点からのみ眺めることが正しくなるわけではないということである。「相対性」の全面化や「当事者主権」の過度の特権化は「偏りのなさ」や「客観的視点」といった観念を消失させ、逆に「帰結主義」は、各々の行為者の個別性・かけがえのなさそれ自体を消失させる。また「直観主義」も、それが、偏りのない合理的な判断を下す抽象的な人格――実質をもたない無性格な人格――というものに至高の価値を与えるものであるならば、人格の個別性を消失させると共に、人格間の関係の個別性や状況の個別性をも消失させることになる。（たとえば、直観主義者の代表格と見なされるカントは、自分の友人を追って行方を聞いてきた殺人鬼に対しても「嘘をつくべきでない」という道徳的義務を履行し、友人の行方を教えなければならない、という異様な回答を提出せざるをえなかった。[77]）

いずれにせよ、実質を欠いた原則論ないし一般論を個別の問題に対して天下り的に適用するという構図は、それぞれに誤った世界理解を示すものである。我々はみずからが住まう環境や、いま・ここの状況や関係性において、自己や他の人格のかけがえのなさを顧慮する。しかし同時に、公平性を尊重し、道徳的であろうと努力もする。それゆえ、先ほどの事故の例――「先に妻を助けるか、他人を助けるか」という二者択一が迫られる例――のような極限的事例においては、我々は偏った視点と公平な視点との間で葛藤を覚えるだろうし、そして、妻を助けても他人を助けても、後ろめたさや自責の念が残るだろう。

偏った視点と公平な視点が調和しない事例において、どちらを選択しようとしても葛藤を覚えること、そして、実際に選択した後には後ろめたさや自責の念が残ること――このことは我々にとって本質的な事柄を語っている。倫理学が覆い隠すのではなくむしろ明晰に輪郭づけるべきことは、そうした割りきれな

---

[75] Williams, B., "Persons, Character, and Morality," in his *Moral Luck*, Cambridge University Press, 1981, p.18.

[76] とはいえ、現代における功利主義は、「人は行為前にいつもそうした客観的思考――この場合は功利計算――を実際に辿っているわけではない」と主張する、いわゆる「間接功利主義」が大勢である。間接功利主義は次の二つの形態に大別できるだろう。（1）功利計算をせずに端的に行為している多くの人々とは別に、彼らの行為を規則等によって誘導する立場にある少数の人々を想定し、その少数の人々が功利計算に則った規則を制定すべきである、と主張するもの。（2）人々は普段は習慣や直観に従って行為しているが、それでは対処できない状況が生じた場面にのみ功利計算を行う思考へと移行する、と主張するもの。

たとえばウィリアムズは、（1）のタイプの功利主義を主にヘンリー・シジウィックの議論に帰し、（2）のタイプの功利主義をR・M・ヘアの議論に帰した上で、それぞれに対して批判を展開している。その議論の詳細については以下を参照してほしい。――ウィリアムズ『生き方について哲学は何が言えるか』森際康友・下川潔訳、産業図書、一九九三年、第五～六章。

[77] カント「人間愛から嘘をつく権利と称されるものについて」谷田信一訳、『カント全集（一三）――批判期論集』、岩波書店、二〇〇二年。

さの中で行為するという、我々の実際の有り様に他ならない。我々は、様々に異なる人々の存在を常に「万人」や「社会全体」の中に溶け込ませるのではなく、かといって、行為者とその周辺を常に特権化するのでもなく、個別の問題に直接向き合い、個別性・かけがえのなさというものを公平さや合理性といった観点の中に置き続けるという、多面的な思考の筋道を辿っているのである。

倫理的思考の「故郷」——傷と言いよどみ

昭和初期から戦前の日本で活躍した哲学者・評論家の戸坂潤は、社会全体や社会の一員としての個人一般を問題にすることと、「個人一般ではなくて自己という特殊の個人を問題にすること」とを区別している。そして、前者が科学的探究の対象である一方で、後者の「個人一般ではない特殊の個人」にまつわる問題圏——すなわち、「人間銘々の一身上の問題」、あるいは、「一切の問題を自己一身上の角度から見るということ」——は、文学的探究の対象になると述べている。[78] この戸坂の区分けに従うなら、公平な視点と偏りのある視点を共に視野に入れるものとしての哲学的・倫理学的探究は、科学と文学のちょうど中間領域に位置することになる。(ただし、戸坂自身は、哲学を「思想の科学」として科学に組み入れるのであるが。[79])

この「中間領域」がどのような姿をまとうのかを素描するための格好の題材として、ノーベル文学賞と二度のブッカー賞に輝く作家J・M・クッツェーの文学作品「動物のいのち(The Lives of Animals)」[80]と、それをめぐる学問上の議論をここで取りあげてみよう。

この作品の主人公である老作家エリザベス・コステロは、とある大学に招待されて行った講演において、人間が他の動物に対して行っている酷い扱いを主題にし、工場式の家畜飼育場や屠殺場、動物実験の研究所などを、ナチス・ドイツの強制収容所に喩える。しかし、彼女のそうした話は聴衆に困惑と反発を生んでいく。彼女は菜食主義を採っているが、革靴を履き、革のハンドバッグをもっていると言う。「あなたは何を主張しているのか？　どう解決すべきだというのか？」と質問されても、自分の主義主張や問題の解決策を明確に答えない。あるいは、答えられない。彼女は、「動物の権利」といった「哲学の言葉」を深く見知っていて、その種の言葉を自在に使えるだけの技量をもっていながら、使おうとはしない。彼女の息子をはじめとする聴衆は、彼女の話は唐突で支離滅裂であり、判断は独善的で論法がなっていないと感じる。彼女以外の人々の話は筋が通っており、整合的であり、一つの立場を明確にしている一方で、彼女が結局何を言いたいのかは見えてこない。彼女は困惑し、青ざめ、くたびれ、混乱した顔をしている。彼女はしばしば言いよどみ、自分がどう考えているか分からないと吐露する。

講演の全日程が終わり、帰郷するコステロを息子が車で送る。息子はその道すがら、動物のことになぜそう熱心なのか、何が言いたいのか、教えてくれと問う。彼女は顔を涙で濡らしながら、言えないと答える。言葉を考えつくと、それがあまりに酷すぎて、地面に掘った穴に向かって言う方がましに思えてくる、と。彼女は自分がどこにいるのか分からない。「自分に言うの、落ち着きなさい、大げさに考えているのよ、って。これが人生なのよ。ほかの人はみんな折り合っているの、どうしてあなたにはできないの？・・・・・・・・・・・・・・・・・・どうしてあなたにはできないの？」[81]

[78]　戸坂潤『思想としての文学』第一部「1 批評に於ける文学・道徳・及び科学」（青空文庫等に所収）
[79]　戸坂潤「哲学の現代的意義」（青空文庫等に所収）
[80]　J・M・クッツェー『動物のいのち』森祐希子・尾関周二訳、大月書店、二〇〇三年。
[81]　同書、一一八頁。

ここには、深く傷ついている一人の個人がいる。人間が動物に行っていることに傷つき、人々がそのことを知りながら割りきって素通りしていること――折り合って生きていること――に傷つき、自分にはどうしてもそのように割りきれないことに傷ついている。しかし、かといって彼女は、『動物の権利』を立てて『動物の解放』を主張し、敵対する立場を攻撃する」という明確な立場に与《くみ》するという仕方で割りきることもできない。彼女自身も自分の立場が見えてこない。自分がどこにいるのか分からない。何を言いたいのかが分からない。言葉にならず、言いよどんでしまう。そして、かろうじて絞り出した言葉が、他の人々を傷つけることになる。彼女を最も深く傷つけているのは、おそらくはこうした事柄だろう。

クッツェーのこの文学作品に対しては、宗教学、文化人類学、政治学、そして倫理学など、各分野の錚々《そうそう》たる専門家がコメントを寄せている。[82] 重要な点は、そのどのコメントも、コステロの傷や苦悩、悲しみ、言いよどみというものに全く言及していないということである。ある論者は、「この作品は、人間は動物をどう扱うべきかという倫理的問題を扱っており、特に、異なる倫理観同士の衝突をどう克服すべきかという問題提起を行っている」と言う。別の論者は、「クッツェーは人間と動物の過激な平等主義を唱えている」とか、あるいは、「彼は人間と動物の間に友情が成り立つと主張している」などと言う。また別の論者は、「クッツェーの真の狙いは、哲学や科学に対して文学の価値を示すことにある」と言う。そして、彼らの見立ては間違っているとは言えない。コステロの言動がそうした一般的な問題に繋がるものであり、かつ、それらの問題に大きな刺激を与えるものであることは確かである。しかし、彼らは皆、エリザベス・コステロという人物を、一連の倫理的問題や主義主張を提示するための舞台装置（手段、道具）としか捉えていない。クッツェーが作品全体をかけて克明に描き取った彼女の苦悩や悲しみが、彼らの議論からはすっぽりと抜け落ちているのである。

現代アメリカの哲学者コーラ・ダイアモンドは、以上の点を指摘し、これを、現実の難しさから哲学が（そして他の学問が）逸れていく過程として特徴づけている。そして、コステロの懊悩《おうのう》に、倫理的な思考というもののいわば「故郷」と言うべきものを見出すのである。[83] コステロが言いよどむとき、そこでは、一般的な立場や主義主張、あるいは理論や体系というものには解消しきれない、割りきれない、彼女の傷が露わになっている。もっとも、その傷を描き、それに集中して向き合うこと――戸坂の言う「人間銘々の一身上の問題」に向き合うこと――に注力するのは、まさにクッツェーがそうしたように、文学の仕事であり、倫理学の仕事とは言えないだろう。しかし、たとえば人間と動物の関係や命というものをめぐる倫理的問題が立ちあがってくるその「故郷」が、言葉にならないような悲痛な個人の呻《うめ》きであることも確かである。

もうひとつだけ、私自身が目の当たりにした「呻く個人」の姿を紹介しよう。それは、五十年もの間網で魚を採り続けてきた、ある老境の漁師である。彼は、長年魚を殺め続けることで生活を送ってきた中で、ゆっくりと、しかし着実に、罪悪感に類するものを内に抱えるようになっていった。彼は自分のしてきたことを、「魚に感謝する」とか、「人間は他の命を頂いて生きているのだ」とか、あるいは、「人間によって適正な数に調整されることが魚のためにもなるのだ」といったかたちで割りきることができない。かと

[82] 同書、三〜一七頁、一二三〜二〇八頁。
[83] コーラ・ダイアモンド「現実のむずかしさと哲学のむずかしさ」、『〈動物のいのち〉と哲学』中川雄一訳、春秋社、二〇一〇年、七七〜一三一頁。
なお、作家の坂口安吾がその卓抜なエッセイの中で論じているように、文学の営みにも「故郷」が存在すると思われるが（坂口安吾「文学のふるさと」（青空文庫等に所収））、文学の故郷と倫理学の故郷との関係などについては、本書とは別の機会に取りあげることにしたい。

いって、漁師というのが忌むべき職業であるとか下賤な職業であるとは思っていない。誇りをもって自分の職業を全うしてきた。しかし、それでも、もがく無数の魚が掛かった網を引きあげ、血抜きをし、氷漬けにし、あるいは頭を落として捌《さば》き続ける生活において、長い時間をかけて静かに澱《おり》が溜まっていくように、彼の心の底を「責め」や「申し訳なさ」が綯《な》い交ぜになったような遣り場のない苦しみや悲しみが占めるようになったのである。そして、彼はいつの頃からか、仕事の区切り区切りで、仏壇を前に祈るようになった。それは、仏様に自分の仕事や存在を肯定してもらいたいからでも、赦しを得たいからでもない。彼にはもはや、祈ること以外にできることがない。だからこそ、彼はただ一心に念仏を唱えるのである。この個人的な祈りに対する私の個人的な感想を付け加えておくなら、そこには救いがたい悲痛さと共に、最も純粋なかたちの祈りがあるように思われたし、正当化や赦しとは異なる、信仰に独特の「救い」が確かにあるように思われた。また、祈る漁師の姿からは、ある種の崇高ささえ感じられた。

ここで重要と思われる点のひとつは、言うまでもなく、彼の傷がまさに彼個人の傷だということである。漁業を営む人の多くは、彼のように深い苦悩に陥ることはないだろうし、そもそも全く気にしない人もいるだろう。このことに対して、「漁師は皆、日々魚を殺めていることに思いを致すべきである」とか「申し訳なく思うべきである」という風にまとめることは、明らかに的を外している。とはいえ、我々は少なくとも、彼の苦悩自体はそれとして（ある程度は）理解できるのではないだろうか。また、実際に鳥獣供養や魚介供養の碑や塚が日本中に存在するということも、忘れてはならないだろう。私の見た老漁師の個人的な苦悩は、完全に孤絶した感情ではなく、どこかで、生き物を殺めることで生活を送っている我々の多くの心へと繋がるものであるように思われる。

もしも倫理学が、我々個々人が実際の生活において抱えるこうした「不合理」な苦しみや悲しみを忘れ、倫理的問題とその「故郷」との結びつきを断ちきるのであれば、徹頭徹尾一般的な（第三者的な）見地から「ここまでは社会で許されるが、ここからは許されない」といった線引きや吟味を行う種類の社会政策論と、全く区別のつかないものになってしまうだろう。

「故郷」をもつ倫理学

昨今の倫理学やその周辺の書物では、そのまくらに、いわゆる「路面電車問題（トロッコ問題、トロリー問題）」をはじめとする、我々を激しいジレンマに巻き込むような二者択一の極限的事例が提示される場合が多い。たとえば次のような事例である。

【あなたは、路面電車が制御を失って暴走しているのを目撃している。このままでは線路上にいる五人の人間が轢き殺されてしまう。ただ、あなたの目の前には線路のポイントを切り替えるレバーがあり、レバーを引けばその路面電車が別の線路に入り、五人を助けることができる。しかし、その別の線路上にも人間が一人いて、レバーを引いた場合はその人が轢き殺されることになる。さて、あなたは、レバーを引くべきか否か？】

そして、それらの書物では次に、レバーを引く選択と引かない選択の双方を根拠づける理論が紹介されることになる。たとえば帰結主義であれば、結果としてより多くの人間が助かるのだから、レバーを引く方が正しいと主張するだろう。また、逆に直観主義であれば、たとえ結果として助かる人数が多くなるとしても、人を殺すこと――人の命を手段として用いること――は許されず、レバーを引くという積極的な行為は行うべきでないと主張するかもしれない。

しかし、どちらを選択すべきかという一般的問題は、こと倫理という事柄に関しては、我々に多くのことを語るものではない。そもそも判断できずにレバーを引けない人もいるだろうし、果断な人で、思いきってレバーを引く人もいるだろう。あるいは、思いきって敢えてレバーを引かない人もいるだろう。そうした行為のうちのどれが倫理的に正しいかとか、また、各々の行為の正しさを裏づけるどのような理論があるかということに、はたして何か重要なポイントがあると言えるだろうか。

それとは反対に、ウィリアムズが提示した先の事故の事例と同様、こうした極限的事例を提示されて我々が容易に判断を下せずにジレンマを感じるということ、すなわち、躊躇し、葛藤するということそれ自体は、我々に本質的な事柄を語っているように思われる。我々が倫理的な歪みを見て取り、不信を抱くとすれば、自分の行為によって助かる人数を計算して何の躊躇もなく冷静にレバーを引く人（あるいは引かない人）に対してだろうし、また、レバーを引いたこと（あるいは引かなかったこと）に対していささかも後ろめたさを感じない人に対してだろう。

我々にジレンマを引き起こす思考実験は他にも様々にあるが、その中でも、特に人の生死をめぐる極限的事例は、計量的な把握の仕方では捉えきれない個的なもの・かけがえのなさというものを鮮明に炙り出す効力がある。我々がレバーを引くことに躊躇や葛藤を覚え、レバーを引いた後に後ろめたさがどこまでも残ると考えるのは、どのような選択をしても「置き換えのきかないもの」が失われるという事実、どれほどの人数の命が代わりに救われることになってもそのかけがえのない一人の人間の喪失という代償を埋め合わすことができないということ、そのことの理解が我々にあるからである。

我々にとって救いなのは、現実には我々は（救急救命医療の現場などの特殊な環境下にいるのでなければ）極限的事例が突きつけるような究極の選択を迫られることはまずなく、その手前で、第三や第四の選択肢を考案して問題そのものを解消する試みを講じることができるということである。つまり、現実には我々は、極限的事例がそもそも発生しないように努めることができるのである。我々にもし「叡智」と呼びうるものがあるとするなら、それは、二者択一の選択の中からどちらかを選択したり、どちらかの選択肢の正しさを根拠づける理論を構築したりすることではない。そうではなく、そうした「究極の選択」とは異なる別の道を見出し（あるいは創り出し）、その道を進むこと、それこそが問題の真の解決であり、叡智と呼ぶに値するものだと言えるだろう。

この観点から、倫理学とは何かということに立ち戻ろう。倫理学は、文学ではなく学問である以上、その議論は一般性を帯びるものになるだろう。そして場合によっては、現実の社会問題に対して線引きや政策決定に関わる結論に至ることもあるだろう。しかし、それが倫理にまつわる探究としての輪郭を失わないためには、人格の個別性・かけがえのなさへの眼差しや、どうしても割りきれない葛藤の中で躊躇し、自分のしたことに対する後ろめたさや後悔の中で当事者たちが負う「傷」への眼差しが保たれているのでなければならない。我々がわざわざ手間とコストをかけて第三、第四の選択肢を考案していくとするなら、その営みの根本には――すなわち、「故郷」には――、エリザベス・コステロや先の漁師やトラック運転手などが抱く「不合理」な苦しみと悲しみがあるはずであるし、それに対する我々の理解があるはずである。

したがって、本書では倫理学を、倫理的思考の「故郷」から一般的な見地へと至る筋道を跡づけ、さらに、現実の倫理的問題の解決に関して実際に何らかの寄与をしようとする営みとして捉えることにしよう。このとき倫理学とは、理論や原則に個別の問題をあてがって答えを出力するという、単純な作業ではありえない。個別の問題の複雑さや当事者たちの「傷」をそれとして受けとめ、そこに出てくる様々な概念の意味や概念間の関係性を明らかにし、偏った視点と公平な視点を共に視野に入れながら、論点を明晰に取り出していく必要がある。それはまさに、具体的な問題ごとに実地に行われる、手探りの探究である。様々な倫理的問題に対して、単一の理論の下に整合した解答を与えるというわけにはいかないのである。しかし、だからこそ、その探究はまさに「倫理学」という名を冠する営みでありうるし、真理に迫り、問題を本当の意味で解決しようとする営みでありうる。[84]

＊＊＊

このエピローグでは、行為論が「心の哲学」と「倫理学」という二つの分野にまたがるものであること、そして、基本的には後者の倫理学の分野に重心を置くものであることを確認した。その上で、行為の分析を通して立ちあがってくる「倫理」の概念と、それにまつわる探究としての倫理学は、体系的理論の構築や理論同士の主導権争いとしての従来の倫理学——とりわけ、近代以降の倫理学——に対する批判を含むものであることを見た。

この先には、本格的に具体的な倫理的問題に分け入っていく道もあるし、「後悔」や「葛藤」、あるいはそれらの感情への「共感」といった、個々の感情の役割や感情間のネットワークの内実を探っていく道もある。また、行為論から**認識論**（epistemology）や**存在論**（ontology）という哲学の領域へと接続していく道もある。すなわち、「行為する」という人間のあり方以外の、「認識する」とか「存在する」といったあり方も、行為論との関わりの下で広く見渡していく道もある。それから、単独ではなく複数人が共同で行為をするあり方など、「行為」それ自体のさらなる諸相の分析へと進んでいく道も広がっている。そうした多様な次の道筋の入り口に立ったところで、本書の議論を閉じることにしよう。

［84］ 理論構築とは異なる倫理学の可能性を探る動きは、実際にひとつの緩やかな潮流を形成しつつあると言えるだろう。たとえば以下の論文集はその記念碑的な一書であり、様々な論者が多様な観点から「倫理学における反理論（Anti-Theory in Ethics)」の可能性について論じている。——*Anti-Theory in Ethics and Moral Conservatism*, edited by S.G. Clarke & E. Simpson. State University of New York Press, 1989.

あとがき

誰にでも分かる本が書きたかった。文字通り「誰にでも」というのはやはり難しいけれど、それでも、できるだけ多くの人が理解できる本が書きたかった。それも、『十分で解るカント』のような単に内容が薄い概説書ではなく、哲学の本が書きたかった。つまり、読み進めるにはそれなりに労力を使うけれども、なんとか頑張ってついていけば、「哲学する」というのがどういう営みであるのかを——そして、その営みの大事さと、幾ばくかの楽しさを——確かな手触りで感じてもらえるような本が書きたかった。

そういう次第で、文字通り二兎を追ったわけであるが、実際に「分かりやすい」と「中身がある」という二羽の兎にどれほど迫れたかは、読者の判断を仰ぐほかはない。

本書は基本的に書き下ろしであり、青山学院大学やお茶の水女子大学、日本女子大学で最近行った一般教育科目（哲学概説、倫理学概論など）の講義ノートを基にしている。口頭での遣り取り、あるいは、リアクションペーパーとそれへの応答といった対話を積み重ねる中で、講義ノートは日々育ち、改良が加えられ、いまある本書のかたちへと近づいていった。学生の皆さんにはこの場を借りて、活発に議論に参加してくれたことへのお礼を申し添えておきたい。

本書ができるきっかけは、私がかつて書いた「生死をめぐる極限的事例が示すもの」という論文を新曜社の編集者髙橋直樹さんがどこかでお読みになり、直接連絡を頂いたことである。その後、髙橋さんと神保町の喫茶店「神田伯剌西爾」で初めてお会いし、その後「咸亨酒店」などで相談を重ねながら、本書の企画が成立した。だから、髙橋さんがいなければ本書は成立しなかった、というのは、あとがきの常套句でもお世辞でも何でもなく、言うなれば事実の確認である。その根気強く丁寧な仕事への感嘆の念も込めて、髙橋さんに改めて感謝の気持ちをお伝えしたい。

なお、本書の草稿に対して、池田喬、大谷弘、片寄雄介、河島一郎、川瀬和也、木村正人、鈴木雄大、竹内聖一、筒井晴香、森永豊、鴻浩介、萬屋博喜の各氏から有益なコメントを頂き、内容を大幅に改善することができた。記して感謝申し上げる。

平成二五年　初夏を迎える新潟市にて

古田徹也

人名索引

▼ な　行

▼ は　行

▼ ま　行

▼ や　行

▼ ら　行

▼ わ　行

事項索引

▼ さ 行

▼ た 行

▼ な　行

▼ は　行

▼ ま　行

▼ や　行

▼ ら　行

著者紹介

古田徹也（ふるた・てつや）

1979年熊本県生まれ。東京大学文学部（倫理学）卒業，同大学院人文社会系研究科（倫理学）博士課程修了。博士（文学）。新潟大学人文社会・教育科学系准教授，専修大学文学部准教授を経て，現在，東京大学大学院人文社会系研究科准教授。専門は，近現代の哲学・倫理学。

著書に，『謝罪論』（柏書房），『このゲームにはゴールがない』（筑摩書房），『いつもの言葉を哲学する』（朝日新書），『はじめてのウィトゲンシュタイン』（NHKブックス），『言葉の魂の哲学』（講談社選書メチエ），『ウィトゲンシュタイン　論理哲学論考』（角川選書），『不道徳的倫理学講義』（ちくま新書）など多数。訳書に，ウィトゲンシュタイン『ラスト・ライティングス』（講談社），『現代倫理学基本論文集』Ⅱ，Ⅲ（監訳，勁草書房）など多数。『言葉の魂の哲学』で第41回サントリー学芸賞（思想・歴史部門）受賞。

新曜社

それは私がしたことなのか

行為の哲学入門

初版第1刷発行　2013年8月2日
初版第8刷発行　2024年7月20日

著　者　古田徹也
発行者　塩浦　暲
発行所　株式会社 新曜社
〒101-0051　東京都千代田区神田神保町3-9
幸保ビル
電話(03)3264-4973・Fax(03)3239-2958
E-mail：info@shin-yo-sha.co.jp
https://www.shin-yo-sha.co.jp/
印刷所　シナノ パブリッシング プレス
製本所　積信堂

ISBN978-4-7885-1344-0　C1010